社会经济统计学

第二版

李朝鲜　主编

经济科学出版社

图书在版编目（CIP）数据

社会经济统计学／李朝鲜主编. —2 版. —北京：经济
科学出版社，2006.2（2016.6 重印）
ISBN 7 - 5058 - 5428 - 4

Ⅰ. 社… Ⅱ. 李… Ⅲ. 社会经济统计 - 高等学校 -
教材 Ⅳ. F222

中国版本图书馆 CIP 数据核字（2006）第 007646 号

责任编辑：刘怡斐
责任印制：邱　天

社会经济统计学

（第二版）

李朝鲜　主编

经济科学出版社出版、发行　新华书店经销
社址：北京市海淀区阜成路甲 28 号　邮编：100142
总编部电话：010 - 88191217　发行部电话：010 - 88191522
网址：www. esp. com. cn
电子邮件：esp@ esp. com. cn
天猫网店：经济科学出版社旗舰店
网址：http://jjkxcbs. tmall. com
北京万友印刷有限公司印装
880 × 1230　32 开　14.5 印张　300000 字
2006 年 2 月第 2 版　2016 年 6 月第 7 次印刷
ISBN 978 - 7 - 5058 - 5428 - 4/F · 4688　定价：38.00 元
（图书出现印装问题，本社负责调换。电话：010 - 88191502）
（版权所有　侵权必究　举报电话：010 - 88191586
电子邮箱：dbts@ esp. com. cn）

学者不能离开统计而研究

政治家不能离开统计而施政

企业家不能离开统计而执业

——马寅初

前　　言

国家教育部十分重视统计学这门课程，将统计学列为大专院校财经类专业 10 门核心课程之一。

这本《社会经济统计学（第二版）》是在李朝鲜主编的 2002 年版《社会经济统计学》的基础上修改编写而成的。本次编写基本上保持了原书的编写框架，适当增加了统计学的相关新内容和新方法，对《社会经济统计学》做了必要的调整和补充。本书注重实际应用，将统计指标及统计分析方法通过案例进行演练，降低了统计学学习的难度，可以较易体会统计学的应用精髓。本书力求利用实际数据来阐明统计方法的基本思想和原理，努力做到深入浅出，通俗易懂。

本书可作为高等院校经济类各专业和统计学专业本、专科及高职学生统计学课程的教学用书，本书也可作为经济类专业学习统计学的研究生教学参考用书。对非统计学专业的学生，教材中带有 * 号的章节不作为考核要求。

本教材由李朝鲜教授主编，全面负责确定总体结构和框架；范绎教授主审，主要负责初稿的修改和审定。各章的执笔人分别是：李朝鲜：第一、二、十、十一章；方燕：第四、五、六章；郭文娟：第三、八、十二章；范绎：第七、九章；张蕙：第十三、十四章。本书的出版得到了各方面的帮助，北京工商大学对本书的出版给予了很大的支持，经济科学出版社的同志们对本书的出版也做了大量的工作，在此一并表示感谢。

尽管各位编者尽了自己的所能，但是限于时间的仓促，疏漏之处在所难免，恳请读者不吝赐教，以期再版时予以修正。

编者

2006 年 1 月

目　　录

第一章

社会经济统计活动概述

社会经济统计学是社会经济统计实践活动的经验总结和理论概括。因此，我们学习和研究社会经济统计学，必须从认识和了解社会经济统计活动开始。

第一节

社会经济统计活动的产生和发展

人类要生存发展，就要改造客观世界，要改造客观世界，就必须首先认识客观世界。而客观世界中的任何现象都是质与量的统一，社会经济统计活动则是侧重于认识社会经济现象总体数量方面的一种社会实践活动。

人类的统计活动最初开始于一般的计数活动。从考古资料看，我国的"算"字，从"竹"从"具"，就是古代以竹签做计数工具的证明。我国古代的"数"字，左边是一条绳子打了一串大小不同的结，右边是一只手，也形象地刻画出我们祖先"结绳计数"的形象。

随着社会经济的发展和国家管理的需要，我国在原始社会末、奴隶社会初，就已经出现了社会经济统计的萌芽。据史书记载，大禹王约于公元前 2200 年，"平水土、分九州、计民数"，就开始了我国最早的人口和土地调查。后来逐渐完善的"九州"地理区划、"九山九水"治理方案和"上中下三等九级"贡赋标准，则标志着数量和分组的概念已经初步形成。

当历史发展到封建社会，我国的社会经济统计已初具规模。据《商君书》记载，在公元前 300 多年前，已有了全国规模的人口调查登记制度和人口按年龄、按职业分组的资料。我国公元 2 年进行的全国人口调查，得出了"户一千二百二十三万三千六十二，口五千九百五十九万四千九百七十八"的总数，并详列了各州郡数字。到 17 世纪中叶，随着社会经济统计的发展，"统计"一词已约定俗成，在《清文献通考》中已有明文记载。

资本主义最早产生于西欧。当资本主义的商品经济取代了落后的自然经济之后，市场竞争日趋激烈，国家职能也更加复杂。过去那种内容狭窄的作为征兵、征税活动的一部分的统计活动，已经远远不能满足资本主义的生产发展和经营管理的需要，从而使得统计活动在社会分工中从行政记录和社会核算中分离出来，并逐步发展成为一个独立的部门，进而使社会经济统计活动得到了空前的发展：包括人口、工业和农业的"国情普查"逐渐形成为制度；工业、农业、商业、交通、邮电、海关、银行、保险等方面的统计逐步形成了经济统计的分支专业统计；随着科学技术在生产发展中作用的增强，社会统计、科技统计、环境统计也相继从经济统计的涵盖中独立出来，并衍生出各自的若干分支专业统计；概率论和其他数学方法的引入，使统计方法日趋完善，并逐步形成了包括统计设计、统计调查、统计整理、统计分析等多种方法的统计方法体系；19 世纪末期出现的统计汇总机和后来发明的电子计算机，终于促成了统计手段从手工计数，到机械汇总，再到自动化处理的过渡。

社会主义制度的建立，为社会经济统计的发展开辟了更加广阔的天地：马克思主义的科学理论的指导，为统计活动的开展指明了正确的方向；为适应社会主义建设事业的需要，统计内容得到了进一步拓展，统计作用得到了进一步发挥，统计工作已经成为社会主义国家管理工作的重要组成部分，成为了社会认识的最有力的武器之一；为适应社会主义国家管理经济职能扩大的需要，统计组织体系更加严密；深厚的群众基础，则为提高统计调查的准确性、及时性提供了条件。

第二节

社会经济统计活动的对象和特点

社会经济统计活动的对象，是大量社会经济现象的数量方面。由此决定了社会经济统计活动具有以下四个特点：

1. 数量性

社会经济统计对现象总体数量方面的认识，包括数量多少、数量关系、质量互变的数量界限等三个方面。正是由于统计是研究社会经济现象数量方面的问题，因此，它必须遵循数学的运算规则，运用数学的计算方法。

2. 具体性

统计的数量性特点决定了它要研究事物的量，但它研究的是一种具体的量，而不是抽象的量。它不同于一般的计数工作。统计所研究的量，是具有质的规定性的量，是具体事物在一定时间、地点、条件下的数量表现。抽象的量，不能作为社会认识的依据，因而也不成其为统计的研究对象。

3. 总体性

统计研究现象的数量表现，与其说是一种认识目的，不如说是一种认识手段。它是要通过现象数量方面的研究，认识客观事物的本质特征和一般规律。而要认识事物的本质和规律，就不能只根据个别现象的资料，而必须根据大量的反映现象总体的资料；统计只有从总体出发，依据大量观察的结果，才能揭示事物的内在联系和规律性。

4. 社会性

统计研究的量，是社会经济活动的数量表现。由于社会经济活动直接体现为人类的社会活动，因此，其数量表现就不能不受到人们本身所具有的社会属性的影响。例如，某个营销企业销售量的大小，与企业之间的协作关系、市场上的供求关系、企业内部各部门、各环节的配合状况等都有着密切的联系。这些联系从表面上看，是人与物的关系，但实质上都是人与人的社会关系。这种社会关系，贯穿于人们所从事的各种社会经济活动之中，进而影响到社会经济活动的数量特征，如销量的多少、速度的快慢、价格的涨跌、收入的增减，等等。

统计的社会性，除了体现在其客体——研究对象上，而且也反映在其主体——统计机构人员上。这是因为统计工作是一项社会性很强的工作。由于在现阶段，在人们利益基本一致的前提下，国家、集体、个人三者之间及其内部仍然暂时地、局部地存在着或大或小的矛盾。这些矛盾反映到统计的主体上，就表现为少数人为了某个人或小团体的利益，虚报、瞒报、谎报统计数据，不如实反映实际情况。因此，充分认识统计主体的社会性，防止对统计数据的人为干扰，是做好统计工作的重要保证。

第三节

社会经济统计活动的过程划分和基本方法

一、社会经济统计活动的过程划分

一般说来，社会经济统计活动的全过程主要包括以下几个环节：统计设计——统计调查——统计整理——统计分析与预测——统计资料的提供与开发。

统计设计，是根据统计的目的和任务对统计工作的各个方面和各个环节所做的通盘考虑。它包括：统计指标和指标体系的设计、统计分组和分类的设计、统计调查和整理的方法与步骤的设计；统计力量的组织安排等等。统计设计的结果形成统计设计方案。

统计调查，是统计活动的第二个阶段。它的主要任务是按照一定的目的和调查提纲，搜集准确可靠的资料，获得丰富的感性认识。这一阶段既是认识客观事物的起点，也是进一步进行加工整理和分析的基础。

统计整理，是统计活动的第三个阶段。它的主要任务是把调查得来的大量资料，进行全面的、系统的科学整理。统计整理首先要审查搜集的资料，并把资料进行各种分组，然后汇总计算出总体和各组的指标数值，最后编制成完整的统计表，使之能说明现象总体的特征，反映事物的本质和规律性。

统计分析与预测，是统计活动的第四个阶段。它的主要任务是运用一定的方法对整理过的统计资料进行分析研究，从而得出反映社会经济现象本质和联系的结论。应当指出的是，统计分析不应仅限于对"过去"的社会经济状况进行分析评价，还应当对"未来"的经济发展前景进行预测分析。因为，统计工作的重要目的之一，就是为了推测"将来"和指导工作。只有开展统计预测分析，写出有情况、有分析、有建议的报告，才能使统计在社会主义现代化建设和市场经济发展中发挥更大的作用。

统计资料的提供与开发，是实现统计信息社会化和商品化的重要步骤。统计资料的提供，是指统计部门在搜集到和整理出准确而丰富的统计信息的基础上，建立数据库、信息库，办好开放式统计，以各种方式为社会各界提供信息服务和咨询服务，实施统计监督；统计资料的开发，则要求充分利用统计信息资源，进行深层次加工，以发挥其多方面的社会功能，达到信息资源共享和信息多次利用的目的。

二、社会经济统计活动的基本方法

在统计活动的各个阶段，需要运用各种专门的方法，其中最主要、最常用的是：大量观察法、统计分组法、综合指标法和归纳推断法。

1. 大量观察法

大量观察法，就是对总体中足够多的单位进行调查的方法。由于总体的复杂性和差异性，各个个别单位往往不能反映出总体的一般规律和特征，这就要求统计必须调查、搜集足够多数单位的资料，以消除个别单位的差异，反映出总体的共性特征和一般规律。运用大量观察法，既可以是对总体的所有单位进行全面调查，也可以是对足以表现总体本质特征的部分单位进行各种非全面调查。

2. 统计分组法

统计分组法，就是依据反映事物本质的标志，把总体划分为不同的类型或组。通过分组，可以区分社会经济现象的不同类型，认识各类现象之间的内在联系，从而阐明事物的本质和发展的规律性。统计分组法是唯物辩证法中对立统一规律的具体体现，是统计整理的基本方法。

3. 综合指标法

综合指标，是用以说明社会经济现象的总体特征，反映其数量多少和数量关系的统计指标。它通过综合总体各单位的标志值得到，又反映着总体的特征，所以称为综合指标。综合指标法，则是运用综合指标进行统计分析的基本方法。

4. 归纳推断法

归纳推断法，是指由特殊到一般、由具体到概括、由局部到总体的推理方法。运用归纳推断法，可以使我们从具体的事实得出一般的知识，扩大知识领域，增长新的知识，得到"去粗取精、去伪存真、由此及彼、由表及里"的认识目的。因此，归纳推断法也是统计研究中常用的方法。

此外，在社会经济统计实践中，还广泛运用着动态分析法、相关分析法、指数法、平衡法、图示法等等，而这些统计方法实际上都是上述统计基本方法的进一步深化和发展。例如动态分析法是在综合指标的基础上进一步研究现象的动态变化，推断其发展水平、发展速度和发展趋势等；指数法则是要通过综合指标，研究那些不可相加总体的数量对比关系；而相关分析法则是运用综合指标，进一步研究和推断现象之间相互关系的方法。

第四节
社会经济统计活动的组织系统和职能作用

一、社会经济统计活动的组织系统

为了保证社会经济统计活动的顺利进行，必须建立相应的统计工作组织系统。统计工作组织系统的机构是否健全、运行是否高效，直接关系到统计工作的任务能否顺利完成，社会经济统计的职能能否充分发挥。

我国现行的集中统一的统计工作组织系统，是由各级政府部门的综合统计系统、各级业务部门的专业统计系统以及城乡基层企事业单位的统计组织组成的协调一致、有机统一的整体。

1. 综合统计系统

各级政府部门的综合统计系统，是由国家统计局和地方各级政府统计机构组成的。它是我国国家统计组织的主系统。国家统计局是国务院的工作部门，负责组织领导全国各级、各部门统计机构开展社会经济统计工作，并承担全国性的基本统计任务；各级地方统计机构，包括省、自治区、直辖市统计局及其所辖地、市、县统计局和乡（镇）统计站，它们受各级地方政府和上级统计机构的双重领导。其中，在行政管理上，以同级地方政府的领导为主；在统计业务上，以上级统计机构的领导为主。各级统计机构负责组织领导本地区的统计工作。

此外，国家综合统计系统还根据专项统计业务开展的需要，以统计局系统为主体，设置了各种子系统。如专业普查系统，中央成立国家普查领导机构，地方分设省、市、区、县普查组织机构等等；城乡抽样调查队系统，在国家统计局设抽样调查总队，省、自治区、直辖市设省、自治区、直辖市调查队，中选县设县调查队等等。

2. 专业统计系统

我国现行的专业统计系统，是由中央及地方各级专业主管部门的统计机构组成的。国务院各部、委、局设统计司或统计处，各省、自治区、直辖市及其所辖的地、市、县、乡（镇）的专业主管部门，根据工作需要设置相应的统计机构。各级业务主管部门所设统计机构在业务上受国家统计局和同级地方政府统计机构的指导，组织完成本部门的各项统计任务。

3. 基层企事业单位的统计组织

目前，我国的基层企事业单位，都根据统计任务的需要设立了统计机构或配备了统计工作人员。他们在统计业务上受所在地人民政府统计机构和上级业务主管部门统计机构的指导，负责完成本单位的各项统计任务。

目前，我国除了国家统计组织和企业统计组织之外，还有社会团体的统计组织，其中包括各个政党、团体、科研组织、民间咨询和信息机构的统计组织。这些统计组织的设置，因所属社会团体的条件不同而各异，但都应力求适应本系统、本单位对统计信息的要求，并为全社会提供相关的统计信息。

我国现行的统计组织系统及其相互关系如图 1 – 4 – 1 所示。

二、社会经济统计活动的职能作用

按照现代管理科学的理论，国家管理系统应由科学的决策系统、高效的执行系统、灵敏的信息系统、完备的咨询系统和严密的监督系统所组成。统计工作作为国家管理系统的重要组成部分，同时兼有信息、咨询、监督三种职能。

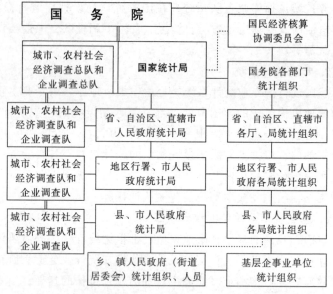

说明：═══垂直领导；──── 业务领导；……指导、协作。

图 1 - 4 - 1 我国国家统计组织系统

1. 信息职能

统计的信息职能，是指根据科学的统计指标体系和统计调查方法，灵敏、系统地采集、处理、传递、存储和提供大量的以数量描述为基本特征的社会经济信息的职能。

统计的信息职能，是统计工作最基本的职能，是保证统计咨询和监督职能得以有效发挥的前提和基础。数据的准确、丰富、系统和反应灵敏，既是对统计信息的基本要求，也是衡量统计信息质量的重要标志。

准确的统计数据是统计的生命，不断提高统计数据质量，是优化统计信息职能最重要的内容。从而要求我们做到：

（1）增强统计质量意识，始终坚持实事求是的思想路线，保证主要统计数据经得起检验，不发生趋势性偏误，尽可能地消除技术性差错，力求如实、准确地反映客观实际。

（2）加强统计基层工作和基础工作，逐步实现统计基础工作规范化，从源头上确保统计数据质量。在基层工作方面，要进一步建立和健全城乡统计信息网络，坚持以强化统一管理、综合协调为中心，健全机构，充实力量；在基础工作方面，要逐步适应新国民经济核算体系的要求，协调统计、会计、业务核算，加强原始记录和台账等各项基础工作；要与业务部门密切配合，根据企业现代化管理的要求，共同研究和制定基层企业统计基础工作规范化的办法和标准，做出规划，分期分批组织实施；要加强统计人员岗位知识培训，不断提高业务素质，实行基层统计人员持证上岗制度。

（3）继续以提高统计数据质量为重点，认真贯彻执行统计法规，有计划、有重点地开展统计数据质量检查。各级统计部门要同监察、法制部门密切配合，共同依法治理统计，保证统计数据准确可靠。

（4）进一步探讨并研制统计数据质量管理和控制的办法，认真总结和推广提高统计数据质量的经验。根据提高统计数据质量的要求，改革和完善统计调查方法和计量方法，并针对不同的指标和不同的调查方法，制定在不同层次、不同环节上有效地实施统计数据质量管理和控制的措施。要建立统计数据的质量检验制度，特别是对主要统计指标应定期进行质量评估。

（5）进一步提高统计信息的灵敏度，加快统计信息自动化系统的建设。统计信息的灵敏度，在一定程度上决定着统计信息的价值和效益。统计部门广泛地采用现代信息技术，是提高统计信息灵敏度的物质技术基础。因此，必须加快建设统计信息自动化系统，并尽快建成统计信息数据库。

根据社会经济的发展变化和现代管理的客观要求，不断地丰富统计信息，是优化统计信息的一项十分重要的工作。为此，应按照近期要求与长远目标相结合的原则，大力抓好现行制度方法的综合配套改革，不断完善经济、社会、科技和环境统计指标体系，全面实施新国民经济核算体系。

2. 咨询职能

统计的咨询职能，是指利用已经掌握的统计信息资源，运用科学的分析方法和先进的技术手段，深入开展综合分析和专题研究，为科学决策和管理提供各种可供选择的咨询建议与对策方案的职能。

统计的咨询职能，是统计信息职能的延伸和深化。因为采集信息的目的是为了运用，要使统计信息能够尽快对科学决策、科学管理和人们的社会实践产生作用，就必须通过去粗取精、去伪存真、由此及彼、由表及里的改造制作过程，以透过经济、社会和科技发展及其环境变化的数量表现，探求它们的内在联系和规律性。从目前的情况看，要把统计部门建设成为名副其实的重要的国家咨询机构，还必须着重解决好以下几个方面的问题：

（1）在指导思想上，必须坚持实事求是，用马克思主义的立场、观点和方法，指导统计咨询实践。要理论联系实际，密切联系群众，充分调查研究，认真分析论证，实事求是地提出咨询意见。在任何时候、任何情况下，都不能为迎合某种需要而随波逐流，这是各级统计部门的一项严肃的政治职责，也是每个统计工作者起码的职业道德。

（2）在咨询方法上，必须坚持定量分析和定性分析相结合，以定量分析为主的原则。要十分重视预测方法的研究和应用，广泛吸收和采用国内外已经成熟的各有关学科的先进科学方法，特别是对近几年新出现的宏观经济分析方法，要努力学习，大胆应用，并使之与我们传统的分析方法结合起来，以提高咨询水平。

（3）在咨询内容上，必须把重点放在那些关系到国民经济和社会发展全局的战略性、综合性的问题上。当前，要以科学的发展观为指导，紧密围绕现阶段国民经济发展的目标和任务、社会经济发展的主要矛盾及其对策以及如何促进国民经济持续稳定协调发展等问题，广泛深入地进行定量分析和研究，及时为各级党政领导提供科学、可行的咨询意见。

（4）在咨询的组织形式上，必须打破专业和部门的界限，外引内联，广泛合作。对外，要加强与其他有关咨询机构、科研机构和高等院校的联系与合作，以取长补短，开拓思路；对内，要密切综合平衡统计机构与各专业统计机构之间、上级统计部门与下级统计部门之间的协作关系，集思广益，同心协力，共同提高咨询水平。

此外，还要坚持有偿服务与无偿服务相结合的原则，进一步加强对国内外社会公众的统计信息咨询服务工作。要主动走向社会，特别要面向广大基层企业，积极接受用户委托，不断发展有偿服务业务，广泛开展统计信息服务和各种业务技术咨询服务活动，逐步提高统计信息的商品率。

3. 监督职能

统计的监督职能，是指根据统计调查和统计分析，及时、准确地从总体上反映经济、社会和科技的运行状态以及环境的变化情况，并对其实行全面、系统的定量检查、监测和预警，以促使国民经济按照客观规律的要求持续、稳定、协调地发展。

统计的监督职能，就是通过信息反馈来评判、检验决策方案是否科学、可行，并及时对决策执行过程中出现的偏差提出矫正意见。统计的监督职能是在信息、咨询职能基础上的进一步拓展；而统计监督职能的强化，又必然要对信息与咨询职能提出更高的要求，从而进一步促进统计信息与咨询职能的优化。

统计监督的基本准则是：

（1）客观经济规律；

（2）党和国家的方针、政策；

（3）国民经济和社会发展规划；

（4）各地、各部门的责任目标。

统计监督的主要内容有：

（1）国民经济和社会发展的规模、水平、增长速度是否适度；

（2）产业结构和产品结构是否理顺；

（3）主要比例关系是否协调；

（4）分配关系是否合理；

（5）经济效益是否最佳；

（6）社会生产和生活的环境、条件是否优化。

统计监督职能充分而且有效发挥的前提条件是：

（1）加强宣传，强化统计监督意识。根据国务院关于加强统计工作，发挥统计监督作用的指示精神，结合实际情况，充分运用各种宣传工具，向全社会深入宣传统计监督的重要性，以及如何正确对待统计监督的问题，使各级领导能尊重和支持统计机构和统计人员行使统计监督的职权，并善于运用统计监督的武器，开展经济活动，进行科学决策。

（2）完善统计立法，强化统计部门进行统计监督的职能和职权。统计监督是国家赋予统计部门的职能之一，必须在法律上赋予相应的职权，才能使统计监督有效地进行。这包括：

第一，统计报告权。有关领导部门对统计部门所提供的有关统计监督的数据、观点和意见，应予充分尊重，未经统计部门同意，任何单位和个人不得阻挠和扣压统计报告，不得篡改统计数据，以确保统计部门的独立报告权。

第二，行使质询权。统计部门根据掌握的数据和情况，揭示经济运行中某些不正常的现象，对违反国家法律、政策、损害国家利益的现象，有权对有关主管部门提出质询，并要求做出说明。

第三，参与决策权。统计部门应参加政府部门对重大经济问题的决策会议，对重大经济问题的决策，要以统计部门核定的统计数据为重要依据之一。

第四，参与评议权。应明确统计部门有参与评价各级领导政绩的权力。各单位考核经济效益、社会效益和工作成绩，考核各级领导岗位目标责任的量化指标，应以统计机构核定的统计数据为准。

（3）建立并实施新国民经济核算体系。国民经济核算体系是发展社会经济，对宏观经济运行进行有效管理和监督的重要工具。它全面、系统地反映了社会再生产过程的条件和结果，描述了国民经济的全貌，从而可据以评价总供给与总需求的平衡状况、部门结构的优化程度、社会再生产整体效益的高低。同时，由于这种核算的范围包括了参与经济活动的各种经济主体，因而它也能对各企业核算、各部门核算起到约束和监督作用。

（4）建立判断各种现象是否正常的指标体系及确定各指标的临界值，作为统计监督经济、社会、科技运行状态和环境变化情况的客观标准。如我国曾经用过的一些监测指标及其临界值是：工农业总产值、国民生产总值增长速度的下限标准为7%；国民收入积累率的上限标准值为30%；农轻重比例的标准值为各占1/3；劳动生产率增长的下限标准值为5%；财政收支结余率的浮动标准值的下限为 -5%；外汇收支结余率的浮动标准值为5%~10%；市场零售物价指数上涨的警报标准值为5%等等。

（5）加强统计基础建设。其内容包括：基层统计组织建设，基层统计的方法制度建设，从信息源头保证统计资料真实可靠。用统计中"实事"监督经济运行中"事实"，才是真正的监督。在强调统计对宏观经济监督的同时，也不能忽视统计对微观经济的监督作用。

（6）提高统计干部的政治、业务素质。统计干部要努力学习政治理论和党的方针、政策，坚持党的实事求是的思想路线，敢于行使统计监督权；同时还要具有较高的经济理论水平和统计分析水平，善于进行统计监督。

总之，统计的信息、咨询和监督职能是一个有机整体，是统计优质服务不可分割的三个方面。只有进一步优化统计信息服务，提高统计咨询水平，强化统计监督职能，并使这三大职能凝结成一股合力，发挥其整体功能，提高其整体效应，才能充分体现和发挥统计工作在宏观调控和微观管理中的重要作用。

思考与练习

1. 什么是社会经济统计活动？简述社会经济统计活动产生和发展的过程。

2. 社会经济统计活动的对象是什么？它具有哪些特点？

3. 社会经济统计活动过程主要包括哪几个环节？

4. 社会经济统计活动的主要方法有哪些？

5. 社会经济统计活动的组织系统是如何构成的？

6. 社会经济统计活动具有哪些职能作用？

第二章

社会经济统计学导论

第一节
社会经济统计学的科学性质

一、社会经济统计学的创立和发展

如前所述，社会经济统计活动已历经数千年，但在学术上作为一门学科的社会经济统计学却只有 300 多年的历史。一般认为，社会经济统计学最早产生于 17 世纪中叶的欧洲，最初的表现则是记述、研究国家和社会情况的政治算术与国势学。

政治算术产生于英国，主要代表人物是威廉·配第（W. Petty，1623～1687）和约翰·格朗特（J. Craunt，1620～1674）。配第在其著作《政治算术》中，借助数字、重量和尺度来研究社会问题，运用总体数量比较的方法进行经济分析，最后概括出政治结论。因此，马克思对威廉·配第和他的政治算术给予了极高的评价。他说："……配第创立'政治算术'，即一般所说的

统计"。① 还说配第是"政治经济学之父，在某种程度上也可以说是统计学的创始人"。②

约翰·格朗特在其著作《对死亡率的自然观察和政治观察》中，根据伦敦市发表的人口自然变动公报，对人口的出生和死亡做了许多分类和计算，并依据不同年龄的死亡率编制出了第一张生命表。

国势学产生于 17 世纪封建制的德国，主要代表人物是海尔曼·康令（H. Conring，1606～1681）和高特弗里德·阿亨瓦尔（C. Achenwall，1719～1772）。在康令之前，欧洲各国已经出版有记述各国国家情况的著作。从 1660 年开始，康令在西尔姆斯特大学以"国势学"为题开设了一门课程，内容是各个国家的显著事项，包括领土、人口、财政、军事、政治和法律制度等等，用以说明和比较国家的形势。阿亨瓦尔一生在大学从教，他在其著作《近代欧洲各国国势学论》中，首次使用"统计学"这个概念，并对统计学的性质做了解释。他认为统计学是关于各国基本制度和显著事项的学问。

19 世纪中叶，统计学又有了新的发展。其中比利时人阿道夫·凯特勒（A. Quetele，1796～1874）的贡献最大。他在担任比利时统计委员会主席期间，在英国支持下发起召开了国际统计会议。他在统计理论上的主要贡献，则是把概率论引入了统计学，从而提出了关于统计学的新概念。他根据大数定律的原理提出了大量观察法，利用统计观察资料计算和研究社会现象和自然现象的数量规律性，并用于预测未来的情况。

马克思主义的创立，奠定了统计学的新的理论基础。马克思运用统计手段对资本主义进行了深入细致的理论研究，并要求建立工人阶级自己的统计。列宁也十分强调统计在社会经济管理中

---

① 《马克思恩格斯选集》第 3 卷，人民出版社 1972 年版，第 273 页。
② 《马克思恩格斯全集》第 32 卷，人民出版社 1972 年版，第 302 页。

的作用，他在其著作中提供了运用统计资料分析问题的大量范例，同时，对有关的统计理论和方法做了精辟的阐述，并把社会经济统计誉为"社会认识的最有力武器之一"。

社会主义国家的建立，使社会经济统计的理论研究获得了新的生机，进入了更加繁荣、活跃的新时期。广大统计理论工作者和实际工作者，正以马克思主义理论为指导，系统总结本国统计实践活动的经验和教训，学习和借鉴国外统计学的理论和方法，为完善和发展社会经济统计学而不断地努力探索。

二、社会经济统计学的研究对象

作为社会经济统计活动的经验总结和理论概括的统计学，它产生于实践并对实践起着一定的指导作用，为统计实践活动提供科学依据和理论指导。

社会经济统计学是关于如何认识和反映大量社会经济现象数量方面的一门独立的方法论科学。它的研究对象是统计实践活动的基本方法、主要过程及其发展规律。其研究目的在于阐明为什么要统计和如何进行统计，怎样开发、运用和提供统计资料等问题。其研究内容具体包括：

（1）社会经济统计活动与其他社会经济认识活动是什么关系；

（2）社会经济统计认识的起点在哪里，应按什么样的顺序开展社会经济统计活动；

（3）怎样从对个体的实际表现的感性认识过渡到对总体的数量表现的理性认识；

（4）在社会经济统计认识过程中会发生什么问题；

（5）在正确认识社会经济现象的数量方面应遵循什么原则，为了使认识深化应采用什么具体的统计方法等。

三、社会经济统计学的理论和方法论基础

统计学理论的研究和统计工作实践的开展，都必须要有正确的理论和方法论做指导。一般认为：马克思主义政治经济学是统计的经济理论基础；马克思主义哲学是统计的一般方法论基础；数学尤其是概率论是统计的具体方法论基础。

在社会经济统计活动中，经济理论基础具有主导性意义。统计必须以政治经济学所阐明的社会经济发展规律作为理论基础。统计的指标设计、分类分组和分析推断，都必须以政治经济学所确定的经济范畴和经济理论为依据，才能正确分析现象及其变动的数量关系。例如，统计要研究社会商品总供给与总需求之间的关系，要计算生产总值、劳动生产率、成本、盈利、工资等指标时，就必须首先依据政治经济学的原理，明确这些指标的经济内容和构成要素，然后才能据以做出正确的统计和基本的数量分析。

统计作为社会认识最有力的武器之一，还必须以马克思主义哲学作为其一般方法论基础。例如，根据辩证唯物主义关于存在与意识关系的原理，统计就必须从实际出发，尊重客观事实，如实反映情况；根据唯物辩证法关于事物质与量相互联系、相互制约的原理，统计对社会经济现象的定量认识就必须以定性认识为基础，在确定事物质的规定性的基础上，认识和把握其数量特征；统计分析的开展，还必须以辩证唯物主义的立场、观点、方法为指导，坚持以发展的眼光全面地看待问题，要分清事物发展过程中的主流和支流、本质和现象，抓住主要矛盾和矛盾的主要方面，要透过现象的数量表现认识和把握事物发展变动的基本趋势和一般规律。坚决反对唯心主义的先验论和静止、孤立、片面的形而上学观点。

列宁曾经明确指出：统计要处理各种数字，就要应用数学。数学方法作为统计认识的重要手段，在很大程度上影响着统计认

识的正确性。概率论是数学的一个重要分支，它以最一般的形式研究随机现象的数量关系和变化规律。作为统计研究对象的各种社会经济现象，在不同程度上都具有随机的性质。因此，统计在研究这些现象的数量关系时，就应当运用概率论所提供的理论和方法。例如，概率论中的大数定律证明：如果被研究的总体是由大量的相互独立的随机因素所构成，每个变量对总体的影响都相对较小，那么，对大量随机变量加以综合平均的结果，将使个别因素数值的偶然误差相互抵消，而呈现出它们共同作用的倾向。根据这一定律，在社会经济统计中，通过对大量事物的观察数据的综合平均，计算各种综合指标，就可以较好地反映现象的变动趋向和发展规律。

但必须指出，概率论的作用，仅仅是帮助我们通过偶然性发现必然性，认识现象规律的表现形式，而不能说明现象的本质。因为社会经济现象的本质，决定于现象本身内在的矛盾，这只能由历史唯物论和政治经济学来说明。所以，在社会经济统计的理论研究和实际工作中，我们可以而且必须运用数学特别是概率论，但不能搞数学形式主义。

第二节

社会经济统计学的基本范畴

范畴是人们对客观事物的不同方面进行分析和归纳而得出的基本概念。认识范畴，便于把握现象有关方面的本质特征。统计学的基本范畴，是由总体与总体单位，标志、指标与指标体系，变异、变量与变量值等基本概念组成的。

一、总体与总体单位

总体，亦称统计总体，是根据一定的目的要求所需研究事物的全体，它由客观存在的具有某种共同性质的许多个别事物所组成。例如，要研究全国商办工业企业发展状况，就要以全国商办工业企业为统计总体。尽管各个商办工业企业在生产产品的品种、质量和数量等方面存在着很大差别，但从掌握生产要素，组织生产活动，以及向社会提供商办工业产品的经济职能来看，是基本一致的。因此，全国各个商办工业企业的集合，便构成了商办工业企业这一统计总体。确定了这个总体，就可以对全国商办工业企业的各种数量特征，如从业人数、资金规模、设备状况、技术力量和经济效益等进行统计研究，开展对全国商办工业企业发展状况的经济分析。

总体单位，是指组成总体的基本单位，它是所要统计的各种数量特征的承担者。如上例，全国商办工业企业总体的总体单位就是每一个商办工业企业。根据统计研究的目的不同，总体单位可以是一人、一物或一个生产单位。因此，如果说总体是集合的概念，那么总体单位则是集合体的元素。

确定总体和总体单位，必须注意以下几个问题：

1. 构成总体的单位必须是同质的

不能把不同质的单位混在同一总体之中。例如，要研究商办工业企业的生产状况，就必须而且只能将从事商办工业生产活动的企业列入统计总体的范围，同时，也只能对其商办工业生产活动进行考察，而对其所从事的别的活动则需要加以排除。只有如此，才能正确地反映商办工业的生产状况。所以，科学地规定总体和总体单位，是正确地确定统计的对象和范围，做好统计工作的基本前提。

2. 构成总体的单位必须是大量的、足够多的

统计研究的目的，是要揭示现象总体的规律性，而规律性的认识，只能建立在对总体所属单位进行大量观察的基础上。

根据总体构成单位是否可数的性质，总体可分为有限总体和无限总体。有限总体，是指总体的构成单位是有限的、可数的；无限总体，则是指总体的构成单位是无限的，不能一一列举的。

根据总体构成单位能否相加的性质，总体可分为可相加总体和不可相加总体。可相加总体，是指构成总体的各个单位具有完全的同一性，因而能够将其单位数相加，求得其总体单位总量。例如，以全国商办工业企业为总体，每个商办工业企业则是总体单位，总体单位相加就是全国商办工业企业数；再如，人口总体，其总体单位是每个人，不管是什么人都是可以相加的。不可相加总体，是指构成总体的各个单位具有复杂性，因而不能对其单位数求和，不能计算其总体单位总量。例如固定资产就是一个复杂总体，它以各种固定资产为总体单位，但我们不能把一座化铁炉与一台机床加在一起，也不能把一辆汽车与一幢厂房加在一起。也许有人说："固定资产价值是可以相加的。"这句话本身没有错，但如果以此来说明复杂总体的单位也是可以简单相加的，则失之偏颇，因其混淆了总体与指标，总体单位与标志的不同概念。关于这一点，我们将在下文进一步予以说明。

3. 总体与总体单位具有相对性

同样一个单位，既可以是总体，也可以是总体单位，随着研究目的的不同而不同。例如，要研究某省商务厅所属企业的经营状况，则该商务厅是统计的总体，而构成该总体的各商业企业是总体单位。如果旨在研究全国各省、市、自治区商务厅系统的经营状况，则所有省、直辖市、自治区商务厅构成统计的总体，而该省商务厅就变成了总体单位。

二、标志、指标与指标体系

(一) 标志

所谓标志，是指用来说明总体单位数量特征或属性特征的概念或名称。例如，工业企业总体中的每个工业企业有产量、职工人数、经济类型、隶属关系等特征，反映这些特征的概念名称就叫标志。

标志可以有许多分类，其中品质标志与数量标志的划分是最重要的。

品质标志表示事物质的特征，一般用文字说明，如上例中的经济类型、隶属关系就是品质标志；数量标志表示事物量的特征，一般用数值说明，如上例中的产量和职工人数就是数量标志。

标志是特征的名称，它的具体表现是名称后的属性或数值，例如经济类型的具体表现是国有、集体、合营等；产量的具体表现是 20 万吨、30 万吨等。

(二) 指标

指标是用来反映总体数量特征的概念，但一个完整的统计指标应包括它的概念和数值。指标可以按不同的标志进行分类，并形成相应的统计指标和指标体系。

1. 按所反映总体的内容分类

指标按其所反映总体的内容不同，可以分为数量指标和质量指标。

数量指标，是指反映社会经济现象总体规模或工作总量的统计指标，亦称总量指标。如企业总数、耕地面积、国民生产总值、商品流转额等。它们都用绝对数表示，用以表明国情国力的基本情况，以及各部门活动的直接成果。

质量指标，是指反映社会经济现象的相对水平或工作质量的统计指标。如人口密度、劳动生产率、设备利用系数等。它们是总量指标的派生指标，都用平均数或相对数表示，可据以反映现象之间的内在联系和对比关系，更深刻地说明现象发展的规律性。

2. 按功能和作用分类

指标按其功能和作用不同，可以分为描述指标、评价指标和预警指标。

描述指标，是指用于反映社会经济现实状况和社会生产、生活过程及其结果的统计指标。该类指标提供对社会经济状况的基本认识，是统计信息的主体。它具体包括：

（1）反映社会经济条件的指标，如自然资源拥有量、土地面积、国民财产总值、劳动力资源总量、科技机构人员总数等等；

（2）反映生产经营过程和结果的指标，如国内生产总值、国民可支配收入、固定资产、流动资金、利润总额、财产收入与支出、进出口贸易额、商品库存量等等；

（3）反映社会物质文化生活状况的指标，如居民平均生活费收入与支出、在校生人数、文化娱乐设施的数量与总值等等。

3. 评价指标

评价指标是指用于对社会经济活动的结果进行比较、评估、考核，以检查其经济效益和工作质量的统计指标。它具体包括：

（1）企业经济活动评价指标，如劳动生产率、生产设备完好率、生产能力利用率、资金盈利率、单位产品成本、流动资金周转速度等等；

（2）国民经济活动评价指标，如国民生产总值增长速度、社会劳动生产率、社会积累率、固定资产交付使用率等等。

预警指标，主要用于对宏观经济运行状况进行监控，并依据其指标值的变化，预报国民经济即将出现的不平衡状态和突发事件，以及某些结构性障碍等。宏观经济监控的对象主要有：经济增长、经济周期波动、失业与通货膨胀、国家财政收支、信贷收支、国际收支和进出口贸易状况等等。相应地，预警指标就有：国民生产总值增长率、就业率与失业率、物价总指数、社会消费与积累率、储蓄与投资率、汇率与利率等等。

（三）指标体系

由于任何一个统计指标都是对现象总体的片面反映，因此，要反映社会经济活动的全貌，要描述客观事物的全过程，只用单一指标有着很大的局限性，而必须设置统计指标体系。

统计指标体系，是指由一系列相互联系的统计指标所构成的指标群体，用以说明所研究的社会经济现象总体各方面相互依存和相互制约的关系。统计指标体系大体上可以分为两大类，即基本统计指标体系和专题统计指标体系。

基本统计指标体系，是反映国民经济和社会发展基本情况的指标体系，它由社会指标体系、经济指标体系、科技指标体系和环境指标体系组成。在每一类指标体系下面，又可分为若干层次，并以一定的指标或指标群相应地反映各类和各层次社会经济活动的基本状况及其相互关系。

专题统计指标体系，是指针对某一专门社会经济问题而设置的指标体系。如经济效益统计指标体系、价格统计指标体系、国际收支统计指标体系、国际对比统计指标体系、人民生活统计指标体系等等。

三、变异、变量与变量值

所谓变异，就是标志或指标具体表现的差异。统计总体中各单位之间，有的标志表现相同，有的标志表现不同，前者称为不变标志，后者称为变异标志。统计总体就是根据不变标志组成的，而统计所研究的则是变异标志。例如，要研究国有工业企业生产情况，则所有国有工业企业组成一个总体，这是根据其生产资料均为国家全民所有这个标志所组成的总体，而每个总体单位的其他标志的具体表现则是有差别的，如企业规模表现为大型、中型、小型，实现利润表现为多少不等的货币价值，劳动生产率也表现为高低不一的水平等等。变异是普遍存在的，而且有属性变异和数值变异之分。属性变异，是指现象品质标志具体表现的差异；数值变异，是指数量标志或指标具体表现的差异。

所谓变量，则是指可变的数量标志和指标。变量的数值表现就是变量值，亦即可变的数量标志或指标的不同取值。如"销售额"就是一个变量，因为各商场的销售额是大小不等的，某商场为 8 000 万元，另一个商场为 6 500 万元，第三个商场为 9 300 万元等等。这都是"销售额"这个变量的不同取值，也就是其变量值。

按变量值的连续性不同，可将变量分为连续型变量和离散型变量。连续型变量的取值是连续不断的，相邻两值之间可以做无限次分割。如国民生产总值、粮食产量等变量，虽然一般都按整数计算，但严格说来，都可以细算到若干位小数，从而可以连续取值。离散型变量的数值则是以整数位断开的，如职工人数、企业个数、设备台数等，都只能取整数，不可能有小数。

按变量的性质不同，可将变量分为确定性变量和随机变量。确定性变量，是指由于受到某种起决定性作用的因素的影响，致使其数值总是沿着一定的方向呈上升或下降变动的变量。例如，随着国民经济的不断发展，国民生产总值指标总是逐年上升的，虽然时有波动，但其变动的总趋势是上扬的，因此，该指标就是一个确定性变量。随机变量，则是另外一种性质的变量，由于影响其变动的因素很多、作用各异，因而变量的取值没有一个确定的方向，带有偶然性。例如一批机械产品零件尺寸的公差大小，就带有一定的偶然性，在这里零件尺寸的公差就是一个随机变量。

第三节

社会经济统计数据的量化尺度

要对社会经济现象做出统计认识，就必须首先对数据进行量化。而要对数据进行量化，就要确定数据的量化尺度（又称"量标"）。数据的量化尺度是根据数据所衡量的客观事物的不同特征加以确定的。由于事物的性质不同和人类认识能力的限制，各种事物可以量化的程度也不同，从对客观事物加以精确量化的层次分类，由低级到高级，由粗略到精确，数据的量化尺度可依次分为四种：

一、列名尺度

列名尺度，又称定类尺度。它是指分组标志是对一些客观事物的名称进行排列，如我国人口按民族分组，依次排列为汉族、回族、壮族……职工按工种分组，依次排列为车工、钳工、电工……。这些排列不分大小，都是并列关系。同时，为了排列方便，还可以数字作为分类分组后各组的代号。这是一种最粗略、计量精度最低的量化尺度。这种量化尺度的特点是：只能对数据进行平行的分类或分组。各组各类之间关系平等，没有优劣、好坏之分，同时又具有互斥性，即一个事物归入这一类，就不能同时归入另一类。

列名尺度作为最基本的数据量化尺度，是其他量化尺度的基础，因而在社会经济统计中有着广泛的应用，对其进行分析的统计量主要有：各组次数（单位数）、频率（各组次数占总体的比重），并可据以确定众数。但不能对各组的编号进行加、减、乘、除等数学运算。

二、顺序尺度

顺序尺度，又称定序尺度。把各类事物按一定特征的强弱、高低等顺序排列起来，就构成了顺序尺度。这种量化尺度要比列名尺度更精确一些，因为它除了具有列名尺度所具有的性质和特征外，各组之间还可以比较优劣。例如产品质量等级可以分为特等品、一等品、二等品等等；考试成绩按五级分制可以分为优、良、中、及格、不及格等等。显然，在产品的质量等级中，"特等品"优于"一等品"，"一等品"优于"二等品"；对于考试成绩，"优"好于"良"，"良"好于"中"。由于各组之间能够进行优劣比较，因此在分析中就可以运用更多一些的统计方法。对其进行分析的统计量主要有：各组次数、频率、众数、中位数、四分位数、十分位数等等。但因各类事物的差距是个未知数，因而也不能对其序号进行加、减、乘、除等数学运算。

三、间隔尺度

间隔尺度，又称定距尺度。以某一种客观存在的计量单位作为分组标志，把顺序排列的各类事物间的差距明确起来，就构成了间隔尺度。例如用百分制成绩来反映分数的变化，用摄氏度来反映气温的变化，就是一种间隔尺度。在考试成绩中，总分为100分，其每增加1分的间隔是相等的，即80分与90分的差距和90分与100分之间的差距是相同的，都差10分。温度也是一样，其每提高1摄氏度的温度差也是相同的。显然，对于考试成绩由顺序尺度的五级分制到间隔尺度的百分制，其量化程度也更高了。

由于间隔尺度中每一间隔是相等的，因而各数值之间不仅能够比较大小，而且可以用加、减法准确地求出其数值的大小差异。作为其适用的统计量，除了次数、频率、众数、中位数、四分位数、十分位数之外，还可以计算算术平均数（均值）和标准差。但因间隔尺度没有一个客观的零点，即不存在绝对零点，所以仍不能对标志值进行乘、除等数学运算。例如我们可以说35 摄氏度与 30 摄氏度之间的差，跟 10 摄氏度与 5 摄氏度之间的差是相等的，但不能说 10 摄氏度比 5 摄氏度热 1 倍。

四、比率尺度

比率尺度，又称定比尺度。间隔尺度如果有一个客观的零点，即存在一个绝对零点，就可以转化成为比率尺度。由于比率尺度与间隔尺度属于同一等级的量化尺度，因而在有些教科书中并不对其加以区分。这两种尺度之间的差别仅仅在于间隔尺度没有绝对零点，而比率尺度有绝对零点。换句话说，间隔尺度中的"0"只表示一个具体数值，即 0 值或 0 水平，并不表示没有或不存在。例如温度中的 0 摄氏度，只表示"冰点"这一特定温度，并不表示没有温度。而比率尺度中的"0"则表示没有或不存在。例如人的身高、体重，企业的产品产量、产值，商品的重量、价格等等，都应用比率尺度来计量。在这里，如果一个人的身高为 0 米或体重为 0 公斤，此人则根本不存在，因为没有一个人的身高和体重可能为 0；如果一个企业某一时期的产量和产值为 0，则表示这一时期该企业根本没有从事生产活动；如果某一商品的重量和价格为零，则表示该商品根本就不存在。由于绝大多数的客观事物都是用比率尺度计量的，间隔尺度只是其中的一些特例，因此在某些教科书中不对其加以区别，也是有一定道理的。

在比率尺度中，由于"0"表示没有或不存在，因而不仅可以比较其数值的大小，计算其数值的具体差异，而且还能够计算其数值之间的倍数。也就是说，不仅可以对其进行加、减法运算，而且可以进行乘、除法运算。例如，我们可以说体重为 70 公斤的人其重量是体重为 35 公斤的人的两倍，但不能说 20 摄氏度的气温要比 10 摄氏度的气温热 1 倍。

总之，上述四种量化尺度，从量化程度和层次上讲，是一个从低级到高级依次累积的系列。每一种后继的量化尺度必然包含以前的量化尺度。从列名尺度到比率尺度，表示在定性基础上定量化的不断提高，数学处理的可能性不断增大。对数据量化尺度各个层次的研究，不仅有助于我们科学地确定各种指标的量化方式，而且有助于我们在对数据进行加工整理和分析预测时正确地选择统计方法。

尚需说明的是，在对社会经济现象进行定量研究时，某些低级的量化尺度可以转化为高级的量化尺度。例如考试成绩按五级分制分组的顺序尺度，就可以转化为用百分制表示的间隔尺度：

五级分制成绩		百分制成绩
优	⟷	90 ~ 100 分
良	⟷	80 ~ 89 分
中	⟷	70 ~ 79 分
及格	⟷	60 ~ 69 分
不及格	⟷	60 分以下

当然，并不是所有的低级量化尺度都能转化为高级量化尺度。能否转化，这要视被研究的客观事物的性质而定。

为了便于比较和掌握各种量化尺度的特征和适用的统计量，兹将这四种量化尺度列表说明如下（见表 2 - 3 - 1）：

表 2 – 3 – 1　　　　　　　各种量化尺度比较表

量化尺度	特　征	适用的统计量	适用的统计推断方法
列名尺度	组内等价；组间并列	次数、频率、众数	非参数统计推断
顺序尺度	组内等价；组间并列，并可比较优劣	次数、频率、众数、中位数、四分位数等	非参数统计推断
间隔尺度	组内等价；组间并列，并可比较大小；可求出大小差异值；没有绝对零点；适用于加、减法运算	次数、频率、各种平均数、标准差等	参数统计推断 非参数统计推断
比率尺度	组内等价；组间并列，并可比较大小；可求出大小差异值；存在绝对零点；可用加、减、乘、除等方法运算	所有统计量	参数统计推断 非参数统计推断

思考与练习

1. 社会经济统计学是怎样形成和发展起来的？

2. 社会经济统计学的研究对象和研究内容是什么？

3. 社会经济统计学的理论和方法论基础是什么？

4. 什么是总体和总体单位？举例说明二者的关系。具体确定总体和总体单位必须注意哪几个问题？

5. 什么是标志？什么是指标？什么是指标体系？它们之间有何关系？

6. 什么是变异？什么是变量？什么是变量值？它们之间有何关系？

7. 统计数据有哪几种量化尺度？试对其进行比较说明。

| 第三章 |

统 计 调 查

第一节

统 计 调 查 概 述

一、统计数据的收集

收集数据资料的方式有科学实验、管理核算、统计调查、市场调查等。

科学实验是为了揭示事物之间的因果关系而在人为安排的环境条件下对所研究事物进行观察。例如：在市场研究中为了了解产品包装对产品销售量的影响，试用几种不同包装的产品安排在若干商店及各商店的不同位置销售，观察不同包装产品的销售状况；又如在工业生产中为了找出最佳的原料配方，安排不同的原料配比对产品的产量和质量进行观测取得所需的实验资料等。科学实验的特点是各种观察都是在人为安排的环境条件下进行的，除随机因素同等外，其他因素都将受到一定的控制。

管理核算是根据行政和业务管理的需要而对事物运动过程及

其结果进行连续记载。如为了国家管理的需要，户籍部门对人口的出生、死亡、迁移状况的记载；又如为了企业管理的需要，企业管理部门对本企业产品的生产、销售及库存数量的记载等。管理核算是进行行政和业务管理的重要依据，也是统计数据的重要来源。管理核算的数据资料一般都是按照时间先后顺序排列的资料，它可以揭示事物随着时间推移而发展变化的规律。

统计调查和市场调查都是为了了解事物的状况，也都是在事物所处的自然环境条件下对其进行观测。但是统计调查是统计部门进行的，是需严格按照统计调查方案的目的要求、工作程序和工作方法来进行的调查。如为了了解全国人口总数、人口构成等对全国人口状况的观测；又如为了了解某城市居民生活水平而对该市居民家庭收入和支出状况的观测等等。而市场调查通常是由非统计部门组织的，为某一特定目的，为市场经济发展的需要所进行的调查。

二、统计调查的性质和要求

（一）统计调查的性质

统计调查，就是按照预定的目的和要求，有计划、有组织地、科学地向调查对象搜集原始统计资料和次级统计资料的工作过程。原始资料的搜集是最根本的，因为次级资料仍然是从原始资料加工整理而来的，只不过这些原始资料的搜集工作是由别人或别的部门来完成的。搜集原始资料是一项复杂的工作，因为统计调查中往往要涉及被调查者、调查者、数据使用者三个方面。被调查者可以是人，也可以是物；可以是自然人，也可以是家庭住户，也可以是企业、行政事业等法人单位；既可以是产品、机器设备，也可以是土地和各种自然资源。调查者是统计调查的实施者，它要根据数据使用者的要求，向被调查者搜集信息，并进一步还要对所搜集的信息进行加工，最终提供各种描述社会经济现象和发展变化的统计数据；数据的使用者是统计调查结果的最终用户，包括政府部门、各学术团体、私人机构及个人。统计调查的内容也是多种多样的，涉及社会经济各个方面。因此，需要采用科学的方法，有计划、有组织地进行。另外，统计调查不仅可以提供调查者所需要的统计数据，也是统计整理、统计分析、统计预测和统计决策的前提和基础。

（二）统计调查的要求

统计调查的要求，既包括对统计调查工作的要求，也包括对统计调查数据质量的要求。统计调查质量的好坏直接影响到统计分析结论的客观性和真实性。进行统计调查必须本着实事求是的原则，准确、及时、全面、经济地搜集统计资料。

1. 统计调查的准确性

统计调查的准确性是指调查来的原始资料必须符合实际情况，真实可靠，准确无误。这是统计调查最重要，也是最基本的要求，是统计工作的生命。只有资料符合实际，真实可靠，才能据以做出正确的判断，得出科学的结论，进而才能据以指导工作。为此，我们必须坚持唯物论的反映论，和实事求是的原则，严格遵守《统计法》，坚决同弄虚作假、本位主义等不正之风作斗争。具体来说，统计调查的准确性就是统计调查误差尽可能地小。统计调查误差，是指调查结果所得到的统计数据与调查总体实际数量表现的差别和不一致。具体包括：

（1）登记误差。是调查过程中，由于调查者或被调查者的人为因素所造成的误差，有调查者所造成的错误，如填报错误、抄录错误、汇总错误等；也有被调查者造成的错误，如有意虚报或瞒报造成的错误。

（2）代表性误差。是指从总体中抽出一部分单位进行调查，根据部分单位，即样本数据推断总体的数值时所产生的随机误差。因此，代表性误差只存在于抽样调查之中。

准确性就是要求这两类误差都要尽可能地小。对于登记误差，我们可以通过制定严密的工作计划和采取各种有效的措施，提高调查人员的素质，加强法制和管理，使其降低到最低限度。而代表性误差是无法消除的，但要采取科学的方式、方法和方案设计使其得到控制，降低到允许的范围。

2. 统计调查的及时性

统计调查的及时性就是要保证统计调查所得到资料的时效性，从时间上满足各方面对统计资料的要求，即在最短的时间里取得并公布数据。资料提供的越及时，其使用价值越大。因此，在进行统计调查时，要根据统计调查的目的和要求，在各种调查方法都适用的条件下，尽可能地选择时效性强的方法，尽早地提供有效的数据资料。

3. 统计调查的全面性

统计调查的全面性就是要求搜集的资料必须全面系统。即如果需要调查和了解全部调查单位的资料时，不能因为调查中会遇到的各种困难而漏报。另外，调查中往往不仅需要有数据资料，而且在有些情况下还需要搜集能够深入说明现象具体情况的文字资料，这时就要做到数据与情况相结合。同时，搜集的资料要有系统性，即保持数据的一致性和连续性，保持数据在时间上的可比性，尽量避免间断，这样才能从不同层次、各个方面反映现象发展的过程、特征及问题，从而做出正确的判断。

4. 统计调查的经济性

统计调查的经济性是指在满足一定准确性要求的前提下，能以最少的调查费用取得所需的统计资料。也就是以最低的成本，在满足以上标准的前提下，以最经济的方式取得数据。通常，对调查资料的准确性要求越高，则调查的费用就越高，由于任何一项统计调查都有一定的费用约束，如果单纯强调资料的准确性，而无视经济性的要求，盲目追求那种不计调查成本，只讲资料取得的所谓"高质量"，就会造成不必要的人力、物力和财力的浪费。例如，有些可以通过抽样调查方法取得的资料却采用全面调查的方法来搜集，两者的准确度相差无几，但后者花费的人力、财力、物力则远远超过前者，这样就造成了浪费。可见，统计调查同样要讲究经济效益，重视经济性要求，努力降低调查成本。

上述统计调查的四个基本要求是相互结合、相互依存的，例如，统计调查的准确性和及时性、全面性和经济性都是矛盾对立统一的两个方面，两者之间既相互制约又紧密联系。因此在每一次统计调查过程中，都要根据实际情况妥善处理两者的关系，既要反对绝对求准的片面观点，也要反对为赶时间而草率从事、不顾质量的错误做法，力求准中求快，快中求准。既要全面、系统，也要讲究效益杜绝浪费。

三、统计调查的种类

统计调查的内容十分广泛，复杂多样，调查的对象千差万别，因此在组织统计调查时，应根据不同的对象和调查目的，灵活地采取不同的调查方式、方法。统计调查可以从不同的角度进行分类。

（一）按调查单位的范围分类

依据总体性质的不同，人们可以对总体中的全部个体进行观测以取得反映总体的数据，也可以只选取部分个体进行观察，这样统计调查首先可以分为全面调查和非全面调查。

1. 全面调查

全面调查就是对调查对象中的所有单位逐个加以调查的调查方式。全面调查可以掌握所有调查单位的全面情况，但由于调查单位多，需要耗费的人力、物力、财力也较多，组织起来也比较困难，并且这种调查只适用于有限总体，因此调查内容主要限于一些重要的统计指标和基本国情。在实践中，对于一个国家或地区中的某种自然或社会经济现象的全面调查通常有两种形式：一种是普查，另一种是全面统计报表制度。

2. 非全面调查

非全面调查是指仅对调查对象中的一部分单位进行的调查。由于它的调查单位少，因此便于组织，适用面广，又能节约费用，在某些情况下非全面调查的准确程度比全面调查的准确程度还要高，因此非全面调查用得越来越多。另外，对有些具有破坏性的现象，或无法进行全面调查的情况只能采用非全面调查的方法。在实际选择调查单位时，非全面调查又可分为随机调查和非随机调查。随机调查即抽样调查，它是实际中应用最广泛的一种非全面调查的方法，它是从调查对象的总体中随机抽取一部分单位作为样本进行的调查。非随机调查即根据主观判断选择调查单位的方法，包括重点调查和典型调查。

（二）按组织方式不同进行的分类

按组织方式的不同，可分为统计报表制度和专门调查。

统计报表制度是我们国家一项重要的经济制度，是定期取得反映国民经济和社会发展基本情况统计资料的基本调查组织形式。统计报表是各企业、单位按照规定的表式、日期和报送程序，向上级和国家提供统计资料的一种报告制度。

专门调查是针对调查对象的特点，为了某一特定的目的而组织的调查组织形式。其中包括普查、抽样调查、重点调查、典型调查等。

（三）按时间的连续性分类

统计调查按时间的连续性可以分为经常性调查和一次性调查。

经常性调查是指随着现象的不断发展变化，随时将变化情况进行连续不断的调查登记。例如，对工业产品产量、商品销售量、劳动消耗量等内容的调查通常采用经常性调查，由经常性调查取得的资料是反映事物发展变化全过程及其结果的统计资料。统计报表制度就属于连续性调查。

一次性调查是指间隔一段较长的时间对现象进行的调查。主要是对时点现象的调查，可以是定期的，也可以是不定期的。例如，对人口数、在校学生人数、企业单位数、产品库存量、固定资产存量等特定时点上的水平进行调查都采用一次性调查。

（四）按搜集资料的方式分类

搜集资料的统计调查方法很多，归纳起来可分为以下几种：

1. 直接观察法

是指调查人员到现场，对被调查现象亲自进行观察、计数和记录以取得统计资料的方法。例如：对工商企业进行期末在制品盘存，调查人员直接到现场观察和参加计数，对农作物产量进行调查预测，调查人员亲自到现场进行实割实测等都是通过直接观察的方法取得资料的。这种方法的优点是能够直接取得第一手资料，所得资料真实可靠，准确性高。其缺点是需要大量的人力、物力、财力，调查的成本高，限制条件也较多，并且有时需要做较长时间的观察才能得到结果。有些调查内容，如居民手持现金、居民日常消费情况等无法直接计量和观察，使该方法受到一定条件的限制。

2. 采访法

是由调查人员将所调查的项目拟成问题，以口头或书面形式向被调查者提供询问，以获得所需的数据资料的方法。

采访法包括当面访问、电话访问等多种形式。方法是由调查人员直接向被调查者提出问题或发放调查表，直接根据被调查者的回答和所填调查表取得资料。当面访问可以是个别访问，也可以是小组访问。小组访问是指召集若干被调查者在一起开调查会的形式。当面访问可以是口头访问，也可以把事先准备好的调查表发给被调查者，以书面形式取得资料。电话访问是通过电话向被调查者提问取得调查资料的方法。目前，已开发出各种电脑辅助电话调查系统，调查人员只需带上耳机式电话，坐在电脑终端前，调查的问题（问卷）显示在屏幕上，调查人员将电脑屏幕上显示的问题读给受访者，并将受访者的回答直接输入电脑，省略了传统调查方式中很多的中间环节，从而大大缩短了调查时间，提高了调查效率。

采访法的优点是调查者可以控制调查过程，访问的时间可长可短，特别是当面访问，可在询问时观察被调查者的反应，能得到较深入的资料，且回答率和调查表的回收率都较高，调查结果也比较可靠。缺点是调查成本较高，调查结果与调查人员的访问技术和熟练程度有很大关系。当面访问，动用的调查人员较多，调查费用相对较高，匿名性差，有时不易被受访者接受。电话访问调查成本低、时间短，但不易获得被调查者的合作，也不能询问较为复杂的问题。实际调查时，究竟采用当面访问还是电话访问，需要根据调查对象的性质和调查项目的多少和难易而定。

3. 邮寄法

邮寄法是通过邮寄或宣传媒体等方式将调查表或调查问卷送至被调查者手中，由被调查者填写，然后将调查表寄回或投放到指定收集地点的调查方法。这种方法的优点是调查费用低，可以在很大范围内进行，调查时间短，匿名性好，可避免调查人员的偏见。其缺点是，由于调查人员和被调查者没有直接的语言交流，信息的传递完全依赖于调查表，调查过程不易控制，研究者不知道应答者是独立完成答案，还是讨论后的结果，或由别人代替回答等，回收率低，另外，如果有应答不清楚的情况也无法弥补。这种方法多适用于社会问题的调查。

4. 报告法

报告法是以调查单位的统计、会计和业务核算的原始资料为依据，按照一定的调查表的形式和要求，由调查单位提供统计资料的方法。我国对于实行统计报表制度的企业、事业单位和机关团体都是采用报告法搜集资料的。在一些专门调查中也用报告法取得资料。报告法适用于庞大总体的统计调查，需要有健全的原始记录和核算资料，并且要严格遵守统计报告纪律。

5. 网上调查

网上调查也称电脑辅助调查，随着现代通信技术的发展，特别是电脑的应用，数据信息搜集方法在不断变化，以电脑和网络为媒介的调查方法应用越来越普遍，目前不仅可以通过远程传输提供数据，甚至整个调查过程，包括问卷的设计和显示、样本设计、具体的调查、数据处理等都可以由电脑来控制和完成。

上述调查方法的分类是密切联系和相互交叉的。实际调查时，针对同一调查主题，有时是一次性地进行调查，有时则是连续地、定期地进行调查。在连续调查中，有时间隔时间较短，如月度调查，有时则间隔时间较长，如每隔10年进行一次的人口普查。实际采用哪种方法要根据具体的问题和调查对象来做出选择。

四、中国经济社会统计调查的组织体系

不同的社会经济体制下，统计调查的组织方式通常是有区别的。比如，在高度集中的计划经济体制下，政府统计部门对经济社会各单位的调查具有更大的强制性，可以建立一套自下而上的全面统计报告制度。而在市场经济的条件下，政府统计部门与被调查的经济单位之间的关系则相对松散，如现实经济体制下，个体经济、私营经济、股份制经济、"三资"企业等多种经济成分都得到了迅速发展，从而使统计调查对象的结构发生了深刻的变化，调查单位也比以前大大增加。面对更加广泛、复杂、多变的

统计对象，原有的与单一公有制相适应的全面统计报表制度就很难全面实施。另外，各单位、部门对统计信息的需要也迅速增加，因此，统计调查组织体系也必须适应这种变化。

目前，中国的统计调查组织体系主要是基于国家级的集中领导，以及各级政府机构的职能而建立。国家统计局作为国务院领导下的执行机构，负责决定统计优先项目、标准、方法及具体部署，指导并要求省、市、县等下级实体搜集统计信息，对全国统计工作予以协调。省统计局代表国家统计局执行任务，但也决定省政府规定和资助的其他统计任务。地方政府的统计局收集来自报告单位的数据，在其各自的管辖范围内执行统计程序，并将汇总数据报送省统计局，再由省局汇总报送国家统计局，最后由国家统计局进行国家级的统计。在国家统计局系统内部，按照社会经济不同领域分设不同的业务统计部门，其中包括国民经济核算司、设计管理司、工业交通司、农村司、投资司、贸易司、社会人口司等，分别负责各自范围内的统计调查和数据加工工作。

同时，该体系在中央一级的职能部门（包括财政部、人民银行和其他专业部委）也发挥着重要作用，这些部门所属的统计机构在省级和地方也有其下属统计单位。这些非统计局统计机构的数据采集调查活动类似于统计局的统计调查系统，虽然这些统计单位分别由各职能部门资助和管理，但国家统计局对这些部门的各级统计机构人员有专业和技术指导。

为了适应复杂多变的经济形势和抽样调查方法的实施，中国统计调查组织系统还包括城市抽样调查队、农村抽样调查队和企业抽样调查队等。这样通过覆盖经济社会各方面的统计调查网络，可以及时获得中国经济及社会发展情况的统计数据。

第二节
统计调查方案的设计

一项统计调查，尤其是全国性的统计调查，往往需要成千上万的单位或个人协同工作才能完成。为了顺利地完成调查任务，在统计调查进行之前，必须精心地设计和制定一个统一的统计调查方案。调查方案是指导整个调查过程得以顺利进行的条件，不同的调查方案在内容和形式上会有一定的差别，但一个完整的统计调查方案一般主要包括以下几个方面的内容：

一、确定调查目的

确定调查目的就是确定调查所要解决的问题和调查所要达到的目标。调查目的决定调查对象、调查内容和调查方法。调查目的不明确，就会遗漏一些必要的资料，搜集一些不必要的资料，不但完不成统计研究的任务，而且浪费人力、物力和时间。因此，在设计统计调查方案时，调查目的必须明确具体、中心突出，不能企图在一次调查中解决所有的问题。例如：2000年第五次人口普查的目的是为了准确查清第四次人口普查以来我国人口在数量、地区分布、构成及人口素质方面的变化，为社会、经济的发展，人民物质和文化水平的提高提供可靠的资料。

二、确定调查对象和调查单位

调查对象就是指所要调查研究的社会经济现象总体，它是由许多某一性质相同的调查单位（个体）所组成的集合体；调查单位是组成调查对象的每一个单位，它是调查项目和指标的承担者或载体，是搜集数据、分析数据的基本单位。例如，在进行工业企业普查时，调查对象就是所有进行工业生产经营活动的企业，调查单位就是每一个工业企业。确定调查对象和调查单位就是解决向谁调查，由谁提供所需数据资料的问题。确定了调查对象，也就明确了调查范围；确定了调查单位也就明确了从哪里取得有关调查项目的情况和资料，所以调查单位也就是具有所要调查的那些项目的单位。

在实际调查中调查单位可以是调查对象的全部单位，也可以是调查对象中的部分单位。如果采用全面调查的方式，如普查，调查对象中的每一个单位都是调查单位；若采用非全面调查的方式，如抽样调查，调查单位只是调查对象中的一部分单位。

在具体设计统计调查方案时，除了要明确调查对象和调查单位外，还要确定报告单位。所谓报告单位，就是负责提交和填报调查资料的单位，一般是在行政上和经济上具有一定独立性的单位。调查单位和报告单位有时是一致的，有时不一致。例如：在进行工业企业调查时，每个工业企业既是调查单位也是报告单位，而在进行工业生产设备普查时，调查单位是每台不同的生产设备，报告单位则通常是工业企业。

三、拟定调查项目和调查表

调查项目，是根据调查目的拟定的具体调查内容，也就是规定调查单位需要登记的标志。只有正确地选择调查项目，才能保证取得确切的资料。调查项目的具体内容可以是调查单位的数量特征，如人的年龄、工业企业的职工人数、产量、产值等；也可以是调查单位的属性特征，如人的性别、民族、职业、工业企业的所有制性质等。

拟定调查项目时，应只包括满足调查目的并能得到确切答复的最必要的项目，可要可不要的或虽然必要但不可能得到确切答案的，就不应列入调查项目，调查项目的提法和含义要明确、具体，以使答案有确定的表现形式。同时，项目之间应尽量保持联系，以便资料的相互核对。

统计调查项目通常是以表格的形式来表现的，称为调查表。它是用于登记调查数据或资料的一种表格。调查表一般由表头、表体和表外附加三部分组成。表头是用来说明调查表的名称以及调查单位的名称、性质、隶属关系等；表体是调查表的主要部分，主要包括调查的具体项目；表外附加通常是由填报人签名、填报日期、填表说明等内容构成。

调查表分单一表和一览表两种。单一表是指一张调查表只登记一个调查单位的资料，多用于调查项目较多的情况，这样便于分类管理，如表3－2－1。一览表是指一张调查表上排列登记一个报告单位的每个调查单位的资料，这种调查表一般用于调查项目相对较少，而调查单位较多的情况，采用一览表便于填写和检查错误，如表3－2－2。

表3－2－1　　　　　　　　企业劳动情况年报表　　　　表号：×××

制表机关：×××

项 目 名 称	项目代码	计量单位	本年实际
甲	乙	丙	1
一、从业人员年末数	01	人	
年末职工人数	02	人	
工人与学徒	03	人	
工程技术人员	04	人	
管理人员数	05	人	
大专以上学历人员数	06	人	
高级职称	07	人	
中级职称	08	人	
二、从业人员劳动报酬总额	09	万元	

续表

项 目 名 称	项目代码	计量单位	本年实际
甲	乙	丙	1
职工工资总额	10	万元	
三、下岗职工生活费	11	人	
下岗职工生活费	12	万元	
四、离退休人员	13	人	
离退休人员保险、福利费用总额	14	万元	
离退休金	15	万元	
医疗费	16	万元	

　　单位负责人：＿＿＿＿　填表人：＿＿＿＿　填表日期：　年　月　日

　　填表说明：1. 本表为年报，在年末填报。

　　　　　　　2. 本表由独立核算的工业企业填报。

表3－2－2　　企业主要生产设备（已安装）调查表

设备名称及规格型号	计量单位		本年已安装设备		其中：完好设备	
	数量	能力	数量	能力	数量	能力
（甲）	（乙）	（丙）	（1）	（2）	（3）	（4）

四、确定调查方法和调查时间

　　根据不同的调查对象和调查要求，可以选用不同的调查方法，在一项大规模的统计调查中，各种调查方法往往需要结合使用。

　　调查时间包括两方面含义：一是指需要调查的资料所属的时间，又叫统计调查的标准时间。可以是一个时期，如一个月的产值（对于时期现象）；也可以是一个时点，如第五次人口普查的标准时点为2000年11月1日0时（对于时点现象）。二是指调查工作的所属时间。确定调查工作的起止时间，对于保证按时完成调查工作是非常必要的。

五、制定调查的组织实施计划

调查的组织实施工作具体包括：

（1）确定调查工作的组织领导，设置领导机构和办事机构；

（2）规定调查的工作步骤、工作程序和工作内容；

（3）进行调查人员的选择、组织和培训；

（4）调查表格、问卷、调查人员手册及相关文件的印刷，必要调查工具的准备；

（5）调查经费的来源和开支预算。

对于一些规模较大的统计调查，往往还要组织试点调查。为了保证调查工作按时按质完成，设计一个内容周密、安排妥善的调查方案是非常重要的。

第三节

统计调查问卷的设计

问卷调查是调查者将所要调查的问题制成调查问卷送达给被调查者，由被调查者填写后返回给调查者的一种调查方式。这种调查方式具有省时、省力、节省费用等特点故具有广阔的应用前景。在使用这种调查方式时，通常调查者和被调查者不具备面对面交流的条件，因此调查问卷设计的好坏，是决定调查质量的关键环节。

一、问卷的含义和类型

1. 问卷的含义

问卷就是采用问答式的调查表格，是调查者根据调查目的和要求设计的，由一系列问题、备选答案、说明等组成的调查表形式。设计统一的调查问卷，可以使调查内容标准化和系统化，便于收集、整理、汇总所需调查的资料。善于运用问卷设计技巧，问卷设计的效果会大不一样，调查的结果也会有很大的区别。

2. 问卷的主要类型

在实际调查中，由于不同的研究者有着不同的调查目的、调查内容、调查方式，因此，他们所采用的问卷也是不完全相同的。通常可把问卷分为两种，即自填问卷和访问问卷。

（1）自填问卷

自填问卷是指由被调查者自己填答的问卷。依据发送的方式又分为邮寄问卷和发送问卷两种。邮寄问卷通过邮局把问卷表寄到被调查者手中，被调查者填完后，仍通过邮局寄回（寄回所需的信封、地址及邮票等均由调查者事先准备好，连同问卷一起寄给被调查者）。发送问卷则由调查员（或其他人）将问卷送到被调查者手中（既可以集中分发，也可以逐一送到家中），回答者填完后，又由调查员逐一收回。也有邮寄和分发相结合的方式。自填问卷直接面对被调查者，因此要求问卷中的问题应更加明确，便于回答。

（2）访问问卷

访问问卷是指由访问员根据被调查者的口头回答来填写的问卷。访问问卷不直接面对被调查者，调查人员可以对所提问的问题做出解释，因此在问卷的具体形式和要求上与自填问卷会有所不同。但二者作为调查中收集资料的工具，在结构上没有太大的差别。

二、问卷的基本结构

1. 问卷的标题

问卷的标题是对调查研究主题的概括说明，是对调查内容的精确提炼，它可以使被调查者对所要调查的内容和所要回答的问题大致有一个了解，不致引起被调查者的怀疑、反感和拒绝。例如："居民消费需求情况调查问卷"、"流动人口情况抽样调查问卷"等。

2. 卷头语

卷头语是在问卷标题下面的一段简明、生动的短信。它的作用主要在于向被调查者说明调查者的身份、调查目的、调查的意义和主要内容等。卷头语的篇幅短小，一般不超过 300 字，但它可以起到引起被调查者的注意，增强被调查者的参与意识，消除被调查者的顾虑，争取得到被调查者的合作等作用。其撰写质量的好坏往往直接影响到被调查者是否接受调查，是否能够如实地、认真地填写问卷。另外，在卷头语中往往还包含对调查结果的保密原则，提出奖励措施等，应力争做到文字简洁、语言生动、态度诚恳。

例 3 – 3 – 1 是以建国 55 周年对居民消费需求情况进行抽样调查为例，说明卷头语的写法。

先生/女士：

　　您好！

　　我们国家统计局信息中心，在建国 55 周年之际进行该项居民消费需求情况的调查，其目的是想全面了解和展示建国 55 年来，我国居民消费需求情况，以比较我国建国后不同阶段居民消费需求的变化，为国家的宏观经济管理服务，以及更好地满足您的需要，特邀请您作为我们的访问对象，希望您能在百忙之中抽出一点时间回答我们提出的问题。

　　对您的合作，我们表示衷心的感谢，并随赠小礼品一件。

　　　　　　　　　　　　　　　　　　谢谢合作！

3. 指导语

指导语即填表说明，类似于说明书，它的作用与产品的使用说明书相似。指导语一般是针对较复杂的问卷，对填表方法、要求、注意事项等做一个总的说明。

4. 问题与答案

问题与答案是问卷的主体，是问卷中最基本最重要的组成部分，问题从形式上分为开放型问题和封闭型问题两类。在设计问卷时，这一部分要仔细推敲，使问题主次明确、重点突出、符合逻辑，概念界定清楚，答案设计简洁、明了、易于回答。

5. 被调查者的基本情况

被调查者的基本情况，一般包括被调查者的姓名、性别、年龄、民族、文化程度、工作单位、职业、家庭人口等。了解被调查者基本情况的目的是，便于对所搜集到的资料进行分类整理和具体分析。

6. 编码

在较大规模的统计调查中，研究者常常采用以封闭型问题为主的问卷。为了将被调查者的回答用计算机处理，往往需要对问题和回答的结果进行编号。编号可以在问卷设计时进行，也可以在调查完成后进行。

三、问题与答案的设计

(一) 问题的类型

问题从形式上分为开放型问题与封闭型问题两种。

1. 开放型问题

开放型问题是指在问卷上仅给出问题，并不给出可供选择的答案，而由被调查者根据问题自由回答。

例 3 – 3 – 2

1）您认为当前社会风气中存在的主要问题是什么？

2）您对改善当前社会风气有何建议？

开放型问题简单灵活，适合搜集各种类型的信息，尤其适合于那些潜在的答案类型多，尚未弄清各种可能答案的问题，对被调查者不限制回答范围，这样便于被调查者畅所欲言，充分发挥其主动性和创造性，自由地发挥自己的看法，能收到一些建设性的意见和调查者所忽略的答案与资料。开放型问卷的缺点是，对资料的整理与分析比较困难。由于被调查者的回答不是标准化的，难以编码进行资料整理，对同一问题表达方式及所用词汇各异，因此难免会存有整理者的偏见。因此设计开放型问题的关键是要把比较笼统、抽象的调查问题转换成能被调查者直接回答的提问命题，在措辞、排序等方面要特别注意，应使被调查者的回答既要紧紧围绕调查内容，又能使其畅所欲言。

2. 封闭型问题

封闭型问题是指在问卷上同时列出问题和各种可能的备选答案，然后由被调查者在已给出的答案中选出一项或几项作为回答。

例 3 – 3 – 3

1）您对目前回答的金融调控政策是否赞成？

赞成（　　）不赞成（　　）

2）您对当前经济形势的看法是：

正常（　　）过热（　　）过冷（　　）

封闭型问题均有标准的、统一的答案，这样有利于被调查者对问题的理解和回答，即使是不了解问题的含义，也可以从备选答案中知道该怎样回答，这样就把不妥帖的回答减少到最低限度。由于封闭型问卷的答案是标准的，也有利于资料的分类整理。另外，还可以节省被调查者的填表时间，容易得到被调查者的配合。封闭型问卷的缺点是，被调查者不能自由表达看法，问卷的答案可能未包含被调查者想要给出的回答，从而只能选择一种并非真正代表自己意见的答案，降低了调查所得资料的真实性。

当然在一份问卷中也可以穿插使用开放型问题和封闭型问题，但由于问卷调查的主要目的是要利用调查得到的数据进行统计分析，因此调查问卷设计中应以封闭型问题为主体，对简单的事实性问题采用封闭型提问，对复杂的建设性问题采用开放型提问。

封闭型问题的形式主要有：

（1）判断题

这种问题的答案只有两个（是或不是），被调查者根据自己的情况选择其一。

例 3 - 3 - 4

您认为目前是否存在经济过热的情况？

是（   ）   否（   ）

例 3 - 3 - 5

您目前是否投资于股票？

是（   ）   否（   ）

这种问题的优点是简单明了，但不能反映被调查意见的程度，所获得的信息量较少。

（2）多选题

这种问题给出的答案至少在两个以上，回答者可选择自己认为最适合的答案，可选择一个答案，也可选择多个答案。这是问卷中采用最多的一种问题形式。

例 3 - 3 - 6

您在本地区居住了多长时间？请将答案序号填入右边的方格中。   □

①1 年以内   ②1 ~ 5 年   ③5 ~ 10 年   ④10 年以上

又例如：

去年您的家庭月总收入在（　　）范围。

①1 000 元以下　　　②1 000 ~ 3 000 元

③3 000 ~ 5 000 元　　④5 000 ~ 7 000 元

⑤7 000 ~ 10 000 元　　⑥10 000 元以上

答案为多个的例子，如：

您购买名牌产品最注重的是（　　）。

A. 性能好　　　　　　B. 外形好

C. 售后服务好　　　　D. 使用时间长

（3）顺位题

这种题类似于多选题，答案有多个，被调查者不需要从中选择答案，而是根据自己的观点、看法和认识程度，对所列答案排出顺序。可以就全部答案进行排序，也可以就部分答案排序。例如：

根据您目前的生活水平，按重要性排序：（　　）

（在括号中依重要性从大到小填写答案编号）

①增加食品的开支　　　②提高食品质量

③增加衣着的开支　　　④增加日用品的开支

⑤增加文化娱乐开支　　⑥增加高档日用消费品的开支

⑦购买住房　　　　　　⑧没有明确目的

⑨其他（请注明）

（4）表格式题

这种形式是将同一类型的若干个问题集中在一起，以表格的形式表达出来。

例 3 - 3 - 7

请您列出在购买下列产品时，各项对您的影响程度如何？

表 3 - 3 - 1

影响程度因素	重要	一般	不重要
1. 名牌高档			
2. 实惠耐用			
3. 外观			
4. 容易购买			
5. 价格合理			
6. 包装讲究			
7. 广告影响			
8. 质量好			

（二）答案的设计

答案的设计首先要做到穷尽性和互斥性。

所谓穷尽性，是指答案包含了所有可能的情况。所谓互斥性，指的是如果答案惟一，那么答案之间不能相互重叠或相互包含。即对于每个回答者来说，最多只能有一个答案适合他的情况。

（三）问题的数目和答题时间

问题数目的多少，决定着整个问卷的长短。一份问卷应包含多少个问题，没有统一的标准。一般是根据研究目的、样本性质、分析方法、拥有的人力、物力和财力等多种因素决定的。但问题过多，问卷过长很容易引起被调查者的厌烦情绪和抵触，影响填答的质量和回收率。因此，一般来说问卷越长，越不利于调查，问卷所包含的问题应限制在回答者 20 分钟内能够完成为宜。

（四）问题的编排技巧

问卷中问题次序的安排是否合理，往往也会影响调查数据资料的质量。一般来说，问题的编排次序应先易后难，先一般后特殊，这样便于调动回答者的思路，提高答案的准确性。另外，如果是采用口头访问的方法，则问卷开始应安排一些开放型问题，以便调查者能多说一些，创造一个和谐轻松的调查气氛，便于整个调查工作的进行。若采用书面访问的形式，则可将封闭型问题安排在问卷开头，将开放型问题放在后面，便于被调查者在对前面问题思考的基础上提出自己独特的见解。为了避免问题编排次序产生的不良结果，可将问卷分成几部分，分段进行。

（五） 问题的措辞

问题的措辞应科学、明确，不能模棱两可，含含糊糊，避免出现双重意义的问题，使被调查者无从给出准确答案。另外，为了调查结果的客观性，不应出现诱导性问题。

问卷调查的方法具有很多的优点，这种方法省时、省力、节约费用，适用于采访法、邮寄法等不同的资料搜集方式，问卷填写方便，易于回答，并且有很好的匿名性，这些对及时、准确地取得资料提供了很好的条件。另外，调查问卷中的问题和答案都进行了编码，特别适用于计算机处理，给资料整理带来了极大的方便，也便于进行定量分析。缺点是：在非面对面地进行时，如采用邮寄的方式，被调查者的态度和责任心，以及时间、精力、能力等各方面对回收率将产生一定的影响。

第四节

统计调查的组织方式

统计调查的组织方式，主要有统计报表制度和专门调查。专门调查又包括：普查、典型调查、重点调查和抽样调查等统计调查方式。

一、统计报表制度

统计报表制度，是我国几十年来政府统计工作中形成的搜集统计数据的重要方式。统计报表制度包括指标内容和指标体系的确定，报表表式的设计，规定报表的实施范围，报送程序和报送日期，制定报表管理办法等。为了利于统计报表制度的贯彻执行，还必须具备各项分类目录、计算价格、计算方法以及必要的编制说明等。

从内容上分，统计报表有基本统计报表和专业统计报表。基本统计报表，即由国家统计部门统一制发，用以取得国民经济和社会发展基本情况的统计资料的统计报表。专业统计报表，即由业务主管部门制定，在部门范围内实施的统计报表。

从报送周期长短分，统计报表有日报、月报、旬报、季报、半年报、年报等。

从报送方式不同分，统计报表有电讯、邮寄、网络等不同形式。

从报送范围分，有国家的、部门的、地方的统计报表。国家的统计报表是由国家统计部门统一制发的，用以取得国民经济和社会发展基本情况的统计资料。部门和地方的统计报表是按部门和地方的要求填报，为部门和地方管理服务。

统计报表的基础依据是企业、单位管理核算的资料，如原始记录和统计台账等。

统计报表的发放一般是强制性的，统计报表过多、过滥，会给基层企事业单位带来繁重的工作负担。因此，在可以进行非全面调查的情况下，应尽量采用非全面调查的方法，各种调查方法在内容上应避免重复，以便减轻被调查者的负担。

二、普查

世界各国一般都定期组织各种普查，如人口普查、农业普查、工业普查等，目的是掌握特定社会经济现象的基本全貌，为国家制定宏观政策和措施提供依据。普查是了解国情国力的重要方法。

普查是为了某一特定的目的而专门组织的一次性全面调查。它是对某一社会经济现象总体在一定时点上的状态所做的调查。普查具有以下几个特点：

1. 必须规定标准时点

因为普查通常是要搜集反映现象总体在某一时点上所处状态的统计资料，然而现象又总是变动的，因此为取得某一时点的资料就要选择标准时点。比如，2000 年人口普查规定 11 月 1 日 0 时为标准时点。标准时点一般为调查对象比较集中、相对变动较小的时间。

2. 普查通常是一次性和周期性的

由于普查涉及面广、调查单位多，需要耗费大量的人力、物力和财力，通常需要间隔较长的时间，如 5 年一次，或 10 年一次。我国的普查正在逐渐走向制度化，比如我国的人口普查从 1953 年到 2000 年共进行了五次，以后每逢末位数字为"0"的年份进行人口普查，每逢末位数字为"7"的年份进行农业普查，从 2004 年开始工业普查、第三产业普查、统计基本单位普查等合并为了经济普查。普查应尽可能按一定周期举行，这样便于普查的数据进行动态比较。

三、典型调查

典型调查是一种非全面调查的方法，它是在对调查对象进行全面分析的基础上，有意识地选择个别或少数有典型意义或有代表性的单位进行的调查。典型调查是有意识地选择调查单位，与其他非全面调查的方法相比更多地取决于调查者的主观判断与决策。由于社会现象的复杂性和期望判断结果尽可能准确，要求被选择的典型在总体所研究的特征中最具代表性。典型调查在统计工作中的重要作用主要表现在以下几个方面：

（1）典型调查适合于对个别的典型单位进行深入的研究。一般在开展全面调查之前，往往要选择个别的典型单位进行调查，以便利用典型调查的经验改进调查方案，为全面铺开调查工作做好准备。在全面调查之后，也需要利用典型调查的方法，对有些新的现象和问题做进一步的、深入的分析和研究。

（2）通过对少数有代表性的单位进行调查，说明某种社会经济现象的一般规律和发展趋势。

（3）把典型调查和统计报表结合起来，既有全面资料，又有个别单位生动具体的情况，互相补充，可以更好地发挥统计的作用。

典型调查的关键在于正确地选择典型。调查研究的目的和任务不同，典型的选择也就不同。如果调查的目的是为了总结成功的经验，树立典型，就应该选择先进单位做典型；如果调查的目的是为了发现问题，吸取教训，引以为戒，就该选择后进单位做典型。这两种都是具有特殊性的典型。如果调查的目的是为了了解基本情况，研究现象的一般规律，就应选择代表一般状况的单位，即具有普遍性或代表性的单位做典型。

典型调查属于非全面调查。根据它的特点，一般都是组织调查人员专门进行调查。开调查会是典型调查的主要方法，也可以采用个别访问和发调查表的方法，但都需要深入实际，深入群众，才能取得这种调查方式应有的效果。

四 、 重点调查

重点调查是一种非全面调查方法，它是按照一定的研究目的，从调查对象中选取一小部分重点单位所进行的统计调查。所谓重点单位，就是在调查总体中其调查单位数只占总体的一小部分，但与调查有关的标志值在总体标志总量中却占有相当大的比重。重点单位可以是一些基层单位，也可以是一些地区和部门。

当调查的目的仅仅是为了了解总体现象的基本情况或主要情况，而不要求掌握全面的资料时，就可以采用重点调查的方式进行调查。例如，通过对少数重点钢铁企业的调查就可以基本掌握全国钢铁生产的情况。通过对少数重点汽车生产企业的调查就可以基本了解全国汽车生产的情况等。采用重点调查的方法可以用较少的人力、物力和时间获得能够说明总体情况的资料。但重点单位与一般单位的差别很大，所以重点调查取得的资料不能推断总体的数量。

五 、 抽样调查

抽样调查，是一种非全面调查方法，它是按照随机的原则从总体中选取一部分调查单位进行观察，用以从数量上推断总体的统计调查方式。抽样调查虽然是非全面调查，但却能起到全面调查的作用，因此是非全面调查中最理想、最科学的一种调查方法。

（一） 抽样调查具有以下几个特点

1. 经济性

在抽样调查中，由于调查单位通常是总体单位中的很小一部分，调查的工作量小，可以节省大量的人力、物力、财力和时间。

2. 时效性

抽样调查可以频繁进行，且准备时间、调查时间、数据处理时间都比较少，可大大提高数据搜集的时效性。

3. 适应性

抽样调查方法可适应于各个领域，各种问题的调查。

4. 准确性

抽样调查的数据质量有时比全面调查更高，因为全面调查工作量大，环节多，登记误差（调查误差）大，抽样调查环节少，登记误差也会相应地小。抽样调查不可避免会存在抽样的随机性所产生的代表性误差，但这种误差是可以计算并加以控制的。

基于上述优点，抽样调查方法运用的范围越来越广泛，已经成为我国统计调查方法体系中的主体。例如，农产量调查、城乡住户调查、价格调查、限额以下商业企业调查等均采用抽样调查的方法。

（二）抽样调查的方法

抽样调查方法根据抽取样本的方式不同，可以分为概率抽样和非概率抽样。

1. 概率抽样

概率抽样是指采用随机原则，从总体中抽取样本单位，每个总体单位都有机会被选入样本，对每个可能的样本单位，都可以得知其被抽中的概率。如果每个个体被抽中的概率是相等的，称为等概率抽样；如果每个个体被抽中的概率是不等的，称为不等概率抽样。另外，在利用样本信息对总体参数进行估计时，需要与抽样概率相联系。

概率抽样的优点是能够保证样本的代表性，避免人为因素对选取样本带来的干扰。它还可以对由于抽样的随机性所引起的误差进行估计，获得估计的精度，使调研者可以利用样本信息对总体的有关参数进行估计。

2. 非概率抽样

非概率抽样是指，从总体中抽取样本单位时，不是采用随机原则，而是可以任意有意识地选择样本。根据研究者的知识、能力和经验，非概率样本也可能会对总体特征做出很好的估计。但是非概率抽样不能对估计的精确程度做出客观的评价。常用到的非概率抽样主要有：方便抽样、判断抽样、配额抽样和滚雪球抽样等。

方便抽样又称任意抽样。样本的选取主要由调查员来决定，或由被调查者主动提供信息。例如：在入户调查中，调查员选择家中有人的住户；在没有认定被调查者身份的情况下，做拦截式访问；利用客户名单（名片，或通信地址）进行调查；将问卷登在宣传媒体（如刊物、报纸）上，被调查者自填后寄回等。方便抽样的最大特点是节省费用和时间，但样本的信息不适用于总体参数的推断。方便抽样提供信息的主要目的是帮助研究者产生想法和认识，常在预调查中采用。

判断抽样是一种主观抽样。研究者（通常是该领域的专家）根据主观经验和判断，从总体中选择"平均"的或认为有代表性的，同时又容易取得的个体作为样本。当总体各单位差异较大，而由于某些原因（如经费）的限制，样本容量又不能过大时，判断抽样有可能比概率抽样提供更为准确的估计，这是因为判断抽样的精度主要取决于抽样者的经验，与样本量关系不大。随着样本容量的增加，概率样本估计值的方差下降，而判断样本估计值的方差或许没多大的变化，这就说明，当样本容量很小时，例如，研究者只能在两三个城市进行调查，那么最好采用判断抽样确定城市。判断抽样的缺点是不能获得估计值的精度。

定额抽样又称配额抽样。这种方式大致分为两个阶段。第一阶段是给调查员指定不同类型的定额，例如按被调查者的性别、年龄、职业、收入等确定每类中的被调查者定额。定额的确定可以依据目标总体中这些特征的分布。第二阶段，研究人员按方便抽样或判断抽样选取样本单位。所以定额抽样与分层抽样十分相似，所不同的是，在分层抽样中，抽选样本单位是采用随机原则，而定额抽样却不是。定额抽样的优点是不用抽样框，可以用较低的费用获得与总体特征分布相似的样本，在一定条件下，得到与某些概率抽样非常接近的结果。其弱点是不能获得估计值的精度。

滚雪球抽样是指，先选择一些调查对象，访问这些被调查者之后，再请他们提供另外一些属于所研究的目标总体的调查对象，对这些调查对象实施调查后，再由他们按相同的要求提供新的调查对象，将这种过程不断继续下去，直到完成规定的样本容量为止。这是一种滚雪球式的抽样，主要用于对稀少群体进行的调查，如果采用随机方式抽选稀少单位，效率是很低的，而滚雪球抽样能够高效率地寻找到符合要求的被调查者。这种方法多用于市场调查和民意调查中。

上述各种调查方式，各有其不同的特点和作用，同时也各有其局限性。在我国目前的经济制度条件下，在人口众多，经济情况复杂、多样，各地方发展不均衡的现实条件下，必须根据我国的国情，根据调查对象的性质和特点适当地选择不同的统计调查方法，并把各种统计调查方法有机地结合起来，这样才能发挥统计调查的作用。另外，还要不断地改革过去的统计调查方法体系中不适应新的经济形势的方法和做法，使我国的统计调查体系更加完善。

思考与练习

1. 什么是统计调查？统计调查的基本要求有哪些？
2. 统计调查有哪些分类？
3. 什么是统计调查方案？一个完整的统计调查方案应包括哪些基本内容？

4. 调查对象、调查单位和报告单位的关系如何？举例说明。

5. 什么是问卷调查？设计统计调查问卷应考虑哪几个方面的问题？

6. 常用的统计调查方式有哪些？它们各有何特点？在实际工作中应如何正确地选用统计调查方法？

7. 抽样调查有哪些优越性？它在统计调查中发挥什么样的作用？

8. 大规模普查为什么必须统一规定调查资料所属的标准时间？

9. 怎样认识统计调查误差？

|第四章|

统 计 整 理

第一节
统 计 整 理 概 述

一、统计整理的概念和内容

1. 统计整理的概念

所谓统计整理，是根据统计研究的目的，对搜集到的资料进行科学加工，使之系统化、条理化的工作过程。统计整理通常是指对统计调查所取得的原始资料的整理，但对那些已经整理过的统计资料的再整理，理论上也属于统计整理。

统计整理是统计工作过程的重要阶段，它是实现从个体单位标志值过渡到总体数量特征值的必经阶段。一般来说，统计调查所获得的数据多是零星分散的、不系统的，它只能反映个别单位的一些特征，属于只反映事物表面和外部联系的感性材料，无法揭示被研究总体的本质规律性，达不到统计研究的目的。这就从客观上要求对统计资料去粗取精、去伪存真，进行由此及彼、由表及里的加工改造。同时，统计整理是统计调查的必然继续，也是统计分析的基础和前提条件。不对资料进行必要的统计分组和编制变量数列，没有科学合理的统计表和统计图，就无法计算统计分析指标，无法进行有关的统计分析。况且，即使搜集的资料准确、全面，如果统计整理的方法不当，也难以得出满意的分析结果。因此，统计资料的整理，是统计研究必不可少的中间环节。统计资料整理的质量如何，会直接影响统计分析的效果。

2. 统计整理的内容

统计整理既有理论性问题，又有综合汇总的技术问题，是一项细致的工作。正确制定整理纲要（或称汇总方案）是保证统计整理有计划、有组织地进行的依据。通常，整理纲要是在制订调查表的同时，根据统计研究的任务和要求，密切联系调查表的内容而设计的一整套整理表，亦即报表制度中的综合表式。在综合表式中指明资料的统计分组标志和指标体系、汇总资料的组织形式与技术、指标计算方法以及填表说明（如填表范围、程序、负责机关）等。

统计整理的主要内容：

（1）统计分组。只有按照最基本的、最能说明问题本质特征的统计分组和相应的统计指标对统计资料进行加工整理，才能对被研究的社会经济现象进行准确的数量描述和数量分析。因此，统计分组是统计整理的基础。

（2）统计汇总。选择适当的汇总组织形式和具体方法，按分组要求对原始资料分组汇总，计算各组单位数和合计数，计算各组指标数值和综合指标数值。统计汇总是统计整理的中心内容。

（3）编制统计表。以简明扼要的表格形式表述统计汇总的结果，反映社会经济现象在数量方面的具体表现和联系。统计表是统计整理的有效表现形式。

二、统计整理的程序

统计整理一般要经过以下程序：设计和编制统计整理方案—统计资料的审核—统计分组和汇总—编制统计图表—积累和保管统计资料。

1. 统计整理方案

根据统计研究的目的，确立需要整理的统计指标和指标体系，通常要将需要整理的指标体系和分组体系表现在一套空白整理表或综合表上，并制定编制说明和具体工作规划，这是整理工作的指导性文件。

2. 统计资料审核

统计资料汇总之前要先对各项原始资料进行审核，检查资料的准确性和齐备性。准确性审核可以用计算检查或逻辑检查的方法来检验资料的真实性、可靠性；齐备性审核主要检查各项调查资料是否及时取得、调查项目的各项数据是否全面完整，有否空缺、遗漏。对发现的问题进行必要的订正、补充。

3. 统计资料的分组和汇总

将全部调查资料按其不同性质和特点，划分为若干类别或部分，并对个体资料加以归类，加总计算各组和总体的总数，获得统计整理成果。所以分组和汇总是统计整理的中心工作。

4. 编制统计图表

统计图表是统计整理成果最常用的表现形式，也是整理统计资料的重要工具。

5. 统计资料的积累和保管

由于统计整理是一项经常性的长期任务，所以要注意资料的积累，建立完善的保管和提供制度。

三、统计资料汇总的方法

对统计资料进行汇总，主要是计算各组的单位数及其标志总量，以了解调查对象的分布特征。汇总方法主要有手工汇总和电子计算机汇总两种。

1. 手工汇总

这是一种原始的汇总方法。这种汇总方式主要适用于调查规模较小、汇总工作量不大或技术条件不具备等情况。常用的手工汇总方法包括：

（1）划记法。这是在汇总表上划点或划线作记号，并据以汇总计算总体单位数的汇总方法。

（2）过录法。这是先将调查资料过录到预先设计的汇总表上，然后加总计算，得出总体单位及其标志值的合计数，最后填入统计表的汇总方法。这种方法便于校对和计算，但过录工作比较费时。

（3）折叠法。这是把调查表中所要汇总的数值折叠在一条线上进行汇总，并将结果直接填入统计表的汇总方法。这种方法虽然简便易行，但在汇总出现差错时很难返工审核。

（4）卡片法。这是一种在调查资料较多、分组较细的情况下，先将需汇总的调查资料摘录到特制的卡片上，然后根据卡片分组、汇总的方法。

2. 计算机汇总

随着现代电子计算机技术的发展，计算机汇总越来越普遍。采用计算机汇总不但速度快，精确度高，而且便于对数据作进一步的加工处理，可使储存、分组、综合、运算以及进行分类逻辑检查、绘制图表和打印一次性完成，从而可以大大提高汇总的效率。使用计算机汇总的一般步骤是：

（1）编制程序。即按照汇总的要求用计算机语言对汇总方案进行处理和安排。有时也可以利用现成的统计汇总软件。

（2）数据编码。即根据程序的规定把汉字信息数字化，以便于计算机处理。

（3）数据录入。即把经过编码后的数据和实际数字输入计算机。

（4）数据运算。即对数据进行各种算术和逻辑运算。在进行各种运算之前往往还要对数据进行逻辑检查，对输入计算机的原始数据进行分析、比较、筛选和整理等。

（5）数据的储存和打印。即将运算或处理过的数据储存起来或按一定的格式要求打印出来。

电子计算机的广泛运用，使统计工作能够更好地为经济决策和管理服务，也是统计工作现代化的重要标志之一。建立健全现代化的统计信息计算体系是统计技术工作的发展方向，因此，各类统计人员必须掌握电子计算机的应用技术，提高统计工作的现代化水平。

第二节

统 计 分 组

一、统计分组的概念

统计分组，就是根据统计研究的目的和要求以及总体的内在差异，按照某一标志将社会经济现象总体区分为若干部分或不同的类型组。例如，人口总体可以分别按性别、年龄、民族、文化程度、职业等进行分组；工业企业总体按生产规模可区分为大、中、小型等三类。一般说来，任何总体内部各单位之间都既有共性又有差异，统计分组就是以这种共性和差异的对立统一为基础进行的。它是社会经济统计中必不可少的研究方法。统计分组的目的是要使大量无序的、零散的数据变为有序，使之层次分明，清晰地显示出总体的数量特征。

二、统计分组的作用

统计分组是深化认识的必要前提。它不仅是统计整理的重要方法，也是整个统计研究的基本方法之一。统计分组的作用主要表现在：

1. 划分社会经济现象的类型

通过分组，确定总体内部的各种类型，以便进行比较、分析和综合。例如，为了便于反映和研究所有制结构以及经济类型的变化情况和生产经营类型，根据企业的所有制性质及有关法规，可将在工商行政机关登记注册的全部企业按生产类型划分为国有、集体、个体或私营、联营、股份制经营、外商投资、中外合资等；再如，将工业企业按生产要素组合特征的不同，可划分为资金密集型、技术密集型和劳动密集型等。这样，就更便于分析各种类型企业的生产组织特点和在生产体系中的作用。

2. 研究总体的结构

在划分类型的基础上，将总体各单位连同其标志值分别归入所属的类型组中，计算各组单位数和标志总量，及其在总体中的比重或各组之间的比例，就可据以说明总体内部的结构和基本特征。例如，将我国农业总产值按农、林、牧、渔业进行分类，计算各行业总产值及其在农业总产值中所占的比重，就可以说明我国农业总产值内部组成特征及农业发展的程度和水平。

3. 分析现象之间的数量依存关系

任何社会经济现象都不是彼此孤立存在而是相互联系、相互依存的。但是，这种联系和依存关系的方向和程度却难以直接从现象总体上观察到。通过统计分组，就可以将现象之间的相互依存关系和统计总体的内部构成状况及其变动规律明确地反映出来，从而了解总体由量变逐渐转化为质变的过程。企业销售额与产品广告费之间、个人收入与消费之间都存在一定的联系，都可以用统计分组的方法研究彼此在数量上的内在联系。

三、统计分组的原则

统计分组的关键在于正确地选择分组标志和科学地划分各组界限。分组标志的选择和各组界限的划分，不但将直接影响统计分组的科学性和统计整理的准确性，而且将最终影响统计分析结果的可信程度。

1. 正确选择分组标志

分组标志是将统计总体区分为各个性质不同的组的标准和依据。分组标志选择不当，不但无法显示总体的基本特征，甚至会把不同性质的事物混淆在一起，掩盖或歪曲事物的本来面目。即使是同一个研究对象，由于研究目的的不同，所要采用的分组标志往往也不同。以工业生产统计为例，当研究的目的在于分析企业生产规模的大小时，就应选择产品数量或生产能力作为分组标志；当研究的目的在于考察各企业的生产经营状况时，则最好以企业的销售额或利润作为分组标志。一般来说，选择分组标志应注意以下三点：一是要选择能反映现象本质特征的标志作为分组标志；二是要根据研究目的来选择分组标志；三是要考虑历史条件的变化，根据资料情况选择分组标志。

2. 正确划分各组界限

分组的目的是要使各类型组内的差异尽可能小，而将组与组之间的差异明显地突出出来，以显示总体的数量特征。正确地划分各组界限，就是要划出决定事物性质和差异的数量界限，使分组能够真实地反映总体分布的类型特征。在实际划分时，有些现象的数量界限比较明显，例如，计划完成程度是以 100% 作为完成与未完成任务的数量界限；而有一些现象的数量界限则不是很明显，需要根据情况恰当地选择，例如，要将居民按收入水平分为高、中、低三组，就需要根据当时的社会经济发展状况以及消费水平等因素确定合适的界限。此外，分组界限的大小、粗细也是确定各组数量界限时需要认真考虑的重要因素。一般而言，划分各组界限应注意以下三点：一是分组不能过大或过小；二是分组必须穷举（不漏）；三是分组必须互斥（不重）。

四、统计分组的种类及其方法

（一）按分组标志性质分类

按照分组标志性质的不同，统计分组可分为按品质标志分组和按数量标志分组两种。

1. 品质标志分组

按品质标志分组，就是以反映事物性质差别的品质标志作为分组标志对统计总体进行分组，以反映总体在品质标志的变异范围内的分布特征。如人口按性别、民族、职业分组；企业按所有制性质、管理系统分组等，都属于按品质标志的分组。对有些现象按品质标志分组比较简单，分组标志一经确定就可着手具体的分组工作。如人口按性别分为男性和女性两组；在校学生按小学生、中学生、高中生、大专生、大学本科生、硕士生、博士生等进行划分。但对另一些现象按品质标志分组时，组与组之间的界限却不易划分。这是因为现象总体在客观上可能存在着介于两种质变的过渡或交叉状态。如商业零售额按城乡分组,消费品按用途分组等,其分组界限的确定就比较复杂。对于这些复杂现象的分组就应根据研究任务的要求,以及事物发展变化的规律,经过细致的研究和分析来确定。但一般说来,为了适应统计工作现代化的要求,应尽量使各种分类标准化、统一化,以提高统计分组的科学性。

2. 数量标志分组

按数量标志分组,就是将反映事物数值差异的数量标志作为分组标志对统计总体进行分组,以反映总体在数量标志的变异范围内的分布特征。如企业按计划完成程度、按产量(或产值)分组,职工按工资水平分组等,都属于按数量标志的分组。

数量标志所反映的是事物特定内容的数量特征,不是抽象的量。按数量标志分组不仅可以反映事物数量上的差别,有时通过事物的数量差别也可区分事物的性质。如按雇工人数分组,可区分个体工商户和私营企业的性质差异;企业按计划完成程度分组,可分析企业是否完成计划以及完成得好坏。

根据各组变量表现形式的不同,按数量标志的分组又可进一步分为以下两种:

(1)单变量分组

就是用一个变量值代表一个组所进行的分组。当变量值较少,亦即变量值变动幅度较小或者每个变量的取值就代表一种类型的情况下,就可以按每个变量值分别列组。例如,居民家庭按人口数分组可分为1人,2人,3人,4人,5人及5人以上等6组。这种分组细致明确,方法简单易行,但在变量值较多、变动范围较大或分组标志是连续型变量时,则不宜进行单变量分组。

(2)组距式分组

就是用变量值的一定变动范围作为一组所进行的分组。通过组距分组,把性质相同的单位归在一起,将各组内部各单位的次要差异抽象掉，而将各组之间的差异突出出来，就可以更清晰地显示出各组分配的规律性。例如，职工按工资水平分组，可以分为 1 500 元以下、1 500 ~ 2 000 元、2 000 ~ 2 500 元、2 500 ~ 3 000 元、3 000 元以上等 5 个组。对于连续型变量一般只能进行组距式分组。

在组距式分组中，各组内变量值的变动范围，称为组距；每一组两端的值称为组限（每一组的起点值称为下限，终点值称为上限）；变量的最大值与最小值之差，称为全距。

根据各组组距是否相等，组距式分组又可分为等距分组和不等距分组。在标志值变动比较均匀的情况下，一般采用等距分组；在标志值分布不均匀的情况下，就应采用不等距分组。在不等距分组中，如果标志值是按一定比例变化的，则可按等比的组距间隔来分组。但在更多的情况下，是要根据事物性质变化的数量界限和现象本身的质量关系来确定组距。例如，儿童按年龄分组，就要考虑到不同年龄儿童的生理特点，分为 1 岁以下、1 ~ 3 岁、3 ~ 6 岁、6 ~ 15 岁等。

在进行等距分组并出现极端数值的情况下，为将个别的极端数值归并到既定的组数中，就应采用开口组，即将最小或最大组的下限或上限定义为极限值，最小一组采用"若干以下"，最大一组采用"若干以上"。

进行组距式分组的关键在于：

①组距和组数的确定。在总体范围确定以后，全距就确定了。在全距一定的情况下，组距的大小和组数的多少在量上是呈反比的。进行组距式分组时，如果组距过大，组数过少，就会把不同性质的单位归并在一组中，混淆事物的数量界限，从而不能正确地反映总体结构的类型特征，并导致更多的信息损失；如果分组过细，组数过多，将属于同类的单位划分到不同的组，同样也不能清晰地反映客观事物的真实状况，也达不到数据整理系统化的目的。例如，学生的考试成绩，如果按及格与不及格分为两

组，那么在及格学生中，有些是刚及格的水平，有些是中等水平，有些是优良水平，将其混为一组，无法概括出学生考试成绩的结构特征和学习成绩的分布状况。但如果把及格学生的考试成绩以 5 分为界分组，分成 60～65 分、65～70 分……95～100 分，也会因分组过细，同样无法对该班学生的学习成绩作出正确的评价。因此组距和组数的确定，应当在全面分析资料所反映的经济内容和标志值的分散程度等因素的基础上进行。

对于等距分组，也可按：组数＝全距÷组距，组距＝全距÷组数，来确定组数和组距。对于不等距分组，则先要确定组数，然后根据对现象本身质量关系的分析再具体确定各组的组距。美国统计学家埃·斯特奇斯曾提出过一个确定组数的经验公式，即：

$$建议组数 = 1 + (3.322 \times \lg N)$$

式中：N 为总体单位总数。

例 4 - 2 - 1 对某班 40 名学生的考试成绩进行分组，按照上述经验公式确定组数，则有：

$$建议组数 = 1 + (3.322 \times \lg 40) = 1 + 3.322 \times 1.6021$$
$$= 6.3 （约为 7 组）$$

②组限的确定。在组数和组距确定以后，就要确定组限。组限的确定取决于变量的类型。由于变量可以分为连续变量和离散变量两种，所以组限的表示方法也应有所不同。对于连续型变量的分组，相邻组的组限必须重叠，并且要遵循"上限不在内"的原则；对于离散型变量的分组，相邻组组限则可以间断，并且组限用整数表示。

（二）按分组标志多少分类

按照分组标志多少的不同，统计分组可分为简单分组和复合分组两种。

1. 简单分组

简单分组就是按一个标志对总体进行分组。例如，将人口按性别分为男、女两组；将医院的医生按职称分为主任医师、副主任医师、主治医师、医师和其他五种。这些都是直接用一个标志来对总体进行分组，是简单分组。

2. 复合分组

复合分组就是用两个或两个以上的分组标志结合起来对总体进行分组。例如，表 4 - 2 - 1 就是将某地区人口先按"年龄"分为若干组，然后在每个"年龄"组中又按"性别"分为男、女两组。它既可以从各年龄段，又可以从性别构成了解该地区人口的基本情况。

表 4 - 2 - 1　　　　某地区人口分组统计表

按年龄（岁）和性别分组	人口数（万人）
0 ~ 5	28.0
男	13.6
女	14.4
5 ~ 10	36.2
男	19.4
女	16.8
⋮	⋮
90 以上	13.7
男	5.1
女	8.6

复合分组形成层叠式的组别，这样能较全面、深入地分析问题。但是，复合分组的标志不能太多，如果分组标志太多，那么形成的组数就会成倍地增加，反而不易看出总体单位的分布状况。分组标志一般以不超过 3 个为宜。

第三节

次数分布

一、次数分布的概念

在统计分组的基础上，将总体单位按组归类整理，并按一定的顺序排列，形成总体单位在各组间的分布，称之为次数分布或频数分布。

次数分布是由分组标志和各组相对应的分布次数两个要素构成。各组单位数称为次数，各组次数与总次数之比称为频率。次数分布可以反映现象在总体中的分布特征，是分析总体某一标志的平均水平及其变动规律的重要手段。

如果将总体按品质标志分组，就形成品质标志次数分布数列；如果按数量标志分组，就形成数量标志次数分布数列。

例 4 - 3 - 1 某地职工的行业分布情况如表 4 - 3 - 1：

表 4 - 3 - 1 **某地职工行业分布**

按行业分	人数（万人）	频率（%）
电子	32.20	43.75
机械	10.50	14.27
纺织	8.60	11.68
其他	22.30	30.30
合 计	73.60	100

表 4 - 3 - 1 是品质标志次数分布数列的例子，它反映该地职工人数的行业构成情况。

二、变量数列

变量数列是数量标志次数分布数列的简称，它是将总体按数量标志分组，将分组后形成的各组变量值与该组的次数（频数）对应排列所得到的分布数列。

例 4 - 3 - 2 将某班学生某门课程的考试成绩整理如表 4 - 3 - 2：

表 4 - 3 - 2 　　　　某班学生考试成绩

成绩（分）	人数（人）	频率（%）
60 以下	3	5.2
60 ~ 70	10	17.2
70 ~ 80	25	43.1
80 ~ 90	14	24.1
90 ~ 100	6	10.4
合　计	58	100.0

表 4 - 3 - 2 是一个变量数列，由纵横交叉的线条组成，采用左右两端开口的表式。有分组变量、各组次数和合计栏，它是统计资料的重要表现形式和统计分析计算的基础。

变量数列按分组标志属性的不同，可分为离散型变量数列和连续型变量数列。

变量数列按分组标志变量的取值是否惟一，可分为取值惟一的单项式变量数列（见表 4 - 3 - 3）和取值不惟一的组距式变量数列（见表 4 - 3 - 2）。

例 4 - 3 - 3 某高校入学新生的年龄构成情况如表 4 - 3 - 3：

表4-3-3　　　　某高校新生年龄构成情况表

按年龄分（岁）	学生数（人）	频率（%）
17	100	9.2
18	358	33.0
19	420	38.8
20	108	10.0
21	85	7.9
22	12	1.1
合　计	1 083	100.0

三、变量数列的编制步骤

变量数列和统计分组是相互连接、密不可分的，因此，变量数列的编制应首先从统计分组开始。其具体步骤举例如下：

（一）对零散的数据从小到大排序并计算全距

例4-3-4　某班40名学生统计学的考试成绩如下：

89 88 76 99 74 60 82 60 89 86 93 99 94 82
77 79 97 78 95 95 87 84 79 65 98 67 59 72
84 85 50 81 77 73 65 66 83 63 79 70

上述学生的考试成绩是在一定范围内波动的，而且是零散、杂乱的。对这些零乱的资料按照成绩的高低从小到大排列，使之有序化，从而可以得到对该班学生统计学学习情况的一个概括性认识。在此基础上，可找出最大值和最小值并计算出全距。上例中，学生成绩的最高值为99分，最低值为50分，全距为49分。

（二）选择分组的类型和方法并确定组数、组距和组限

从上列资料可以看出，该班学生考试成绩变动幅度较大，变量值较多，如果按单变量分组不易观察其变化特征，因此，应采用组距式分组。

根据惯例，为反映学生的学习情况，一般是将学生考试成绩

分为 60 分以下，60～70 分，70～80 分，80～90 分，90～100 分
等五组。

如果对所研究的现象不熟悉，无法按惯例分组，则可采用前
述斯特奇斯公式确定组数，然后再用全距除以组数求得组距。同
时，根据变量的特点，确定组限的重叠或间断。

另外，由于组距数列掩盖了分布在各组内单位的实际值，为
了便于下一步的统计分析和计算，反映分布在各组中的变量值变
动的一般水平，可计算组中值。组中值是组距数列中，各组上限
与下限的中点值。在组距数列中，假定各组内的变量值为均匀分
布或对称分布，组中值的计算公式为：

$$组中值 = \frac{上限 + 下限}{2}$$

在不等距数列中对于开口组计算组中值，一般以邻组组距为
准，其计算公式为：

缺下限的开口组组中值 = 该组上限 −（邻组组距÷2）

缺上限的开口组组中值 = 该组下限 +（邻组组距÷2）

（三）编制次数分布表并绘制次数分布图

一个完整的变量数列，不仅要列示出各组的标志值，还要列
示出相应各组的单位数，即次数（亦称频数）。在变量数列中，
各组的变量值及其变动幅度反映了标志值的大小及其变动范围；
而次数则表明了各组标志值在总体中的作用强度。次数越大，表
明该组的标志值对总体标志水平所起的作用越大；反之，则表明
该组标志值对总体标志水平所起的作用越小。因此，在进行统计
整理和分析时，不但要注意各组标志值的大小及其变动幅度，而
且还要注意各组标志值对总体标志水平所起作用的大小，即次数
的大小。但是，各组次数对总体标志水平的影响，往往并不表现
为各组次数本身的大小，而是表现为各组次数在总次数中所占的
比重，所以，在编制变量数列时，还要计算各组次数所占的比重

（亦称频率），最后形成统计表。

例4－3－5 某班学生统计学考试成绩如表4－3－4所示：

表4－3－4 某班学生统计学考试成绩统计表

考试成绩（分）	组中值（分）	学生人数（人）	比 重（频率）（%）	累计 次数（人）		累计 频率（%）	
				向上累计	向下累计	向上累计	向下累计
60 以下	55	2	5.0	2	40	5.0	100.0
60～70	65	7	17.5	9	38	22.5	95.0
70～80	75	11	27.5	20	31	50.0	77.5
80～90	85	12	30.0	32	20	80.0	50.0
90～100	95	8	20.0	40	8	100.0	·20.0
合 计	—	40	100.0	—	—	—	—

此外，在研究次数分布时，除了了解各组的分布特征以外，还可以通过计算累计次数和累计频率，了解截止到某一组变量值以下或以上的分布状况。其计算方法有向上累计和向下累计两种。

向上累计，是将各组的次数和频率由变量值低的组向变量值高的组累计。在本例中，第1组的累计数字为2，表明学生成绩在60分以下的有2名，占总次数的5%；第2组的累计数字为9，表明学生成绩在70分以下的有9名，占总次数的22.5%。

向下累计，是将各组的次数和频率从变量值高的最后一组开始按相反的顺序向变量值低的组累计。在本例中，第2组的向下累计次数为38，表明成绩在60分以上的学生为38名，占总次数的95%；最后一组的向下累计次数为8，表明学生成绩在90分以上的人数为8名，占总次数的20%。

根据表4－3－4的资料绘制成次数分布直方图和折线图，如图4－3－1。

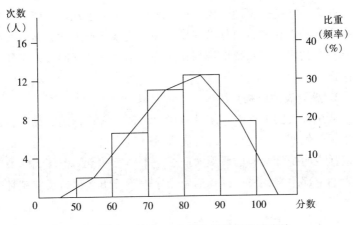

**图 4 - 3 - 1 某班 40 名学生统计学考试成绩
直方图和折线图**

次数分布直方图覆盖的面积等于次数分布折线图覆盖的面积。

当所观察的总体次数越来越大，且组距越来越小时，所绘出的折线图就会越来越光滑，逐渐接近于一条光滑的曲线，这种次数分布曲线，能精确地反映某一总体数量特征的分布状况。

第四节

统计数据的表现

统计数据的表现形式主要有统计表和统计图两种。

一、统计表

1. 统计表的概念

从广义上讲，在统计工作各个阶段填写统计数字的表格都叫做统计表。在统计整理阶段，统计表就是用来表现统计资料汇总整理结果的汇总表，它是由纵横交叉的线条所形成的表格。将统计资料有秩序、有系统地排列在此表格中，既便于阅读，又便于对照比较。

2. 统计表的结构

从统计表的形式看，统计表由总标题、横行标题、纵栏标题和指标数值四部分组成。总标题即统计表的名称，它以简明的文字概括说明统计资料的所属时间、基本内容和空间范围，一般写在表的上部中端；横行标题通常用来表示分组名称，反映统计表的主要项目，写在表的左方；纵栏标题一般表示统计指标的名称，说明纵栏所列各项资料的内容，写在表的右上方；指标数值即统计整理的结果，它是统计表的具体内容，由横行标题和纵栏标题所限定。

从统计表的内容看，统计表可分为主词栏和宾词栏两部分。主词栏是统计表所要说明的对象，包括总体和总体的各个组，一般列在表的左端。宾词栏是说明主词的各种统计指标，用以说明总体的数量特征，一般列在表的右端。

除了以上主要组成部分以外，一般统计表还需要加注计量单位和填表单位，在某些特殊情况下，还要注明资料来源等等。

统计表的结构如表 4 - 4 - 1 所示：

表 4 - 4 - 1　　　　某年我国城乡消费品零售额构成统计表

城乡分类	消费品零售额	
	绝对数（亿元）	比重（%）
总　　计	20 598	100
城　　镇	12 389	60
乡　　村	8 209	40

主词栏　　　　　　　　　　宾词栏

3. 统计表的种类

（1）按统计表的用途分类，统计表可分为调查表、汇总表和分析表。调查表，是统计调查时登记原始资料所用的表格，具体说来，有单一表和一览表两种；汇总表，是用于登记汇总或整理结果的表格；分析表，是在统计分析过程中对所汇总和整理的资料进行定量分析的表格。

（2）按统计数列的性质分类，统计表可分为时间数列表、空间数列表和时空数列结合表。

时间数列表，是指反映同一空间条件下、不同时间阶段上某项或某几项指标发展变化的统计数列表格。如表 4 - 4 - 2 所示：

表 4 - 4 - 2　　　　全国城镇居民家庭人均可支配收入

年　　份	人均可支配收入（元）
2000	6 280.0
2001	6 859.6
2002	7 702.8
2003	8 472.2
2004	9 421.6

资料来源：《中国统计年鉴》2005 年。

空间数列表，是指反映同一时间条件下、不同空间范围内某项或某几项指标发展状况的统计数列表格。如表 4 - 4 - 3 所示：

表 4 - 4 - 3　　某年我国各种运输方式完成的旅客周转量统计表

运输方式	旅客周转量（亿人公里）
铁　路	3 547
公　路	4 726
水　运	180
航　空	625
合　计	9 105

时空数列结合表，是指同时说明某项或某几项指标在不同时间的发展水平和不同空间的数量分布状况的统计数列表格。

（3）按统计表的主词结构分类，统计表可分为简单表、简单分组表和复合分组表。

简单表，是指对主词未作任何分组，只是简单罗列各单位名称或按时间顺序对总体单位一一排列的表格。不能用来分析现象之间的联系和相互依存关系，只能粗略反映总体的结构和类型分布状况。

简单分组表，是指主词按照某个标志进行分组所形成的统计表。如表 4 - 4 - 4 是一张只按计划完成情况分组的简单分组表，它表明了某行业 22 个企业某年生产计划完成情况。利用简单分组表可以分析总体结构及现象的依存关系，但信息含量较少。

表 4 - 4 - 4　某行业所属各企业某年生产计划完成情况表

计划完成程度（%）	企业个数（个）
90 以下	1
90 ~ 95	2
95 ~ 100	3
100 以上	16
合　计	22

复合分组表，是指主词按两个或两个以上标志进行重叠分组所形成的统计表。如表 4 - 2 - 1 所示。这种分组表适用于总体较大的情况，便于对总体进行多方面的分析。

4. 统计表的设计

统计表的设计应遵循科学、实用、美观、简明的原则，并根据研究对象选择最佳设计方案。

（1）统计表的外形设计。统计表一般为长方形表格，长宽之间应保持适当比例，表中的线条应有粗细之别，上下基线要用粗线。统计表习惯上采取不封闭的"开口式"表,即统计表的左右两端不画线。随着计算机的发展,可以利用计算机进行辅助设计,使统计表的外形设计更加美观和趋于标准化。

(2)统计表的宾词设计。统计表中的宾词是用来说明主词的。宾词也可有不同的组合:如果把宾词的各个指标并列起来作平行排列,就形成分组平行设计;如果把宾词指标按两个或两个以上的指标进行复合分组,并在统计表中作层叠排列,就形成分组重叠设计。如表 4 - 4 - 5 所示。而宾词指标的具体设计,则可以按照说明主词的详略程度进行选择。

表 4 - 4 - 5   某单位职工情况统计表

企业	职工人数	30 岁以下		30 ~ 45 岁		45 ~ 60 岁		60 岁以上	
		男	女	男	女	男	女	男	女
(甲)	(1)	(2)	(3)	(4)	(5)	(6)	(7)	(8)	(9)
甲	350	84	43	69	35	63	52	4	0
乙	743	200	89	165	150	54	78	6	1
丙	842	201	101	157	130	175	69	6	3
合 计	1 935	485	233	391	315	292	199	16	4

(3)编制统计表的技术要求。①统计表的总标题应简明扼要,并能够准确表达统计表所表述资料的内容及所限定的时间和空间条件。②指标设置要从整体出发,便于分析,便于比较,以利于提供更丰富的统计信息。③在统计表中,一般规定主词为"行",宾词为"栏",主词和宾词应按自然顺序合理排列,主词和宾词之间要相互对应,符合逻辑。④统计表的栏数和行数较多时,为便于阅读,通常要加以编码。⑤统计表必须注明数据的计量单位,如果表中所有指标只有一个计量单位,可将其写在表的右上方,如需分别注明,可专设"计量单位"一栏,或与纵栏标题写在一起。⑥表中的文字要清晰,各行数字位数要对齐,如有缺项数字时,用符号"——"表示,不能有空格,以免使人误

认为漏填，如有相同数字要全部重写，不能使用"同上"字样。⑦在表的下方还应注明制表单位和填表时间，以及单位负责人或填表人姓名，必要时还应注明资料来源及其他事项，以备查考。⑧我国的统计表一般为开口式，即表的左右两端不封口。

二、统计图

即利用几何图形描述变量数列，借以鲜明地表明总体单位的分布状态和规律性。

根据一定的次数分布表，可以绘制相应的次数分布图。最常用的有次数分布多边形图和次数分布直方图。此外，还可以绘制累计次数分布图。绘制这类统计图的基本方法就是先画出直角坐标轴，横轴代表分组或组距，纵轴代表各组次数或频率。必要时，以左侧的纵轴表示次数，而以右侧的纵轴表示频率。

1. 次数分布多边形图

次数分布多边形图以单项式变量数列为例，说明绘制方法。由于这种数列是以一个变量值作为一组，所以在横轴上可以按比例定出每组变量值的标点，再用细直线垂直于各组的标点上，各条细直线的高度分别表示各组的次数，最后用直线依次连接相邻的各条细直线的顶端，即成为表示次数分布的多边形图，也称次数分布折线图。

2. 次数分布直方图

在等距分组的条件下，图上横轴的划分应标明各组组限，以直方形的高度表示各组次数，其宽度与各组组距相适应，这样绘制的各直方形的面积可以用来表示各组次数的分布状态，称为次数分布直方图。

如果用直线连接直方图中各个直方形顶端的中点（即各组的组中值），并在直方图形左右侧各延伸一组，使折线与横轴相连接，即成次数分布折线图。在这种折线图的基础上，稍加修匀,即连接各组次数坐标点的线段用平滑曲线,就成为次数分布曲线图。见图 4-3-1 虚线部分。

3. 累计次数分布图

累计次数分布图是根据累计次数分布表制成的,绘制方法与次数分布折线图基本相同,向上累计次数曲线以各组上限为横坐标,向下累计次数曲线以各组下限为横坐标,其纵坐标都是累计次数。如果纵轴采用百分数为单位,则可以制成累计百分数曲线图。

统计学家洛伦茨(M. Lorenz)利用累计百分数曲线,作为鉴定社会收入分配平均程度的方法。这种曲线就称为洛伦茨曲线。在现代西方经济学著作中,经常使用这种曲线来描述一国的收入分配平均程度。例如,根据某年美国居民家庭收入分配的资料,见表 4-4-6,可以绘制如图 4-4-1 所示的洛伦茨曲线。

表 4-4-6　　　　　某年美国居民家庭收入分配资料

年货币收入分组 (千美元)	家庭户数 %	占总收入的 %	家庭户数累计 %	收入累计 %
5 以下	13	2	13	2
5~10	17	7	30	9
10~15	16	10	46	19
15~20	14	12	60	31
20~25	12	14	72	45
25~35	16	23	88	68
35~50	8	17	96	85
50 以上	4	15	100	100
合　计	100	100	—	—

运用洛伦茨曲线分析收入分配公平程度的方法,是利用两组对应的累计百分比资料的关系构成一个正方形图,来观察分析其分配的公平程度。其中,一组为总体标志总量分组的累计百分比,另一组为总体单位总数分组的累计百分比。图 4-4-1 中,连接两对角的直线,表示收入在家庭之间的分配绝对公平,可直观理解为:占总数 10% 的家庭获得总收入的 10%,占总数 20%

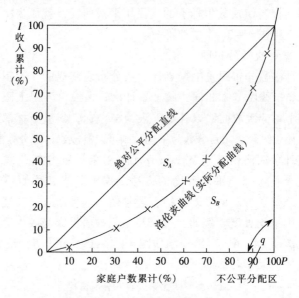

图 4 - 4 - 1   洛伦茨曲线图

的家庭获得总收入的 20% ……以此类推。因此，这条直线又称
之为绝对公平分配直线，是绝对均衡的极限线。而在其对角 q 点
周围是一个不公平分配区域，其实际含义表示：收入在家庭之间
的分配绝对不公平，即占总数很大比重的家庭仅能获得占总数很
小比重的收入，或占总数极小比重的家庭却能获得占总数极大比
重的收入。事实上，一个国家或地区的收入分配既非绝对公平，
也非绝对不公平，而是介于两者之间。实际分配情况由洛伦茨曲
线表示，一般表现为一条下凸的曲线。下凸的程度越大，收入分
配越不平均；反之，下凸的程度越小，则实际收入分配曲线与绝
对平均分配直线越接近，收入分配的平均程度越高。

　　洛伦茨曲线用图示方法形象直观地描述了收入分配的公平程
度，但无法达到精确测量的要求。为了准确测定收入分配的平均
程度，意大利经济学家基尼依据洛伦茨曲线，提出了计算收入分

配平均程度的指标，即基尼系数 G，或称洛伦茨系数，其公式为：

$$G = \frac{S_A}{S_A + S_B}$$

参见图 4 - 4 - 1，上式中 S_A 代表绝对公平直线与洛伦茨曲线围成的弓形面积（表示不均衡时的量），$S_A + S_B$ 代表绝对公平直线右下方整个直角三角形的面积（表示完全均衡时的量）。G 就是 S_A 占 $S_A + S_B$ 的比例，其实际含义就是：在全部收入中，用于进行不平均分配的百分比。

当 $S_A = 0$ 时，$G = 0$，实际分配曲线与绝对公平直线重合，说明收入分配绝对平均；而当 $S_A = S_A + S_B$ 时，$G = 1$，则说明收入分配绝对不平均。实际的基尼系数一般介于两者之间，即 $0 \le G \le 1$。越接近于 0，说明收入分配越平均；越接近于 1，说明收入分配的差异越大。

基尼系数是联合国规定的一种社会经济发展测量的统计指标，用于国际间、地区间收入分配公平程度的比较。作为一种反映社会分配公平程度的统计度量，G 值大小，对检查政策、反馈政策效果和社会改革措施，都有重要作用。如对纳税前后的 G 值进行比较分析，可以判断税收政策的实际效果。基尼系数不仅仅是专用于研究收入分配问题的工具，还是广义均衡分析的工具，可扩展延伸到对各类社会经济资源配置的均衡程度进行统计研究，使其成为统计分析的一种重要方法。我国 2005 年基尼系数为 0.43，已超过国际警戒线 0.40，呈现出收入分配已很不公平。

4. 次数分布曲线图

由上述变量数列的图示法可以看出，当变量数列的组数无限增多时，折线近似地表现为曲线。作为次数分布折线图的极限描述，次数分布曲线图通过曲线的升降起伏，显著地反映现象总体的分布特征和规律性。各种不同性质的社会经济现象各有其特殊的次数分布，从而决定了反映其分布特征的曲线形态也有各种不同的类型。主要有以下几种：

（1）钟形分布曲线。其形状为：中间隆起，两边低垂，宛如一口古钟。钟形分布的种类很多，主要有对称分布和非对称分布。在统计上具有重要意义的正态分布就是一种理想的对称分布。其分布特征是：以变量的平均值 $\overline{X}$ 为中心对称轴，左右严格对称，越接近中心，变量值分布的次数越多，两侧变量值分布的次数随着与中心距离的增大而逐渐减少。该曲线有一个极大值点，从这一点向两边曲线不断下降，离最高点近的地方下降较快，然后渐趋平缓，一直延伸至无穷远，但与横轴不相交，以横轴为其渐近线。该曲线与横轴所围成的面积等于 1，代表变量 X 全部可能取值的概率。如图 4 - 4 - 2。

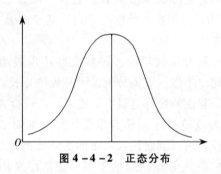

图 4 - 4 - 2　正态分布

正态分布是一种最重要最常见的概率分布形式。中心极限定理证明：在一定条件下，大量相互独立的随机变量和的极限分布渐近地服从正态分布。在社会经济统计中，如农作物平均产量的分布、商品市场价格的分布、学生考试成绩的分布、人体身高的分布等等，都可用正态分布来近似。

非对称分布，又称偏态分布，是相对对称分布而言的，即与对称分布相比，它在方向上和程度上均有所偏离。按偏离的方向不同，分为右偏（正偏）分布（其分布曲线向右方尾巴拉长）和左偏（负偏）分布（其分布曲线向左方尾巴拉长），如图 4 - 4 - 3

中 A 为右偏分布曲线，B 为左偏分布曲线。

（2）U 形分布曲线。即靠近中间的变量值分布的次数少，而靠近两端的变量值分布的次数多，形成"中间小、两头大"的状态，其曲线图形类似英文字母 U，如图 4-4-4 所示。例如许多发展中国家的人口死亡率按年龄分组，其分布状态为 U 形图。

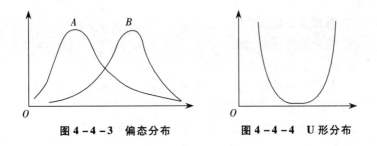

图 4-4-3　偏态分布　　　　　　图 4-4-4　U 形分布

（3）J 形分布曲线。这类曲线的形状似英文字母 J，所以称为 J 形分布曲线。其中有正 J 形分布与反 J 形分布之分，前者的次数随着变量值的增大而增多，后者的次数随着变量值的增大而减少。在资本主义国家中，投资额按利润率大小的次数分布，其图示一般形成正 J 形分布曲线，如图 4-4-5（a）；育龄妇女按生育子女数分组，其次数分布趋近于反 J 形分布状态，如图 4-4-5（b）。

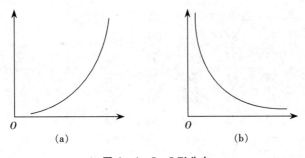

（a）　　　　　　　　　　（b）

图 4-4-5　J 形分布

思考与练习

一、思考题

1. 什么是统计分组？统计分组的关键问题是什么？

2. 什么是组距式变量数列，编制组距式变量数列的关键是什么？

3. 怎样设计统计表？

4. 常用的统计图有哪几种？

5. 什么是上限不在内原则？

6. 单变量分组与组距式分组分别在什么情况下运用？

二、练习题

1. 某高校统计系本科一年级新生年龄资料（岁）如下：

18	18	18	18	17	18
19	19	19	19	19	20
19	20	20	19	19	18
18	18	20	17	18	19
18	18	21	19	21	20
18	19	17	19	18	18

要求：编制变量数列和绘制次数分布直方图，并说明分布的特征。

2. 某班 40 名学生统计学考试成绩分别为：

66	89	88	84	86	87
75	73	72	68	75	82
97	58	81	54	79	76
95	76	71	60	91	65
76	72	76	85	89	92
64	57	83	81	78	77
72	61	70	81		

学校规定：60 分以下为不及格，60～70 分为及格，70～80 分为中，80～90 分为良，90～100 分为优。

要求：（1）将该班学生分为不及格、及格、中、良、优五组，编制一张次数分布表。

（2）指出分组标志及类型；分组方法的类型；分析该班学生考试情况。

3. 以下数据是某一周 50 个销售人员获得订单金额（单位：1 000 英镑）：

6.0　5.9　3.5　2.9　8.7　7.9
7.1　5.0　5.2　3.9　3.7　6.1
5.8　4.1　5.8　6.4　3.8　4.9
5.7　5.5　6.9　4.0　4.8　5.1
4.3　5.4　6.8　5.9　6.9　5.4
2.4　4.9　7.2　4.2　6.2　5.8
3.8　6.2　5.7　6.8　3.4　5.0
5.2　5.3　3.0　3.6　3.8　5.8
4.9　3.7

要求：

（1）整理数据制作一个频率分布表（分为 7 组）

（2）根据频率分布表绘制次数分布直方图和折线图

（3）根据频率分布图说明销售人员获得订单金额分布属于哪一种类型？

|第五章|

综合指标分析法

第一节
综合指标概述

一、综合指标的概念

统计指标是说明社会经济现象数量方面的概念和数值。它是对具体社会经济现象数量的综合反映，是用数值表现的许多个体现象数量方面的综合结果，因此，所有统计指标也都可称为统计综合指标，简称综合指标。

综合指标是用数值表现的，主要包括绝对数、相对数和平均数三种形式，可据以反映社会经济现象的总量、规模、速度、比例、结构，以及平均水平等。

二、综合指标的种类

按照反映社会经济现象数量特征的不同，综合指标可分为四类，即：总量指标、相对指标、平均指标和变异指标。

总量指标，是反映在一定时间地点和条件下社会经济现象总体规模和水平的综合指标，可据以说明现象总体的广度，表明现象发展的结果，尤其可据以反映生产和工作的总成果。例如，国内生产总值、进出口总额，社会商品零售总额等都是总量指标。总量指标在数学形式上表现为绝对数，因此，也可以称之为绝对数指标。

相对指标，是两个有联系的统计指标相比较的结果，可据以反映现象总体的结构和比例，揭示社会经济现象之间的联系和制约关系。其数量表现形式为相对数。例如，计划完成百分比、发展速度、某种商品的市场占有率、人口出生率等都是相对指标。

平均指标，是反映总体各单位某一数量标志的一般水平的综合指标。它以一个指标作为代表值，将所研究的社会经济现象总体各单位的差异抽象化，反映其一般水平。例如，平均工资、平均产量、平均年龄等都是平均指标。

变异指标，是从总体各单位标志值的差异程度和离散程度反映总体各单位的分布特征。具体包括极差、平均差、标准差、变异系数和四分位差等指标。

第二节

总量指标的计算与应用

一、总量指标的作用

总量指标在社会经济研究和管理中具有重要作用。

首先，总量指标是反映一个国家国情、国力，反映一个地区或一个单位经济实力的基本指标。例如，通过国民生产总值、国民收入、全国人口数、耕地面积等总量指标，就可以表明一个国家的经济发展水平和经济发展的基本条件；而企业的总产值、销售总额、职工总数、固定资产总额等则是说明企业生产经营状况和能力的主要依据。

其次,总量指标是经济管理过程中,制定政策和计划,进行宏观经济调控,保证国民经济协调发展,全面提高社会经济效益的重要工具,也是企业进行经济核算和经济活动分析的基础。例如,企业通过计算一定时期的总产值、生产费用总额、利税总额等总量指标,并加以比较分析,就可以反映企业经营管理水平和经济效益的高低。

再次,总量指标是计算相对指标和平均指标的基础。相对指标和平均指标一般是由两个相互联系的总量指标对比的结果,是总量指标派生的。

二、总量指标的种类

1. 按反映总体的内容分类

总量指标按其反映内容的不同,分为总体单位总量和总体标志总量。总体单位总量反映总体中单位的总数,说明总体本身的规模大小。如工业企业总数、职工总数、学校总数,等等。总体标志总量反映总体中各个单位某一标志值的总和,说明总体某一数量特征的总量。例如,工农业总产值、基本建设投资额、商品销售额、工资总额,等等。

随着统计研究目的的改变,总体单位总量与总体标志总量可以相互转化。例如,研究企业全员劳动生产率,计算职工平均工资时,职工总数作为总体单位总量;当研究企业规模,计算企业平均职工人数时,职工总数就成为总体标志总量。

2. 按反映总体的时间状况分类

总量指标按其反映的时间状态的不同,分为时期指标和时点指标。时期指标是反映总体在一段时期内(例如一旬、一月、一季或一年)活动过程的总量,例如产品产量、产值、商品销售额等。经济学中又称之为流量。时期指标的主要特点是：

（1）由于时期指标反映的现象是连续不断地发生的，所以指标数值可以连续计量，每个时期的累计数表明现象在该时期活动过程或发展过程的总成果。

（2）同一总体，时期指标数值的大小与时期长短成正比。例如，一年的总产值总是大于一季或一月的总产值。

时点指标是反映总体在某一特定时刻（瞬间）上的总量，例如，期初或期末的职工人数、设备台数、商品库存量等。经济学中又称之为存量。时点指标的主要特点是：

（1）由于时点指标数值表示社会经济现象发展到某一特定时点上所处的水平，所以其数值只能按时点间断计数，不能累计。如果把各时点上的数值相加，就会造成重复计算，不能反映实际情况。

（2）每个指标数值的大小与时点之间的间隔长短没有直接的依存关系。

3. 按计量单位分类

总量指标按其指标数值采用的计量单位不同，分为实物指标、价值指标和劳动量指标。

实物指标是以实物单位计量的总量指标。用于反映各同类实物的总量，但不能用于不同类别的总量的汇总。

实物单位还有不同的表现形式，可以根据事物的性质和研究任务分别采用：

（1）实物的自然单位。就是按照现象的自然表现形态来计量其数量的计量单位。例如，人口按人，汽车按辆，机器按台，牲畜按头计算等。

（2）度量衡单位。即按照统一的度量衡制度的规定来计量事物数量的计量单位。例如，钢铁按吨，粮食按公斤或吨，木材按立方米计算等。

（3）标准实物单位。就是在同一性质或同一用途的产品中，挑选一种产品作为标准产品，其他产品则按照一定的换算系数换算为以标准产品的实物单位来表示产量的一种计量单位。例如，各种牌号拖拉机的牵引马力不同，可以按 15 匹马力的拖拉机为标准折算为标准台数，就是用不同牌号的每台牵引马力除以标准单位 15 匹马力，求出换算系数，再乘以原来的台数，即得出标准台数。这种换算方法称为"能力换算法"。又如，各种不同发热量的能源换算为 7 000 大卡/千克的标准煤，称为"质量换算法"。根据实际需要和产品的特点，还可以按照同类产品的劳动消耗定额、成本、含量或使用价值等确定换算系数。

（4）复合计量单位。有时，为了充分表明实物的数量，需要采用复合计量单位。例如，货物周转量按吨公里计算，发电量按千瓦时计算，等等。

价值指标是以货币单位计量的总量指标。货币单位是由社会必要劳动时间所确定的商品的价值单位，如元、千元、万元等。例如，我国 2004 年国民总收入 136 584.3 亿元，国内生产总值 136 875.9 亿元，都是价值指标。价值指标按价格的固定程度分为不变价值指标和现价价值指标，上例中就是现价价值指标。价值指标具有综合和概括的能力，可以综合表现各种具有不同使用价值的产品或商品的总量。

劳动量指标是以劳动单位计量的总量指标。劳动单位是用劳动时间表示的计量单位，是一种复合单位，通常用工时、工日表示。劳动量可以相加，加总的结果就是劳动消耗总量。它可用于分析劳动资源和劳动时间的利用情况，为核算企业工人工资和计算劳动生产率提供依据。同时，也是基层企业编制和检查生产作业计划的重要依据。

三、总量指标的计算和运用

1. 总量指标的统计方法及其应遵循的基本原则

总量指标数值都是通过对总体单位进行全面调查登记，采用直接计数、点数或测量等方法，逐步计算汇总得出的。例如，统计报表中的总量资料，普查中的总量资料，都是采用这种直接计量法取得的。只有在不能直接计算或不必直接计算总体的总量指标的少数情况下，才采用估计推算的方法，取得有关的总量资料。

　　总量指标数值在计算方法上比较简单，但在计算内容上却相当复杂，这就涉及如何在质与量的统一中，反映一定历史条件下社会经济现象的规模和水平。因此，总量指标数值的计算并不是一个单纯技术性的加总问题，而必须以马克思列宁主义的理论为依据，正确规定总量指标所表示的各种社会经济现象的概念、构成内容和计算范围，确定计算方法，然后才能进行计算汇总，以取得正确反映社会经济现象的总量资料。例如，要正确计算工资总额，必须先明确工资的实质和构成。要计算国民经济各部门职工人数，不仅要明确职工的概念和范围，而且要从理论上先确定国民经济部门的分类，才能得出按部门分类的职工人数。

2. 总和记法及求和规则

　　计算总量指标数值时或在统计运算中，涉及一系列变量值或标志值的全部或部分相加，是最常用的一种运算，需要采用简便的记法来表示其总和。代表总和的通用符号就是希腊文大写字母 $\sum$（读做 Sigma），也称为连加和号，最常见的形式为 $\sum\limits_{i=1}^{n} X_i$，其中 X_i 代表各个变量值，总和号上下方的标号表明计算总和的 X_i 的起止点，即从 X_1 开始加到 X_n 为止：

$$\sum_{i=1}^{n} X_i = X_1 + X_2 + X_3 + \cdots + X_n$$

为简便起见，常以 $\sum$ 作为 $\sum\limits_{i=1}^{n}$ 的简写。

　　以下分别介绍三个求和规则或公式。

　　(1) 设 X 和 Y 是两个变量，则两个变量之值的和之总和，

等于每个变量之值的和之总和，即

$$\sum (X_i + Y_i) = \sum X_i + \sum Y_i$$

因为

$$\sum (X_i + Y_i) = (X_1 + Y_1) + (X_2 + Y_2) + \cdots + (X_n + Y_n)$$
$$= X_1 + Y_1 + X_2 + Y_2 + \cdots + X_n + Y_n$$
$$= X_1 + X_2 + \cdots + X_n + Y_1 + Y_2 + \cdots + Y_n$$
$$= \sum X_i + \sum Y_i$$

同理，可以证明两个变量之值之差的总和，等于每个变量之值的总和之差，即

$$\sum (X_i - Y_i) = (X_1 - Y_1) + (X_2 - Y_2) + \cdots + (X_n - Y_n)$$
$$= (X_1 + X_2 + \cdots + X_n) - (Y_1 + Y_2 + \cdots + Y_n)$$
$$= \sum X_i - \sum Y_i$$

上述结论可以推广到若干个变量之值的总和，例如：

$$\sum (X_i + Y_i - Z_i) = \sum X_i + \sum Y_i - \sum Z_i$$

（2）某一变量乘以常数 a 后所得的总和，等于该变量值的总和乘以常数 a，即

$$\sum (aX_i) = aX_1 + aX_2 + \cdots + aX_n$$
$$= a(X_1 + X_2 + \cdots + X_n)$$
$$= a \sum X_i$$

（3）假设进行 n 次观测，每次所得的观测值为同一常数，则 n 次观测值的总和等于 n 乘以该常数，即

$$\sum_{i=1}^{n} a = a + a + \cdots + a$$
$$= a(1 + 1 + \cdots + 1)$$
$$= an$$

第三节

相对指标的计算与应用

一、相对指标的作用和表现形式

1. 相对指标的作用

（1）利用相对指标可以反映总体的结构、比例、速度和密度等内部特征，对总体进行更加深入的分析和研究。例如，某地区某年农业总产值为 103.2 亿元，单从这个总量指标只能说明该地区农业发展的总体水平。如果将农业总产值划分为几个部分，并且算得各部分所占比重分别为：种植业占 30%、畜牧业占 13%、林业占 8%、副业占 49%，据此，则可进一步分析该地区农业发展的内部构成情况。

（2）相对数一般采用百分数或系数等无名数表示，这样就可以使不同单位、不同地区或不同国家的指标直接进行对比，进而准确地判断出它们之间的差异。例如，要比较同一行业两个生产条件完全不同的企业的经济效益的好坏，只有采用资金利润率、产品销售率、发展速度等相对指标进行评价，才较为科学、合理，而用总量指标进行评价则缺乏可比性。

2. 相对指标的表现形式

相对指标可以采用百分数、系数（倍数）、千分数、成数等无名数表示，此外，还可以采用有名数，如元/公斤、人/平方公里等复合单位来表示。

二、相对指标种类和计算方法

由于分析的目的不同，对比的基数也就不同。相对指标主要可分为三类六种。第一类是实际指标数值与计划指标数值之比，称为计划完成相对指标；第二类是同一时间两个统计指标数值之比，对比的比值视其不同情况分别有结构相对指标、比较相对指标、比例相对指标和强度相对指标；第三类是同一统计指标在不同时间上的数值之比，称为动态相对指标。

（一）计划完成相对指标

计划完成相对指标是某项指标的实际完成水平与计划任务水平对比的比值，一般用百分数表示。其基本公式为：

$$计划完成相对指标 = \frac{实际完成水平}{计划任务水平} \times 100\%$$

1. 关于总的计划完成程度计算和评价问题

对总的计划完成程度考核时，不能将所属各部分的计划完成相对数相加后去除以单位数，而应为：

$$总的计划完成程度 = \frac{各部分的实际完成水平之和}{各部分的计划任务水平之和} \times 100\%$$

例 5 - 3 - 1 某企业 2005 年产品计划完成情况见表 5 - 3 - 1。

表 5 - 3 - 1　　某企业 2005 年产品计划完成情况表

所属车间	计划任务（件）	实际完成（件）	完成计划（%）
	（1）	（2）	（3）=（2）/（1）
甲	700	735	105
乙	500	450	90
丙	300	345	115
合　计	1 500	1 530	102

根据表 5-1 资料计算的总的计划完成程度指标为：

$$\frac{1\ 530}{1\ 500} \times 100\% = 102\%$$

对计划完成情况是超额还是欠额的评价，要分别两种情况进行考核。按最低限额制定的计划指标，是规定实际完成水平至少要达到计划任务水平，如产量、产值、商品销售额、利税额、劳动生产率等。因此，这类指标计划完成百分比，以大于 100% 为超额。比值减去 100% 后，如为正值系超额完成，负值则为欠额完成。按最高限额制定的计划指标，是规定实际完成水平最高只能达到任务规定的限额，如产品单位成本、商品流通费用水平等。因此，这类指标计划完成百分比，以小于 100% 为超额。比值减去 100% 后，如为负值系超额完成，正值为欠额完成。

计划完成相对指标在短期计划考核中，常用于期末计划完成情况考核和计划完成进度考核。期末考核是本期实际完成数与本期计划数相比，如月实际数除以月计划数、季实际数除以季计划数、年实际数除以年计划数等，实际数与计划数是同期的；进度考核是本期实际完成数与全期计划数相比，如旬实际数除以月计划数、月实际数除以季计划数、季实际数除以年计划数等，实际数与计划数是不同期的。

2. 关于中长期计划完成程度考核

中长期计划指标有的是按计划末期应达到的水平考核，如产值和产量计划、商品流转计划等；有的是按计划期内应完成的累计总额考核，如基本建设投资总额、新增生产能力、造林面积等指标。与此相对应，检查计划完成情况也有两种方法，即水平法和累计法。

（1）水平法。即将计划末期实际完成水平与末期计划水平对比，得到中长期计划完成程度相对指标。其算式是：

$$\frac{\text{计划完成程}}{\text{度相对指标}} = \frac{\text{长期计划末期实际达到的水平}}{\text{长期计划规定的末期水平}} \times 100\%$$

按水平法计算提前完成计划时间，是以计划期内连续一年

（可以跨季和跨月）实际完成水平与计划规定的最末一年水平比较，达到了末期计划水平，就算完成了计划任务，剩下的时间，就是提前完成计划的时间。

例 5 - 3 - 2 某企业规定"十五"期间某种产品产量达到 200 万件，从 2004 年 6 月至 2005 年 5 月实际产量为 202 万件，则：

$$计划完成程度相对指标 = \frac{202}{200} \times 100\% = 101\%$$

该企业"十五"计划的某种产品产量，提前 7 个月完成计划任务。

（2）累计法。即将计划期内各年累计实际完成水平与同期计划规定的累计水平对比，得到中长期计划完成相对指标。其算式是：

$$计划完成程度相对指标 = \frac{计划期内各年实际累计完成水平}{同期计划规定的累计水平} \times 100\%$$

例 5 - 3 - 3 某地区"十五"期间规定生产性基本建设投资总额为 60 亿元，到 2004 年 12 月底累计已完成了 62.7 亿元，则：

$$计划完成程度相对指标 = \frac{62.7}{60} \times 100\% = 104.5\%$$

说明该地区在"十五"期间，生产性基本建设投资额实际比计划超额 4.5%。

累计法确定中长期计划提前完成任务的时间，是从计划执行之日起，累计计算实际完成计划水平所需的时日，剩下的时间则是提前完成任务的时间。

如上例中，该地区"十五"期间生产性基本建设投资额计划提前一年多完成。

（二）结构相对指标

结构相对指标是在统计分组基础上，同一总体内的部分数值与总体数值对比的比值。其算式为：

$$结构相对指标 = \frac{总体部分数值}{总体全部数值} \times 100\%$$

式中对比的比值，又称比重，一般用百分数表示，也可用系数表示。在同一总体内，部分数值与总体数值对比的比值之和为100%（或1）。结构相对指标既可用来表明总体总量的结构，也可用来反映总体某一标志总量的结构。

（三） 比例相对指标

总体内各组成部分之间存在着一定的联系，具有一定的比例关系。要掌握各部分之间数量联系，就需要将其不同部分进行对比。比例相对数是总体内部组成部分之间数值对比的比值。两个组成部分数值对比的算式如下：

$$比例相对指标 = \frac{总体中某部分指标数值}{总体中另一部分指标数值} \times 100\%$$

比例相对指标通常用百分数形式表示，同时也有几比几的连比形式。

（四） 比较相对指标

社会经济现象在不同空间条件下的发展是不均衡的。为了掌握同类现象在不同条件下的差异程度，经常将不同国家、不同地区、不同部门、不同单位的同类指标进行对比，计算比较相对指标。其算式为：

$$比较相对指标 = \frac{某条件下的某项指标数值}{另一条件下的同项指标数值} \times 100\%$$

算式中所进行对比的指标，可以是总量指标，也可以是相对指标或平均指标。它既可用于不同空间的比较，也可用于先进与落后的比较，还可用于与标准水平或平均水平的比较。

（五） 动态相对指标

动态相对指标也称为发展速度指标，它是同一指标在不同时间上的数值对比的比值，用以说明同类事物在不同时间上的发展变化程度。一般将作为比较标准的时期称为基期，将所研究的时期称为报告期。其算式为：

$$动态相对指标 = \frac{报告期水平}{基期水平} \times 100\%$$

动态相对指标在统计分析中具有重要意义，本书将在后续章节中专门叙述。

（六）强度相对指标

强度相对指标是两个性质不同但有密切联系的总量指标对比的比值，用以反映事物联系的强度、密度和普遍程度。其算式为：

$$强度相对指标 = \frac{某一现象的指标数值}{另一有联系现象的指标数值}$$

强度相对指标的计量形式一般为复合单位的有名数，由对比的分子与分母指标原有的计量单位组成。如：人口密度用人/平方公里表示，等等。有的强度相对指标的数值用次数、倍数、系数、百分数或千分数表示。如：高炉利用强度用高炉利用系数表示，货币流通速度用货币流通次数表示，流通费用率用百分数表示，人口出生率用千分数表示，等等。

有些强度相对指标，可以有正指标与逆指标两种计算方法，也就是可以将算式中的分子与分母数值互换位置来计算比值。譬如，商业网点密度就存在正、逆两种指标形式。

$$\frac{商业网}{点密度} = \frac{全国（地区）零售商业机构数（个）}{全国（地区）人口数（千人）} \quad （正指标）$$

$$\frac{商业网}{点密度} = \frac{全国（地区）人口数（千人）}{全国（地区）零售商业机构数（个）} \quad （逆指标）$$

例 5-3-4 某地区 2005 年年末人口数 345.42 万人，零售商业机构 51 032 个，则：

$$\frac{商业网}{点密度} = \frac{51\ 032\ 个}{345.42\ 万人} = 14.77\ 个/千人（正指标）$$

$$\frac{商业网}{点密度} = \frac{345.42\ 万人}{51\ 032\ 个} = 68\ 人/个 \quad (逆指标)$$

一般来说，对比的比值愈大，则强度愈大的为正指标；对比的比值愈小，则强度愈大的为逆指标。

有些强度相对指标，只有正指标，没有逆指标，如一国的铁路网密度等。计算强度相对指标必须注意社会经济现象之间的本质联系，只有这样，两个不同但有联系的总量指标对比才会有现实经济意义。如人口数与土地面积相比，能够说明人口的密度，但若用钢产量和土地面积相比，就没有意义了。

三、正确运用相对指标的原则

上述六种相对指标从不同的角度出发，运用不同的对比方法，对两个同类的指标数值进行静态的或动态的比较，对总体各部分之间的关系进行数量分析，对两个不同总体之间的联系程度和比例作比较，是统计中常用的基本数量分析方法之一。要使相对指标在统计分析中起到应有的作用，在计算和应用相对指标时应该遵循以下几个原则：

1. 可比性原则

相对指标是两个有关的指标数值之比，对比结果的正确性，直接取决于两个指标数值的可比性。如果违反可比性这一基本原则计算相对指标，就会失去其实际意义，导致不正确的结论。对比指标的可比性，是指对比的指标在含义、内容、范围、时间、空间和计算方法等口径方面是否协调一致，相互适应。如果各个时期的统计数字因行政区划、组织机构、隶属关系的变更，或因统计制度方法的改变而不能直接对比，就应以报告期的口径为准，调整基期的数字。许多用金额表示的价值指标，由于价格的变动，各期的数字进行对比，不能反映实际的发展变化程度。一般要按不变价格换算，以消除价格变动的影响。

对比指标数值的计算方法是否可比，要注意研究发展的具体条件。将统计资料进行国与国之间对比时，尤其要慎重研究不同社会制度国家所采用的指标计算方法的可比性问题。因为指标计算方法不仅涉及实际的技术处理方法上的问题，而且还反映出理论观点上的原则区别，从而影响指标所包含的内容。

由于社会经济现象相当繁多而复杂，相对指标的种类又多，结合对比分析的不同任务和目的，对比指标的可比性具有一定的相对性，不能绝对化。以动态相对指标来说，报告期与基期的时期长短应该相同，才是可比的。但根据统计研究的任务，为了说明某些具体问题，不能过于强求指标数值的可比性。例如，我国第一个五年计划时期钢产量为 1 666.7 万吨，与 1900～1948 年期间的钢产量 760 万吨对比，得出动态相对数为 219%，即表示五年的钢产量超过旧中国半个世纪钢产量的 1 倍以上，充分反映新中国社会主义制度的优越性。这说明两个同类指标数值只要比得合理，符合实际，能够阐明问题，就应该认为具有可比性。

计算和运用相对指标时，需要遵循可比性原则，主要是为了保证对比的结果能够确切地说明问题，得出有意义的正确结论。因此，与可比性原则直接有关的问题就是选择基数和基期。基数是指标对比的标准，如果选择不当，就会失去相对数的作用，导致似是而非或错误的结论，甚至歪曲真相。一般说来，应结合研究问题的目的来选择基数，选择的基数应当具有典型性，例如，计算比较相对数时，对比的分母可以是平均水平、先进水平或国家制定的有关标准。基数与基期密切相连，一般应选择经济与社会发展比较稳定，能说明国民经济生活方面有重要意义的时期作为基期，以便通过和这些时期进行对比，反映我国各个部门、各个环节和各个方面在不同阶段蓬勃发展的新局面。

2. 定性分析与数量分析相结合的原则

计算对比指标数值的方法是简便易行的，但要正确地计算和运用相对数，还要注重定性分析与数量分析相结合的原则。因为事物之间的对比分析，必须是同类型的指标，只有通过统计分组，才能确定被研究现象的同质总体，便于同类现象之间的对比分析。这说明要在确定事物性质的基础上，再进行数量上的比较或分析，而统计分组在一定意义上也是一种统计的定性分类或分析。即使是同一种相对指标在不同地区或不同时间进行比较时，也必须先对现象的性质进行分析，判断是否具有可比性。同时，通过定性分析，可以确定两个指标数值的对比是否合理。例如，将不识字人口数与全部人口数对比来计算文盲率，显然是不合理的，因为其中包括未达学龄的人数和不到接受初中文化教育年龄的人数，不能如实反映文盲人数在相应的人口数中所占的比重。通常计算文盲率的公式为：

$$文盲率 = \frac{15\ 岁及\ 15\ 岁以上不识字人口数}{15\ 岁及\ 15\ 岁以上全部人口数} \times 100\%$$

由于考虑了人口中有识字的可能性这一因素，所以上述两个指标数值的对比是合理的。

3. 相对指标和总量指标结合运用的原则

绝大多数的相对指标都是两个有关的总量指标数值之比，用抽象化的比值来表明事物之间的对比关系的程度，而不能反映事物在绝对量方面的差别。因此在一般情况下，相对指标离开了据以形成对比关系的总量指标，就不能深入地说明问题。

4. 各种相对指标综合应用的原则

各种相对指标的具体作用不同，都是从不同的侧面来说明所研究的问题。为了全面而深入地说明现象及其发展过程的规律性，应该根据统计研究的目的，综合应用各种相对指标。例如，为了研究工业生产情况，既要利用生产计划的完成情况指标，又要计算生产发展的动态相对数和强度相对数。又如，分析生产计划的执行情况，有必要全面分析总产值计划、品种计划、劳动生产率计划和成本计划等完成情况。此外，把几种相对指标结合起来运用，可以比较、分析现象变动中的相互关系，更好地阐明现象之间的发展变化情况。由此可见，综合运用结构相对数、比较相对数、动态相对数等，有助于我们剖析事物变动中的相互关系及其后果。

第四节

平均指标的计算与应用

一、平均指标的特点和作用

平均指标是表明同类社会经济现象在一定时间、地点条件下所达到的一般水平的综合指标，它的数值表现就是平均数，所以平均指标通常称为统计平均数。社会经济统计中采用的平均数有以下五种，即算术平均数、调和平均数、几何平均数、众数和中位数。前三种平均数是根据总体全部单位标志值计算的，又称为数值平均数；后两种平均数是根据标志值在总体的各个单位中所处的位置来计算的，又称之为位置平均数。各种平均数是统计分析中最重要的基本数量分析方法。

1. 平均指标的特点

（1）平均指标是一个代表性指标，它代表总体各单位的一般水平，而不是某一个总体单位的具体数值。

（2）平均指标是一个抽象化了的数值，它把总体内各单位同一数量标志的不同值之间的差异抽象化，集中在一个典型水平上。

（3）平均指标一般只用于对数量标志求平均，同时，只能对一个数量标志的不同值求平均，而对多个数量标志的不同值求平均无意义。

（4）平均指标反映的是现象在一定时间、地点条件下的一般水平，若这些条件发生了变化，平均数也应随之变化。

2. 平均指标的作用

（1）利用平均指标可以使同类现象在不同空间或不同时间条件下进行比较。例如，研究不同企业职工的工资水平及其发展变化情况，不能用企业的工资总额进行比较，因为工资总额受着企业规模大小、人员多少和效益好坏等因素的制约。而用平均工资则可以进行比较，因为平均工资是代表一般的典型水平，它将企业之间在规模、人员和效益等方面的差异抽象化了。

（2）利用平均指标可以分析现象之间的依存关系和规律性。例如，将耕地按地形条件、施肥量等标志进行分组，进而计算各组的平均亩产量，就可以反映出地形好坏或施肥量多少与收获率之间的依存关系。

（3）利用平均指标可进行数量上的推算。例如，根据部分单位的标志值计算的平均数推算总体平均数，或以总体平均数推算总体标志总量。

（4）平均指标可作为论断事物的一种数量标准或参考。例如，将平均指标作为论断个别事物和单位成就的依据，或作为制定各种管理定额的参考。

二、平均指标的计算与应用

常用的平均指标有算术平均数、调和平均数、几何平均数、众数和中位数。其中，算术平均数、调和平均数和几何平均数可以根据分布数列中各单位标志值直接计算，一般称为数值平均数。而众数和中位数则是根据分布数列中某些标志值所处的位置来确定的，一般称为位置平均数。尽管各种平均数的计算方法不同，指标的含义和作用也不同，但它们都是测定变量集中趋势、反映变量一般水平的综合指标。

（一）算术平均数

算术平均数是最常用的平均指标，它是用总体中各单位标志值的总和除以总体单位总数所得出的反映各单位标志值一般水平的平均指标。其基本公式为：

$$算术平均数 = \frac{总体标志总量}{总体单位总数}$$

根据所掌握的资料不同，计算算术平均数需采用不同的计算方法。

1. 简单算术平均数

简单算术平均数的计算公式为：

$$\bar{x} = \frac{\sum x_i}{n}$$

式中：$\bar{x}$ 为算术平均数；

x_i 为 i 个单位的标志值（变量值）；

n 为总体单位数；

$\sum$ 为求和符号。

例 5 - 4 - 1 某企业包装车间 8 名职工日产量（件）分别为：125，129，134，155，162，170，189，214。则其人均日产量为：

$$\bar{x} = \frac{\sum x_i}{n}$$

$$= \frac{125 + 129 + 134 + 155 + 162 + 170 + 189 + 214}{8}$$

$$= \frac{1\,278}{8}$$

$$= 160 \ （件）$$

简单算术平均数公式，只适用于未分组的资料或次数均等的分组资料。

2. 加权算术平均数

在资料已经编制成分组数列，并且各组次数不均等的情况下，就要计算加权算术平均数，即需考虑次数在分布中的地位。其计算公式为：

$$\overline{x} = \frac{x_1f_1 + x_2f_2 + x_3f_3 + \cdots + x_nf_n}{f_1 + f_2 + f_3 + \cdots + f_n}$$

$$= \frac{\sum x_if_i}{\sum f_i}$$

$$= \sum x_i \cdot \frac{f_i}{\sum f_i}$$

式中：x_i 为第 i 组的标志值，对于组距分组资料，则为第 i 组的组中值；f_i 为第 i 组的次数（权数）。

例 5 - 4 - 2　设有甲、乙两组工人的工资资料如表 5 - 4 - 1 所示。

表 5 - 4 - 1　　甲、乙两组工人月平均工资计算表

甲组					乙组				
工资水平（元）	工人数		每组工资额（元）		工资水平（元）	工人数		每组工资额（元）	
	绝对数（人）	相对数（%）				绝对数（人）	相对数（%）		
x_i	f_i	$\dfrac{f_i}{\sum f_i}$	x_if_i	$x_i \cdot \dfrac{f_i}{\sum f_i}$	x_i	f_i	$\dfrac{f_i}{\sum f_i}$	x_if_i	$x_i \cdot \dfrac{f_i}{\sum f_i}$
1 000	2	20	2 000	200	1 000	2	20	2 000	200
1 200	1	10	1 200	120	1 200	1	10	1 200	120
1 400	6	60	8 400	840	1 400	1	10	1 400	140
1 600	1	10	1 600	160	1 600	6	60	9 600	960
合计	10	100	13 200	1 320	合计	10	100	14 200	1 420

根据表 5 - 4 - 1 的资料计算加权算术平均数如下：

$$甲组平均工资： \bar{x}_甲 = \frac{\sum x_i f_i}{\sum f_i} = \frac{13\ 200}{10} = 1\ 320 （元）$$

$$乙组平均工资： \bar{x}_乙 = \frac{\sum x_i f_i}{\sum f_i} = \frac{14\ 200}{10} = 1\ 420 （元）$$

从上例可以看出，加权算术平均数的大小受两个因素的影响，一是变量值 x 的影响，即平均数的大小被限定在变量的最大值与最小值之间，本例为 1 000 ~ 1 600 元之间；二是变量值出现次数 f 的影响，即哪一组变量值重复出现的次数多，平均数就接近于哪一组变量值。所谓变量值重复出现的次数，是指各组单位数与总体单位数的比重。加权算术平均数公式 $\bar{x} = \sum x_i \cdot \dfrac{f_i}{\sum f_i}$ 中的 $\dfrac{f_i}{\sum f_i}$ 就表明了这一点，亦即哪一组的单位数占的比重大，哪一组的标志值对平均数的影响就大。本例中的甲、乙二组，工资水平相同，工人人数也相等，但平均工资却不一样。这就是各组单位数占总体单位数比重不同的影响。甲组工资为 1 400 元的工人占工人总数的 60%，乙组工资为 1 600 元的工人占工人总数的 60%，因此乙组平均工资高于甲组。

虽然变量数列中的变量和次数都对平均数有影响，但后者是主要影响因素。在统计学中，变量数列中变量值重复出现的次数也称为权数。权数在平均数的计算中起着权衡轻重的作用。

加权算术平均数与简单算术平均数有如下的关系：

加权算术平均数计算中的权数，表现为变量数列中各变量组的次数占总次数的比重，哪一组的比重大，哪一组的变量值对平均数的影响就大，即比重权数是权数的实质。因此，当各组的次数或次数的比重相等时，权数对各组的影响也相等，加权也就无意义了，这时加权算术平均数就等于简单算术平均数。即当 $f_1 =$

$f_2 = \cdots = f_n$ 时，则有：

$$\bar{x} = \frac{\sum x_i f_i}{\sum f_i} = \frac{f_i \sum x_i}{n f_i} = \frac{\sum x_i}{n}$$

根据这一推论可知：（1）即使变量值未发生变化，只要次数比重发生了变化，平均数也会发生变化。因此总平均数的变化可以大于或小于组平均数的变化；（2）计算平均数时，次数值可以用比重数来代替；（3）只要次数保持相等或近似相等的比例，就可以用部分总体的平均数代表全部总体的平均数。

例 5 - 4 - 3 　某企业 455 名职工月工资分组资料如表 5 - 4 - 2 所示。

根据表 5 - 4 - 2 的资料计算职工月平均工资为：

$$\bar{x} = \frac{\sum x_i f_i}{\sum f_i} = \frac{770\ 300}{455} = 1\ 692.97 (元)$$

表 5 - 4 - 2　　　　某企业职工月平均工资计算表

工资水平（元）	职工人数		组中值（元）x_i	每组工资额（元）$x_i f_i$
	绝对数（人）f_i	相对数（%）$f_i / \sum f_i$		
1 200 ~ 1 400	22	4.84	1 300	28 600
1 400 ~ 1 600	133	29.23	1 500	199 500
1 600 ~ 1 800	158	34.72	1 700	268 600
1 800 ~ 2 000	128	28.13	1 900	243 200
2 000 ~ 2 200	9	1.98	2 100	18 900
2 200 以上	5	1.10	2 300	11 500
合　计	455	100.00	—	770 300

根据组距数列计算组中值，并用组中值代表变量值计算平均数的假定前提是：各变量值在组内是均匀分布的。因此，按组中值计算的加权算术平均数，只能是实际平均数的近似值。

3. 算术平均数的数学性质

（1）各标志值与其算术平均数的离差之和等于零。即

$$\sum (x - \bar{x}) = 0$$

$$\sum (x - \bar{x}) = \sum x - \sum \bar{x}$$

$$= \sum x - n\bar{x}$$

$$= n\bar{x} - n\bar{x} = 0$$

（2）各标志值与其算术平均数的离差平方和为最小。即 $\sum (x - \bar{x})^2$ 为最小值。

设 C 为任意常数，有

$$\sum (x - \bar{x})^2 \leqslant \sum (x - C)^2$$

$$\sum (x - C)^2 = \sum \left[(x - \bar{x}) + (\bar{x} - C) \right]^2$$

$$= \sum (x - \bar{x})^2 + \sum (\bar{x} - C)^2$$

$$\qquad + 2(\bar{x} - C) \cdot \sum (x - \bar{x})$$

$$= \sum (x - \bar{x})^2 + n(\bar{x} - C)^2$$

$$\geqslant \sum (x - \bar{x})^2$$

（二）调和平均数

调和平均数是各个变量值（标志值）倒数的算术平均数的倒数。它是根据各个变量值的倒数计算的平均数，所以又称为倒数平均数，一般用符号 $\bar{x}_H$ 代表。从其计算方法来说，也有简单调和平均数和加权调和平均数两种。

1. 简单调和平均数

设有变量值 x_1，x_2，$\cdots$，x_n，其倒数分别为 $\dfrac{1}{x_1}$，$\dfrac{1}{x_2}$，$\cdots$，$\dfrac{1}{x_n}$，这些倒数的算术平均数为：

$$\frac{\dfrac{1}{x_1}+\dfrac{1}{x_2}+\cdots+\dfrac{1}{x_N}}{n}=\frac{\sum\dfrac{1}{x}}{n}$$

再求其倒数，即得出简单调和平均数公式如下：

$$\overline{x}_H=\frac{1}{\dfrac{1}{n}\left(\dfrac{1}{x_1}+\dfrac{1}{x_2}+\cdots+\dfrac{1}{x_N}\right)}=\frac{n}{\sum\dfrac{1}{x}}$$

例 5 - 4 - 4 某种蔬菜的价格，甲集市每千克 3.50 元，乙集市每千克 4.10 元，丙集市每千克 4.60 元，若在以上集市各买 1 元，求平均每千克多少元？可采用简单调和平均数计算，得：

$$\overline{x}_H=\frac{n}{\sum\dfrac{1}{x}}=\frac{3}{\dfrac{1}{3.50}+\dfrac{1}{4.10}+\dfrac{1}{4.60}}=4(元)$$

在社会经济统计中，常用的则是一种特定权数的加权调和平均数。

2. 加权调和平均数

在很多情况下，由于只掌握每组某个标志的数值总和（m）而缺少总体单位数（f）的资料，不能直接采用加权算术平均数法计算平均数，则应采用加权调和平均数。

例 5 - 4 - 5 设某种商品在三个农贸市场上的单价和贸易额资料如表 5 - 4 - 3 所示。

表 5 - 4 - 3　　　某商品平均单价计算表

市　场	单价（元） x	贸易额（元） $m=xf$	贸易量（公斤） $f=m/x$
甲	1.00	2 500	2 500
乙	0.90	2 700	3 000
丙	0.80	4 000	5 000
合　计	—	9 200	10 500

$$平均价格 = \frac{2\,500 + 2\,700 + 4\,000}{\dfrac{2\,500}{1.0} + \dfrac{2\,700}{0.9} + \dfrac{4\,000}{0.8}}$$

$$= \frac{9\,200}{10\,500} = 0.88 \ (元)$$

用符号表示：

$$\bar{x}_H = \frac{m_1 + m_2 + m_3 + \cdots + m_N}{\dfrac{m_1}{x_1} + \dfrac{m_2}{x_2} + \dfrac{m_3}{x_3} + \cdots + \dfrac{m_N}{x_N}}$$

$$= \frac{\sum m}{\sum \dfrac{m}{x}} = \frac{\sum m}{\sum \dfrac{1}{x} m}$$

上式就是以总体单位的标志总量 m 为权数的加权调和平均数公式。事实上，研究同一个问题时，加权调和平均数同加权算术平均数的实际意义是相同的，只是由于所掌握的资料不同，采用不同的计算过程而已。因 $m = xf$，代入（上）式，即得：

$$\bar{x}_H = \frac{\sum m}{\sum \dfrac{m}{x}} = \frac{\sum xf}{\sum \dfrac{xf}{x}} = \frac{\sum xf}{\sum f}$$

可见，加权调和平均数和加权算术平均数的计算公式可以相互推算，前者是作为后者的变形来应用的。

在统计工作中，有时需要根据相对数和平均数来计算其平均数，以下将举例说明在什么条件下应当采用调和平均数法。

（1）由相对数计算平均数。计算平均计划完成程度时，如果只有实际完成数字而无计划数字，就应采用加权调和平均数法计算。

例 5 - 4 - 6 在表 5 - 4 - 4 中，计算工作量计划完成程度如下：

表 5 – 4 – 4　　　　工作量计划平均完成程度计算表

按工作量计划完成程度分组（%）	组中值（%）x	实际工作量（万元）m	$\frac{m}{x}$（计划工作量）
90～100	95	57	60
100～110	105	420	400
110～120	115	172	150
合　计	—	649	610

$$平均完成计划(\%) = \frac{\sum m}{\sum \frac{m}{x}} = \frac{57 + 420 + 172}{\frac{57}{0.95} + \frac{420}{1.05} + \frac{172}{1.15}}$$

$$= \frac{649}{610} = 1.064 \ 或 \ 106.4\%$$

（2）由平均数计算平均数。

例 5 – 4 – 7　设某车间三个班组工人的劳动生产率和实际产量如表 5 – 4 – 5 所示，计算车间平均劳动生产率时，应采用加权调和平均数法。

表 5 – 4 – 5　　　　平均劳动生产率计算表

班　组	平均劳动生产率（件/工时）x	实际产量（件）m	$\frac{m}{x}$（实际工时）
甲	10	4 000	400
乙	11	2 200	200
丙	12	2 400	200
合　计	—	8 600	800

$$车间平均劳动生产率 = \frac{\sum m}{\sum \frac{m}{x}} = \frac{4\ 000 + 2\ 200 + 2\ 400}{\frac{4\ 000}{10} + \frac{2\ 200}{11} + \frac{2\ 400}{12}}$$

$$= \frac{8\ 600}{800} = 10.75(件／工时)$$

从以上计算平均数的例子来看，当掌握的资料是变量值（x）和总体的标志总量（m）时，则权数就是标志总量，这时就采用加权调和平均数公式计算平均数。反之，如果已掌握变量值（x）及其相应的总体单位数（f），则权数就是总体单位数，就可以直接采用加权算术平均数法计算平均数。

（三）几何平均数

几何平均数，是 n 个变量值连乘积的 n 次方根。现象的总比率或总速度等于变量值的连乘积，其平均比率或平均速度就应采用几何平均公式来计算。

在资料未分组的情况下，直接将 n 个变量值的连乘积开 n 次方，其计算结果即为简单几何平均数。公式为：

$$G = \sqrt[n]{x_1 \cdot x_2 \cdot x_3 \cdot \cdots \cdot x_n} = \sqrt[n]{\prod x_i}$$

式中：G 为几何平均数；

x_i 为数列中第 i 个变量值（一般为比率或速度）；

$\prod$ 为连乘符号。

例 5 - 4 - 8　某厂有四个连续作业的车间，本月份产品合格率依次为 95%，92%，90% 和 85%。由于全厂产品的总合格率等于各车间合格率的连乘积，所以四个车间产品的平均合格率就应当用几何平均公式计算，即：

$$G = \sqrt[n]{\prod x_i} = \sqrt[4]{95\% \times 92\% \times 90\% \times 85\%}$$
$$= 90.43\%$$

在资料已经分组的情况下，当各个变量值出现的次数不尽相同时，则需用次数加权计算加权几何平均数。公式为：

$$G = \sqrt[\sum f_i]{\prod x_i^{f_i}}$$

例 5 - 4 - 9　设一项投资，其年收益率按复利计算，第一年至第二年投资收益率为 7.5%，第三年至第五年为 12%，第六年至第八年为 13.6%，第九年至第十年为 14.2%。试求年平均投资收益率。

由于按复利计算，各年的投资收益率是在前一年投资额和投资收益总和的基础上计算的，故可采用几何平均法计算出年平均本利率，然后将计算结果减1，即为年平均投资收益率。其年平均本利率为：

$$G = \sqrt[\sum f_i]{\prod x_i^{f_i}} = \sqrt[10]{1.075^2 \times 1.12^3 \times 1.136^3 \times 1.142^2}$$

$$= 1.1199(\text{或} 111.99\%)$$

从而有：平均年投资收益率 = 平均年本利率 − 1

$$= 1.1199 - 1$$

$$= 0.1199 \ (\text{或} 11.99\%)$$

需要指出的是：（1）几何平均数是各个标志值的连乘积的 n 次方根，因此，任何一个标志值都不能为 0 或负数；（2）可以证明，算术平均数、调和平均数和几何平均数三者之间的关系为：调和平均数 < 几何平均数 < 算术平均数。

（四）　众数

众数，是总体中出现次数最多的那个变量值。由于它是一种位置平均数，不受极端值的影响，因此，有时它比算术平均数更能鲜明地反映出标志值的分布特征和集中趋势。在总体单位数多且有明显集中趋势时，计算众数既方便又意义明确；如果总体中各变量值的次数相等或差别很小，集中趋势不明显时，就不存在众数；如果总体中有两个变量值出现的次数都很多时，则称为双众数。

在单变量分组数列中，出现次数最多的变量值即为众数。

例 5 – 4 – 10　某商店某月出售 95 厘米、100 厘米、105 厘米和 110 厘米四种规格的棉毛衫，其销售量依次为 14 件、16 件、80 件和 10 件。其中，销量最多的为 80 件（即出现的次数最多），故众数就是销量 80 件所对应的变量值 105 厘米。

在组距式分组数列中，确定众数的步骤是：

（1）确定众数组，即找出次数出现最多的那个组；

（2）确定众数值，即在众数组内计算出众数的近似值。

众数近似值可用下限公式或上限公式计算，其计算结果相同。

下限公式为：

$$M_o = L + \frac{d_1}{d_1 + d_2} \times i$$

式中：M_o 为众数；

L 为众数组的下限；

d_1 为众数组次数与其前一组次数之差；

d_2 为众数组次数与其后一组次数之差；

i 为众数组的组距。

上限公式为：

$$M_o = U - \frac{d_2}{d_1 + d_2} \times i$$

式中：U 为众数组的上限。

例 5 - 4 - 11 某企业职工按工资收入分组的资料如表 5 - 4 - 6 所示。

根据表 5 - 4 - 6 中的资料计算该企业职工月工资收入的众数如下：

表 5 - 4 - 6　　　某企业职工按月工资分组表

月工资（元）	职工人数（人）f_i	各组人数所占比重（%）$f_i / \sum f_i$
1 000 ~ 1 400	150	5
1 400 ~ 1 800	480	16
1 800 ~ 2 200	1 200	40
2 200 ~ 2 600	630	21
2 600 ~ 3 000	360	12
3 000 以上	180	6
合　计	3 000	100

第一步：确定众数组。由于本例是等距数列，因此，

众数应在次数最大的一组内，即在工资为 1 800~2 200
元的第三组内。

第二步：确定众数值。

根据下限公式：

$$M_o = L + \frac{d_1}{d_1 + d_2} \times i$$

$$= 1\ 800 + \frac{1\ 200 - 480}{(1\ 200 - 480) + (1\ 200 - 630)} \times 400$$

$$= 2\ 023.26 (元)$$

根据上限公式：

$$M_o = U - \frac{d_2}{d_1 + d_2} \times i$$

$$= 2\ 200 - \frac{1\ 200 - 630}{(1\ 200 - 480) + (1\ 200 - 630)} \times 400$$

$$= 2\ 023.26 (元)$$

从以上计算可以看出，众数在众数组内所处的位置与众数组
前后两组的次数有关，即：

（1）当与众数相邻的两组的次数相等时，则众数组的组中
值就是众数；

（2）当众数组前一组的次数较多，后一组的次数较少时，
则众数在众数组内靠近它的下限；

（3）当众数组后一组次数较多，前一组的次数较少时，则
众数在众数组内靠近它的上限。

（五）中位数

中位数，是将总体各单位的某一数量标志的各个数值按大小
顺序排列，居于中间位置的变量值。中位数将所有的变量值等分
成两半，一半比它大，一半比它小，因此它也被称为二分位数。
中位数的确定，仅仅取决于它在数列中的位置，不受极端值的影

响，因此，用它表示现象总体的一般水平，比算术平均数具有更好的稳定性。根据所掌握的资料不同，中位数的计算方法一般有如下两种：

1. 由未分组的资料确定中位数

首先，将变量值按从小到大的顺序排列，然后，确定中位数的位次，且中点位次 $= \dfrac{n+1}{2}$（n 为变量值的项数）；最后，根据中点位次确定中位数的值。如果变量值的项数是奇数，则对应于中点位次的那个变量值就是中位数。

例 5 - 4 - 12 有 5 名学生身高（厘米）顺序为 156、158、159、161、165，则第三名学生的身高 159 厘米就是中位数。如果变量值的项数是偶数，则与中点位次相邻的两个变量值的算术平均数即为中位数。例如，有 6 名学生身高（厘米）顺序为 156、158、159、161、163、165，则中位数位于第三和第四名学生中间，这两个位置上的学生身高的算术平均数 160 厘米，就是中位数。

2. 由分组资料确定中位数

根据单变量分组数列确定中位数时，必须首先计算各组的累计次数。第一次包含中点位次（$\sum f \div 2$）的累计次数对应组的变量值就是中位数。

例 5 - 4 - 13 某企业 120 名职工生产某种零件的日产量分组资料如表 5 - 4 - 7 所示。

表 5 - 4 - 7　　　　　　**某企业职工日产零件分组表**

按日产量分组（件）x_i	职工人数（人）f_i	累计次数（向上累计）$\sum\limits_{i=1}^{i} f_i$
20	10	10
22	12	22
24	25	47

按日产量分组（件） x_i	职工人数（人） f_i	累计次数（向上累计） $\sum_{i=1}^{i} f_i$
26	30	77
30	18	95
32	15	110
33	10	120
合　计	120	—

根据表 5 - 4 - 7，第一次包含中点位次（$\dfrac{\sum f}{2}$ =

$\dfrac{120}{2}$ = 60）的累计次数为 77，其对应组的变量值 26 即

为中位数。

由组距数列求中位数，同样是先根据中点位次的计算公式确定中位数所在组，然后按下述公式计算中位数的近似值。

下限公式为：

$$M_e = L + \frac{\dfrac{\sum f_i}{2} - S_{m-1}}{f_m} \times i$$

式中：M_e 为中位数；

　　　L 为中位数所在组的下限；

　　　f_m 为中位数所在组的次数；

　　　S_{m-1} 为中位数所在组前一组的累计次数（向上累计）；

　　　i 为中位数所在组的组距。

上限公式为：

$$M_e = U - \frac{\dfrac{\sum f_i}{2} - S_{m+1}}{f_m} \times i$$

式中：U 为中位数所在组的上限；

S_{m+1} 为中位数所在组后一组的累计次数（向下累计）。

例 5 - 4 - 14 根据表 5 - 4 - 8 计算中位数。

表 5 - 4 - 8 累计次数计算表

月工资收入 （元）	职工人数 （人）	累计次数 f_i	
		向上累计	向下累计
1 000 ~ 1 400	150	150	3 000
1 400 ~ 1 800	480	630	2 850
1 800 ~ 2 200	1 200	1 830	2 370
2 200 ~ 2 600	630	2 460	1 170
2 600 ~ 3 000	360	2 820	540
3 000 以上	180	3 000	180
合　计	3 000	—	—

首先，根据中点位次的计算公式确定上表的中位数在第三组，即 1 800 ~ 2 200 元工资组。然后，计算月工资收入的中位数近似值如下：

根据下限公式：

$$M_e = L + \frac{\frac{\sum f_i}{2} - S_{m-1}}{f_m} \times i$$

$$= 1\ 800 + \frac{\frac{3\ 000}{2} - 630}{1\ 200} \times 400$$

$$= 2\ 090 (元)$$

根据上限公式：

$$M_e = U - \frac{\frac{\sum f_i}{2} - S_{m+1}}{f_m} \times i$$

$$= 2\ 200 - \frac{\frac{3\ 000}{2} - 1\ 170}{1\ 200} \times 400$$

$$= 2\ 090 (元)$$

（六）众数、中位数和算术平均数的关系

众数、中位数与算术平均数之间有着一定的关系，这种关系决定于总体次数分布的状况。

当次数分布呈对称的钟形分布时，算术平均数位于次数分布曲线的对称点上，而该点又是曲线的最高点和中心点，因此，众数、中位数和算术平均数三者相等，其关系如图 5-4-1（a）所示。

当次数分布呈非对称的钟形分布时，由于这三种平均数受极端数值影响程度的不同，因而它们的数值就存在一定的差别，但三者之间仍有一定的关系。当次数分布右偏时，算术平均数受偏高数值影响较大，其位置必然在众数之右，中位数在众数与算术平均数之间，因而有如下的关系，如图 5-4-1（b）：$M_o < M_e < \bar{x}$。反之，当次数分布左偏时，算术平均数受偏小数值的影响较大，其位置在众数之左，中位数仍在两者之间，三者的关系如图 5-4-1（c）所示：$\bar{x} < M_e < M_o$。

根据英国统计学家皮尔逊（Karl Pearson）的经验，在偏态分布的偏斜程度不太显著时，上述三种平均数的位置有一定的关系，即中位数与算术平均数的距离，约等于众数与算术平均数距离全长的 1/3；中位数与众数的距离，约等于众数与算术平均数距离全长的 2/3。据此，得出如下的经验公式：

$$M_o = \bar{x} - 3(\bar{x} - M_e)$$
$$= 3M_e - 2\bar{x}$$

利用上述经验公式，从已知其中任何两个平均数之值，可以推算另一个平均数之值。

例 5-4-15　已知 $\bar{x} = 3.77$ 分，$M_e = 3.686$ 分，代入上式，得

$$M_o = 3 \times 3.686 - 2 \times 3.77$$
$$= 11.054 - 7.54$$
$$= 3.518（分）$$

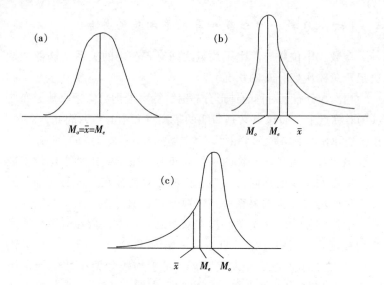

图 5 - 4 - 1　众数、中位数和算术平均数的位置比较

三、计算和应用平均指标的基本原则

在统计研究和分析中，平均指标是一种广泛应用的指标，具有十分重要的作用。为了正确发挥平均指标的作用，在应用时应该注意以下几个基本原则：

1. 总体的同质性是计算和应用平均数的前提条件和基本原则

因为只有在同质总体中，总体各单位才具有共同的特征，从而才能按某一数量标志计算其平均数，用一个代表性数值来说明总体的一般水平。反之，如果将不同性质的各个单位混合在一起计算平均数，只能给人们以假象，而掩盖事物的真相。例如在资本主义国家统计中，把企业中资方代理人的高额薪金和工人的工资混合在一起，计算所谓的平均工资。这是客观上不存在的平均数，所以列宁斥之为"虚构平均数"。

2. 社会经济统计中应用的算术平均数、调和平均数、几何平均数、中位数和众数，各有其特点和适用条件

应该从研究对象的实际内容出发，根据统计资料的特点和研究的目的来选用各种平均数。有时，还可以把几种平均数结合起来应用，以利于全面分析社会经济现象总体某一标志的一般水平及其分布情况。

3. 要用组平均数补充总平均数

根据同质总体计算的平均数，称之为总平均数，反映现象总体的一般水平。但在很多情况下，只计算总平均数还不足以说明问题。现用表 5 - 4 - 9 中的假设资料为例，说明如下。

表 5 - 4 - 9

按地势条件分组	甲				乙			
	播种面积（亩）	比重（%）	总产量（千克）	平均亩产量（千克）	播种面积（亩）	比重（%）	总产量（千克）	平均亩产量（千克）
平　原	30	60	15 000	500	40	40	20 800	520
丘　陵	20	40	7 500	375	60	60	22 800	380
合　计	50	100	22 500	450	100	100	43 600	436

从表 5 - 4 - 9 中看出，甲粮食总平均亩产量为 450 千克，乙粮食亩产量总平均数为 436 千克。但从各组的平均数来看，乙的平原地和丘陵地的平均亩产量均高于甲。导致总平均数与组平均数不一致的原因，主要是影响总平均数的大小有两个因素，一是平原地和丘陵地的生产水平，二是生产水平不同的播种面积在总的播种面积中的比重，其中任何一个因素发生变化，都会影响粮食总平均亩产量。从上表中可以明显看出，乙的平原地播种面积的比重只占 40%，小于甲，所以乙的总平均亩产量低于甲。由此可见，现象内部结构不同，对总平均数的影响很大。为了正确表明总平均指标的影响因素或变动的原因，应在分组的基础上计算组平均数，借以补充说明总平均数。

4. 应当用变量数列和典型单位的资料补充说明平均数

因为平均数在反映现象总体一般水平的同时，却掩盖了总体某一标志在各个单位之间的差异及其分布状况。因此，为了深入全面地说明问题，在应用平均数时，要按被平均的数量标志进行分组，编制变量数列来补充说明平均数。此外，反映现象总体一般水平的平均数，它体现一定范围内的现象总体的共性，但同时又掩盖了被研究现象的个性。因此，平均数必须和总体单位的典型事例相结合，特别要研究先进和后进的典型，使平均数具有丰富的内容，以发挥平均数对社会经济现象的认识作用。

第五节

变异指标的计算与应用

一、变异指标的作用

变异指标，是反映总体各单位标志值的差异程度的综合指标，其作用在于以下几方面。

1. 变异指标是评价平均数代表性大小的基本依据

平均指标是总体各单位标志值一般水平的代表值，其代表性大小会因各单位标志值差异程度的不同而有很大的区别。标志变异程度大，平均指标的代表性则小；标志变异程度小，平均指标的代表性则大。

2. 变异指标是反映社会生产的稳定性和社会经济活动过程的节奏性和均衡性的一个重要指标

在产品质量控制过程中，产品的稳定性是评价产品质量好坏的重要标准之一；在企业经营管理工作过程中，生产经营过程的节奏性和均衡性是考核企业计划执行情况的一项重要内容。而标志变异指标则是对这些方面进行评价和考核的不可缺少的重要手段。

3. 变异指标在抽样推断中有着重要作用

在抽样推断过程中，标志变异指标直接决定着所抽样本单位数目的多少。在一般情况下，标志变异程度大，所需抽取的样本单位数就多；标志变异程度小，所需抽取的样本单位数就少。

二、变异指标的计算与应用

常用的变异指标主要有：极差、平均差、标准差以及变异系数等。

1. 极差

极差，亦称全距，是指总体各单位标志值中最大值与最小值之差。

在未分组或单变量分组数列中，全距（R）的计算公式为：

全距(R) = 最大标志值 − 最小标志值

在组距式分组数列中，全距的计算公式为：

全距(R) = 最高组的上限 − 最低组的下限

全距值越小，变量值就越集中，标志变动程度也就越小；反之，变量值就越分散，标志变动程度也就越大。但全距只能说明总体中两个极端标志值的变动范围和差异大小，不能全面反映各单位标志值的离散程度，因此，其精度较差，在实践中也应用不多。

2. 平均差

平均差，是总体各单位的标志值对其平均数的绝对离差的平均数。

在未分组的情况下，平均差（$A \cdot D$）的计算公式为：

$$A \cdot D = \frac{\sum |x_i - \bar{x}|}{n}$$

在分组数列中，平均差的计算公式为：

$$A \cdot D = \frac{\sum |x_i - \bar{x}| f_i}{\sum f_i}$$

例 5 – 5 – 1 某企业 200 名职工日产量资料如表 5 – 5 – 1 所示。

根据表 5 – 5 – 1 中的资料计算 200 名职工日产量的平均数和平均差如下：

$$\bar{x} = \frac{\sum x_i f_i}{\sum f_i} = \frac{13\ 600}{200} = 68 \text{（件）}$$

$$A \cdot D = \frac{\sum |x_i - \bar{x}| f_i}{\sum f_i} = \frac{1\ 880}{200} = 9.4 \text{（件）}$$

表 5 – 5 – 1　　　　　　　　　平均差计算表

日产量（件）x_i	职工人数（人）f_i	每组产量（件）$x_i f_i$	离　差 $x_i - \bar{x}$	离差绝对值 $|x_i - \bar{x}|$	$|x_i - \bar{x}| \cdot f_i$
50	30	1 500	− 18	18	540
60	50	3 000	− 8	8	400
70	70	4 900	2	2	140
80	30	2 400	12	12	360
90	20	1 800	22	22	440
合　计	200	13 600	—	—	1 880

如果根据组距式数列计算平均差，各组的变量值 (x_i) 为其组中值，其计算方法不变。

平均差能够比较全面地反映各组标志值的平均变动程度，计算方法简单明了。但它需要计算离差的绝对值，这就给平均差的数学运算带来了诸多不便，从而使其应用受到了一定限制。

3. 标准差

标准差，亦称均方差。它是总体各单位标志值与其平均数离差平方的平均数的平方根，是反映标志变异程度的基本指标。标准差的平方，则称为方差。

在未分组的情况下，标准差（σ）的计算公式为：

$$\sigma = \sqrt{\frac{\sum (x_i - \bar{x})^2}{n}}$$

在分组情况下，标准差的计算公式为：

$$\sigma = \sqrt{\frac{\sum (x_i - \bar{x})^2 \cdot f_i}{\sum f_i}}$$

例 5 - 5 - 2 根据表 5 - 5 - 1 的资料，计算 200 名职工日产量的标准差如表 5 - 5 - 2 所示。

表 5 - 5 - 2　　　　标准差计算表

日产量（件）x_i	职工人数（人）f_i	每组产量（件）$x_i f_i$	离　差 $x_i - \bar{x}$	离差平方 $(x_i - \bar{x})^2$	$(x_i - \bar{x})^2 \cdot f_i$
50	30	1 500	− 18	324	9 720
60	50	3 000	− 8	64	3 200
70	70	4 900	2	4	280
80	30	2 400	12	144	4 320
90	20	1 800	22	484	9 680
合　计	200	13 600	—	—	27 200

根据表 5 - 5 - 2 中的资料计算 200 名职工日产量的标准差如下：

$$\sigma = \sqrt{\frac{\sum (x_i - \bar{x})^2 \cdot f_i}{\sum f_i}} = \sqrt{\frac{27\ 200}{200}} = 11.66(件)$$

如果根据组距式数列计算标准差，各组的变量值（x_i）为其组中值，计算方法同上。

尚需指出的是：

（1）在计算标准差时，为避免计算离差时出现负数或小数，往往采用下列简捷计算方法：

$$\sigma = \sqrt{\frac{\sum (x_i - \bar{x})^2}{n}} = \sqrt{\frac{\sum x_i^2 - 2\bar{x}\sum x_i + n(\bar{x})^2}{n}}$$

$$= \sqrt{\frac{n\overline{x^2}}{n} - \frac{2\bar{x}n\bar{x}}{n} + \frac{n(\bar{x})^2}{n}} = \sqrt{\overline{x^2} - 2(\bar{x})^2 + (\bar{x})^2}$$

$$= \sqrt{\overline{x^2} - (\bar{x})^2}$$

（2）在统计计算中，常常会用到标准差的如下两个重要性质：

第一个是如果自变量 x 与因变量 y 之间的关系为线性相关，并且有 $y = a + bx$，a、b 为常数，则：

$$\sigma_{xy}^2 = b\sigma_x^2;$$

第二个是变量对算术平均数的方差，小于对任意常数的方差，即：

$$\frac{\sum (x_i - \bar{x})^2}{n} < \frac{\sum (x_i - A)^2}{n}$$

式中：A 为任意常数。

4. 变异系数

极差、平均差和标准差都是用绝对数或平均数表示的测定总体各单位标志值差异程度的变异指标。由于它们的大小，不仅取决于标志值之间离差的大小，还与标志值的平均水平有关，所以，同样大小的极差、平均差和标准差，对于不同水平的数列所表明的意义是不同的。此外，由于极差、平均差和标准差都是有名数，并且与平均指标有着相同的计量单位，因此，两个计量单位不同的总体就不能通过极差、平均差和标准差比较其标志变异程度的大小。这就需要计算反映标志变异程度的相对指标——变异系数。

变异系数，亦称离散系数。它是平均差或标准差与算术平均数之比，用以反映标志变异的相对程度。常用的标志变异系数（V）指标有：

（1）平均差系数：

$$V_{A \cdot D} = \frac{A \cdot D}{\bar{x}} \times 100\%$$

（2）标准差系数

$$V_\sigma = \frac{\sigma}{\bar{x}} \times 100\%$$

例 5 - 5 - 3 甲、乙两组各 5 名工人日产零件的平均数分别为 $\bar{x}_甲 = 58$（件）、$\bar{x}_乙 = 5.8$（件）；标准差分别为 $\sigma_甲 = 10.3$（件）、$\sigma_乙 = 3.12$（件）。如果不考虑平均数因素的影响，单纯看标准差大小，可以看出甲组标准差 10.3 件大于乙组标准差 3.12 件，即甲组 5 名工人生产零件的差异比较大。但如果考虑平均数的影响，进一步计算变异系数，则 $V_{\sigma_甲} = \frac{10.3}{58} = 18\%$；$V_{\sigma_乙} = \frac{3.12}{5.8} = 54\%$，便可以看出甲组 5 名工人生产零件的差异程度 18% 小于乙组的 54%。这说明乙组 5 名工人生产零件的差异比较大，平均数的代表性小。

显然，两组现象进行比较时，如果平均数不相等，则必须计算变异系数才能真实确切地说明问题。

5. 四分位差

除了上述在算术平均数等数值平均数的基础上计算的变异指标以外，还可以在众数、中位数等位置平均数基础上计算变异指标。其中，四分位差就是在中位数和四分位数基础上计算的变异指标。计算方法如下：

把一个变量数列分为四等份，形成三个分割点（Q_1，Q_2，Q_3），这三个分割点的数值就称为四分位数。其中第二个四分位

数 Q_2 就是中位数 M_e。四分位差就是第三个四分位数 Q_3 与第一个四分位数 Q_1 之差，用 $Q.D.$ 表示四分位差，用公式表示，即

$$Q.D. = Q_3 - Q_1$$

对一个变量数列的资料，四分位差就是舍去数列中最低的 1/4 和最高的 1/4 数值，仅用中间那部分标志值的全距来充分反映集中于数列中间 50% 数值的差异程度。四分位差越大，表明 Q_1 与 Q_3 之间变量值分布愈远离它们的中点 Q_2，即远离中位数 M_e，则说明中位数的代表性愈差；反之，四分位差数值越小，说明中位数的代表性愈好。

（1）根据未分组资料求 $Q.D.$

$$Q_1 \text{的位置} = \frac{n+1}{4}; \quad Q_3 \text{的位置} = \frac{3(n+1)}{4}$$

（2）根据分组资料求 $Q.D.$

$$Q_1 \text{的位置} = \frac{\sum f}{4}; \quad Q_3 \text{的位置} = \frac{3\sum f}{4}$$

$$Q_1 = X_{L1} + \frac{\frac{\sum f}{4} - S_{Q_1-1}}{f_1} \times i$$

$$Q_3 = X_{L3} + \frac{\frac{3\sum f}{4} - S_{Q_3-1}}{f_3} \times i$$

式中，X_{L1}，X_{L3}——分别为 Q_1 与 Q_3 所在组的下限；

f_1，f_3——分别为 Q_1 与 Q_3 所在组的次数；

d_1，d_3——分别为 Q_1 与 Q_3 所在组的组距；

S_{Q_1-1}，S_{Q_3-1}——分别为 Q_1 与 Q_3 所在组以前一组的累计次数；

$\sum f$——为总次数。

例 5-5-4 根据表 5-4-8 计算四分位差。

$$Q_1 \text{的位置} = \frac{3\ 000}{4} = 750，则 Q_1 在第三组，即$$

1 800 ~ 2 200 组

$$Q_3 \text{ 的位置} = \frac{3 \times 3\ 000}{4} = 2\ 250, \text{ 则 } Q_3 \text{ 在第四组, 即}$$

2 200 ~ 2 600 组

$$Q_1 = 1\ 800 + \frac{\dfrac{3\ 000}{4} - 630}{1\ 200} \times 400 = 1\ 840 \text{ (元)}$$

$$Q_3 = 2\ 200 + \frac{\dfrac{3 \times 3\ 000}{4} - 1\ 830}{630} \times 400 = 2\ 466.67 \text{ (元)}$$

$$\therefore Q.D = Q_3 - Q_1 = 2\ 466.67 - 1\ 840 = 626.67 \text{ (元)}$$

计算结果表明有一半工人的月工资收入分布在 1 840 元 ~ 2 466.67 元之间，它们之间最大差异为 626.67 元。

四分位差不受两端 25% 数值的影响，因而能对开口组数列的差异程度进行测定。四分位差也可以衡量中位数的代表性高低。但四分位差不反映所有标志值的差异程度，它所描述的只是次数分布中一半的离差，所以类同全距，四分位差也是一个比较粗略的指标。

三、交替标志的标准差

有些社会经济现象的特征，只表现为两种性质上的差异，例如，产品的质量表现为合格或不合格；对某一电视节目，观众表现为收看或不看；农田按灌溉情况分为水浇田或旱田等等，这些只表现为是或否、有或无的标志称为交替标志，也称作是非标志。在进行抽样估计时，交替标志的标准差或方差有着重要意义。

1. 成数

总体中，交替标志只有两种表现，我们把具有某种表现或不具有某种表现的单位数占全部总体单位数的比重称为成数。

例 5 - 5 - 5 一批产品共 2 000 件，合格品 1 900

件，不合格品 100 件，合格品占全部产品的 95%
（ $=\dfrac{1\,900}{2\,000}$ ），不合格品占全部产品的 5%（ $=\dfrac{100}{2\,000}$ ）。在
这里 95% 和 5% 均为成数。

若用 n_1 表示具有某种标志表现的单位数，n_0 表示不具有这种标志表现的单位数，n 表示总体单位数，成数可写为：

$$p=\frac{n_1}{n}\quad 或\quad q=\frac{n_0}{n}$$

式中，p 和 q 分别表示具有与不具有某种标志的成数。

同一总体两种成数之和等于 1。用公式表示为：

$$p+q=1\quad 或\quad q=1-p$$

2. 交替标志的平均数

交替标志表现了现象质的差别，因此计算其平均数首先需要将交替标志的两种表现进行量化处理。用"1"表示具有某种表现，用"0"表示不具有某种表现，例如在前面例子中，以"1"代表合格，以"0"代表不合格，然后以"1"和"0"作为变量值，计算其加权算术平均数。其公式为：

$$\bar{x}=\frac{1\times n_1+0\times n_0}{n_1+n_0}=\frac{n_1}{n_1+n_0}=\frac{n_1}{n}=p$$

或 $\bar{x}=1\times p+0\times q=p$

例 5 - 5 - 6 用表 5 - 5 - 3 计算平均数：

表 5 - 5 - 3　　　　　成数平均数计算表

交替标志	变量 x	单位数（件）n_i	成数（%）
合　格	1	1 900	95
不合格	0	100	5
合　计	—	2 000	100

$$\bar{x}=\frac{1\times1\,900+0\times100}{1\,900+100}=\frac{1\,900}{2\,000}=0.95\ 或\ 95\%$$

或 $\bar{x}=1\times95\%+0\times5\%=95\%$

可以看出，交替标志的平均数即为被研究标志表现的成数，此例为合格品占全部产品的比重，即合格率。

3. 交替标志的标准差

根据前面所述标准差的计算方法，交替标志的标准差是将变量值"1"、"0"分别减去其平均数"p"的离差平方的平均数再开平方。即

$$
\begin{aligned}
\sigma &= \sqrt{\frac{(1-p)^2 \cdot n_1 + (0-p)^2 n_0}{n}} \\
&= \sqrt{(1-p)^2 \cdot \frac{n_1}{n} + (0-p)^2 \cdot \frac{n_0}{n}} \\
&= \sqrt{(1-p)^2 \cdot p + (0-p)^2 \cdot q} \\
&= \sqrt{q^2 \cdot p + p^2 \cdot q} \\
&= \sqrt{pq(q+p)} = \sqrt{pq} = \sqrt{p(1-p)}
\end{aligned}
$$

由此可见交替标志的标准差为被研究的标志表现的成数 p 与另一种表现的成数 $(1-p)$ 乘积的平方根。

前面例子已计算出合格品的成数（即合格率）是 95%，其标准差为：

$$
\sigma = \sqrt{p(1-p)} = \sqrt{95\% \times 5\%} = 21.79\%
$$

思考与练习

一、思考题

1. 什么是时期指标，什么是时点指标，二者有何区别与联系？
2. 相对指标有哪几种？各有何特点？
3. 计算和运用平均指标应遵循哪些原则？
4. 什么是算术平均数？什么是调和平均数？二者有何关系？
5. 众数、中位数与算术平均数有何关系？
6. 什么是变异指标？常用的变异指标有哪些？说明其计算

方法。

  7. 什么是变异系数？为什么要计算变异系数？

  8. 什么是是非标志？其平均数和标准差应如何计算？

二、练习题

  1. 某公司下属四个企业 2005 年第一季度统计资料如下：

企业名称	第二季度总产值（万元）				第一季度实际产值（万元）	二季度比一季度（＋）或（－）%
	计划		实际产值	计划完成%		
	产值	比重				
甲	100		120		90	
乙	150		160		130	
丙	200			100	180	
丁			380	95	390	
合　计						

  要求：（1）计算表中所缺数值。

  （2）说明计算了哪几种相对数？

  2. 已知甲、乙两地同种商品的价格和销售额资料如下：

等级	价格（元）	商品销售额（元）	
		甲　地	乙　地
Ⅰ	1.8	1 500	1 500
Ⅱ	1.5	2 800	1 400
Ⅲ	1.2	1 200	2 400

  要求：比较哪个地区的平均价格高，并说明原因。

  3. 某企业工人完成生产量的分布数列如下：

工人按完成生产量分组（件）	各组工人占工人总数的（%）
80～90	5
90～100	11
100～110	14
110～120	27
120～130	20
130～140	14
140～150	9

要求：计算该企业工人完成生产量的中位数和众数，并比较位置说明产量分布形态。

4. 对成年组和幼儿组共 500 人身高资料分组，分组资料列表如下：

成　年　组		幼　儿　组	
按身高分组（cm）	人数（人）	按身高分组（cm）	人数（人）
150～155	30	70～75	20
155～160	120	75～80	80
160～165	90	80～85	40
165～170	40	85～90	30
170 以上	20	90 以上	30
合　计	300	合　计	200

要求：（1）分别计算成年组和幼儿组身高的平均数、标准差和变异系数。

（2）说明成年组和幼儿组平均身高的代表性哪个大？为什么？

5. 因某种原因，银行为吸收存款而提高利息率采用复利计算，五年的年利率分别为 9%、10%、12%、14%、20%，试计算五年的平均年利率。若存入 2 000 元，第五年末实际存款额为多少？

6. 某种产品的生产需经过 10 道工序的流水作业，有 2 道工序的合格率都为 90%，有 3 道工序的合格率为 92%，有 4 道工序的合格率为 94%，有 1 道工序的合格率为 98%，试计算平均合格率。

第六章

时间数列分析法

第一节

时间数列概述

一、时间数列的概念

时间数列，亦称为动态数列。它是将某一指标的数值按时间顺序排列起来而形成的变量数列。它一般由两个基本要素构成：一是研究对象所属的时间；二是反映研究对象的统计指标数值。如表 6 - 1 - 1、表 6 - 1 - 2、表 6 - 1 - 3、表 6 - 1 - 4 所示。

表 6 - 1 - 1　　　　　我国财政收入时间数列

年　份	2000	2001	2002	2003	2004
财政收入（亿元）	13 395.23	16 386.04	18 903.64	21 715.25	26 355.88

表 6 - 1 - 2　　　　　我国人口数时间数列

年　份	2000	2001	2002	2003	2004
人口数（万人）	126 743	127 627	128 453	129 227	129 988

表 6 – 1 – 3　　　　　　我国财政支出相对于国内生产总值的比重

年　　份	2000	2001	2002	2003	2004
比重（％）	17.8	19.4	21.0	21.0	20.7

表 6 – 1 – 4　　　　　　我国职工年平均工资时间数列

年　　份	2000	2001	2002	2003	2004
平均工资（元）	9 371	10 870	12 422	14 040	16 024

二、时间数列的种类

时间数列按其使用的指标不同，可分为绝对数时间数列、相对数时间数列和平均数时间数列三种。其中，绝对数时间数列是最基本的时间数列，其余两种都是在它的基础上派生的。

1. 绝对数时间数列

绝对数时间数列，是把用绝对数表示的某指标数值按时间顺序排列而成的数列，可据以反映社会经济现象在各时间达到的绝对水平及其发展变化情况。绝对数时间数列，按照指标性质的不同，又可分为时期数列和时点数列两种。时期数列，是指绝对数时间数列中所包含的指标都是反映社会经济现象在一段时期内发展过程的总量的时间数列（见表 6 – 1 – 1）；时点数列，是指绝对数时间数列中所包含的指标都是反映社会经济现象在某一瞬间上所达到的水平的时间数列（表 6 – 1 – 2）。时期数列和时点数列的特点，可由前述时期指标和时点指标的区别与联系来说明。

2. 相对数时间数列

相对数时间数列，是把某种相对指标按时间顺序排列而成的数列，可据以反映现象之间相互关系的发展过程（见表 6 – 1 – 3）。相对数时间数列不具有可加性。

3. 平均数时间数列

平均数时间数列，是把某种平均指标的数值按时间顺序排列而成的数列，可据以反映社会经济现象一般水平的发展过程（见表6-1-4）。平均数时间数列中的各指标数值一般也不能相加。

三、时间数列的编制原则

编制时间数列的目的，是要通过各个时期指标值的对比，来研究社会经济现象的发展变化及其规律性，因而各时期指标值的可比性乃是编制时间数列的基本条件。为此，必须保证：

1. 时间长短统一

就时期数列而言，由于数列中各指标值的大小与其所属时期的长短有直接关系，所以，各指标值所属时期的长短应当一致。否则，就很难作出判断和比较。就时点数列而言，虽然数列中各指标值的大小与其时间间隔无直接联系，但也要求各时点间隔尽可能保持一致，以便准确地反映现象的发展趋势和变化规律。

2. 总体范围统一

即时间数列中各个指标值所反映的总体范围前后应当一致。例如，研究地区工业生产的发展情况，如果地区的行政区划有了变动，则前后指标数值就不能直接对比，而必须将资料进行调整，统一总体范围后，再作动态分析。

3. 计算方法统一

即时间数列中各项指标的计算口径、计量单位和计算方法应当一致。例如，研究企业劳动生产率的变化，产量用实物量还是用价值量，人数用全部职工数还是用生产工人数，前后都得统一。再如，将不同时期的工农业产值进行对比，就应注意其价格水平的变化，采用统一的不变价格表示。若价格标准不同，就不能从指标的对比中，正确反映工农业产值的实际变化程度。

4. 经济含义统一

即时间数列中各项指标所反映的经济内容应当一致。例如，对工业企业的工资总额，按费用要素分组，包括全部职工的工资；按成本项目分组，则只包括基本生产工人的工资。如果把这样一些指标数值不加区分地编入同一个时间数列，就会导致错误的结论。

第二节
时间数列的水平分析指标

一、发展水平

时间数列中每个指标的数值叫做发展水平或称发展量，可用以反映社会经济现象在不同时期或不同时点的规模或水平。它是计算其他分析指标的基础。

时间数列中，各个时期的发展水平可以用符号 a_0, a_1, a_2, …, a_{n-1}, a_n 来表示。a_0 是时间数列中的第一个指标，称为最初水平；a_n 是时间数列中的最后一个指标，称为最末水平；其余各项指标称为中间水平。另外，在进行动态分析时，一般把所要计算分析的那个时期的发展水平称为报告期水平，把作为比较基础的那个时期的发展水平称为基期水平。

二、平均发展水平

平均发展水平，亦称序时平均数。它是将不同时期的发展水平加以平均而得到的代表性指标。平均发展水平与一般平均数都是将研究现象的个别数量差异抽象化，研究现象的一般水平。但平均发展水平所平均的是社会经济现象在不同时间上的数量差异，从动态上说明研究对象在某一段时间内的一般水平，它是根据时间数列计算的，其大小决定于数列中的各个发展水平和时间间隔；而一般平均数是将总体各单位某一数量标志值在同一时间上的数量差异抽象化，从静态上说明其在具体历史条件下的一般水平，它是根据次数分布数列计算的，其大小决定于变量的取值和次数的分布状况。

1. 根据绝对数时间数列计算平均发展水平

（1）由时期数列计算平均发展水平，只需把数列中各项指标数值相加之和除以项数，进行算术平均即可。用公式表示为：

$$\bar{a} = \frac{a_1 + a_2 + \cdots + a_{n-1} + a_n}{n} = \frac{\sum a_i}{n}$$

式中：$\bar{a}$ 为序时平均数；a_i 为各时期发展水平；n 为时期项数。

若数列中的时间间隔不等时，则应采用加权算术平均公式计算平均发展水平，即：

$$\bar{a} = \frac{\sum a_i f_i}{\sum f_i}$$

式中：f_i 为各期时间间隔长度。

（2）由时点数列计算平均发展水平，可按以下几种情况进行：

第一种情况，间隔相等的连续时点数列，计算平均发展水平的公式为：

$$\bar{a} = \frac{\sum a_i}{n}$$

第二种情况，间隔不等的连续时点数列，应以每次变动持续的时间间隔长度为权数对各时点指标进行加权平均，其计算平均发展水平的公式为：

$$\bar{a} = \frac{\sum af}{\sum f}$$

第三种情况，间隔相等的间断时点数列，计算平均发展水平的公式为：

$$\bar{a} = \frac{\frac{a_1}{2} + a_2 + \cdots + a_{n-1} + \frac{a_n}{2}}{n-1}$$

这种方法也称为"首尾折半法"，也就是将首项数值的 $\frac{1}{2}$ 加上中间各项数值，再加上尾项数值的 $\frac{1}{2}$，然后被项数减 1 去除。

例 6 - 2 - 1 某商店某年 1~7 月库存资料如表 6 - 2 - 1 所示。

表 6 - 2 - 1　　　某商店库存统计表

指　标	1 月	2 月	3 月	4 月	5 月	6 月	7 月
库存额（万元）	78	76.8	81	68	75	83	85

则该商店上半年的平均库存额：

$$\bar{a} = \frac{\frac{78}{2} + 76.8 + 81 + 68 + 75 + 83 + \frac{85}{2}}{7-1} = 77.55(万元)$$

第四种情况，间隔不等的间断时点数列，应以时间间隔为权数，采用加权算术平均法计算平均发展水平。其公式为：

$$\bar{a} = \frac{\frac{a_1+a_2}{2}f_1 + \frac{a_2+a_3}{2}f_2 + \cdots + \frac{a_{n-1}+a_n}{2}f_{n-1}}{\sum_{i=1}^{n-1} f_i}$$

例 6 - 2 - 2 某地区某年人口资料如表 6 - 2 - 2 所示。

表 6 – 2 – 2　　　　　　　某地区人口统计表

时　间	1月 1日	3月 1日	8月 1日	10月 1日	12月 31日
人口数（万人）	35.6	34.8	36.0	37.2	36.8

则该地区当年的平均人口数：

$$\bar{a} = \frac{\dfrac{35.6+34.8}{2}\times2 + \dfrac{34.8+36}{2}\times5 + \dfrac{36.0+37.2}{2}\times2 + \dfrac{37.2+36.8}{2}\times3}{2+5+2+3}$$

$$= 35.97(万人)$$

2. 根据相对数时间数列计算平均发展水平

由于相对数时间数列是由两个绝对数时间数列对比所构成的数列，所以，根据相对数时间数列计算平均发展水平的一般方法是：首先分别对其分子、分母计算平均发展水平，然后将其对比，即可得到相对数时间数列的平均发展水平。其计算公式为：

$$\bar{c} = \frac{\bar{a}}{\bar{b}}$$

式中：$\bar{c}$ 为相对数时间数列的平均发展水平；$\bar{a}$ 为时间数列分子的平均发展水平；$\bar{b}$ 为时间数列分母的平均发展水平。

由于相对数时间数列中的相对数的分子和分母既可以是时期指标，也可以是时点指标，因此根据相对数时间数列计算平均发展水平也应分别按以下几种情况进行：

（1）由两个时期数列对比而形成的相对数时间数列计算平均发展水平。其公式为：

$$\bar{c} = \frac{\bar{a}}{\bar{b}} = \frac{\sum a}{n} \div \frac{\sum b}{n} = \frac{\sum a}{\sum b}$$

由于 $c = \dfrac{a}{b}$，$a = bc$，将 $a = bc$ 代入上式，可得：$\bar{c} = \dfrac{\sum bc}{\sum b}$，从

形式上，该式可看做是以 b 为权数的加权算术平均数公式。

同理，$c = \dfrac{a}{b}$，$b = \dfrac{a}{c}$，将 $b = \dfrac{a}{c}$ 代入上式可得：$\bar{c} = \dfrac{\sum a}{\sum \dfrac{a}{c}}$，

从形式上，该式可看做是以 a 为权数的加权调和平均数公式。

（2）由两个时点数列对比而形成的相对数时间数列计算平均发展水平。由于时点数列有连续和间断之分，同时又有间隔相等和不等两种情况，故计算平均发展水平的方法也不一样。其中，最常用的是根据间隔时间较长且间隔相等的时点数列所形成的相对数时间数列计算平均发展水平。其公式为：

$$\bar{c} = \frac{\bar{a}}{\bar{b}} = \frac{\dfrac{a_1}{2} + a_2 + a_3 + \cdots + a_{n-1} + \dfrac{a_n}{2}}{\dfrac{b_1}{2} + b_2 + b_3 + \cdots + b_{n-1} + \dfrac{b_n}{2}}$$

（3）由两个性质不同的时间数列对比而形成的相对数时间数列计算平均发展水平，方法仍然是先将分子、分母分别平均，然后将其对比。如果分子是时期数列，分母是时点数列，则计算其平均发展水平的公式为：

子项为　$\bar{a} = \dfrac{\sum a}{n}$

母项为　$\bar{b} = \dfrac{\dfrac{b_1}{2} + b_2 + b_3 + \cdots + b_{n-1} + \dfrac{b_n}{2}}{n-1}$

$\bar{c} = \dfrac{\bar{a}}{\bar{b}}$

例 6 - 2 - 3　某企业总产值和职工人数资料如表 6 - 2 - 3所示。

表6-2-3　　　某企业总产值和职工人数统计表

月　　份	3	4	5	6
总产值（万元）	1 150	1 170	1 200	1 370
月末职工人数（千人）	6.5	6.7	6.9	7.1

计算该企业第二季度平均每月的全员劳动生产率。

该企业第二季度平均每月的总产值为：

$$\bar{a} = \frac{\sum a}{n} = \frac{1\ 170 + 1\ 200 + 1\ 370}{3} = 1\ 246.67(万元)$$

第二季度平均每月的职工人数为：

$$\bar{b} = \frac{\dfrac{b_1}{2} + b_2 + b_3 + \cdots + b_{n-1} + \dfrac{b_n}{2}}{n-1}$$

$$= \frac{\dfrac{6.5}{2} + 6.7 + 6.9 + \dfrac{7.1}{2}}{4-1} = 6.8(千人)$$

第二季度平均每月的全员劳动效率为：

$$\bar{c} = \frac{\bar{a}}{\bar{b}} = \frac{1\ 246.67}{6.8} = 183.333(万元/千人)$$

$$= 1\ 833.33(元/人)$$

3. 根据平均数时间数列计算平均发展水平

平均数时间数列是由两个绝对数时间数列对比所构成的数列，根据平均数时间数列计算平均发展水平的方法与根据相对数时间数列计算平均发展水平的方法是基本一致的。

三、增长量

增长量，是指某种现象在一定时期内所增长的绝对数量。其计算公式为：

增长量 = 报告期水平 - 基期水平

由于采用的基期不同，增长量可以分为逐期增长量与累计增长量。逐期增长量是各期（报告期）发展水平与前一期发展水平之差，用符号表示为：$a_1 - a_0$，$a_2 - a_1$，$a_3 - a_2$，$\cdots$，$a_n - a_{n-1}$；累计增长量是各期（报告期）发展水平与某一固定时期发展水平之差，若固定时期水平采用最初水平，则累计增长量用符号表示为：$a_1 - a_0$，$a_2 - a_0$，$a_3 - a_0$，$\cdots$，$a_n - a_0$。

逐期增长量与累计增长量的关系为：累计增长量等于相应的各个逐期增长量之和。即：

$$a_n - a_0 = (a_1 - a_0) + (a_2 - a_1) + (a_3 - a_2) + \cdots + (a_n - a_{n-1})$$

例 6 - 2 - 4 根据表 6 - 1 - 1 计算逐期增长量和累计增长量。其计算结果如表 6 - 2 - 4 所示。

表 6 - 2 - 4 　 我国 2000 ~ 2004 年财政收入增长量计算表

年　份		2000	2001	2002	2003	2004
财政收入 （亿元）		13 395.23	16 386.04	18 903.64	21 715.25	26 355.88
增长 量 （亿元）	逐期	—	2 990.81	2 517.60	2 811.61	4 640.63
	累计	—	2 990.81	5 508.41	8 320.02	12 960.65

四、平均增长量

平均增长量，是指某种现象在一定时期内平均每期增长的数量。它既可以根据逐期增长量计算，也可以根据累计增长量计算，其计算公式分别为：

$$平均增长量 = \frac{逐期增长量之和}{逐期增长量的个数}$$

$$= \frac{累计增长量}{项数 - 1}$$

例 6 - 2 - 5 根据表 6 - 2 - 4 和上式计算我国 2000 ~

2004 年财政收入的年平均增长量为：

$$\frac{12\,960.65}{4} = 3\,240.16(亿元)$$

第三节

时间数列的速度分析指标

一、发展速度

发展速度，是用以表明现象发展程度的相对指标，它等于时间数列中两个不同时期的发展水平之比说明报告期水平已发展到基期水平的若干倍或百分之几。其一般公式为：

$$发展速度 = \frac{报告期水平}{基期水平}$$

由于采用的基期不同，发展速度可以分为环比发展速度和定基发展速度。

环比发展速度是报告期水平与前一期水平之比，表明现象逐期发展变化的情况。如设时间数列为 a_0，a_1，$\cdots$，a_n，环比发展速度则可表示为：

$$\frac{a_i}{a_{i-1}} \qquad (i = 1,\ 2,\ \cdots,\ n)$$

定基发展速度是报告期水平与某一固定时期水平之比，表明现象在较长时期内总的发展变化情况。若最初水平 a_0 为固定时期水平，则定基发展速度可表示为：

$$\frac{a_i}{a_0} \qquad (i = 1,\ 2,\ \cdots,\ n)$$

定基发展速度和环比发展速度的关系是：定基发展速度等于

相应的各个环比发展速度的连乘积。即:

$$\frac{a_n}{a_0} = \frac{a_1}{a_0} \times \frac{a_2}{a_1} \times \cdots \times \frac{a_n}{a_{n-1}}$$

二、增长速度

增长速度,是用以表明现象增长程度的相对指标,它等于增长量与基期水平之比。说明报告期水平比基期水平增长了若干倍或百分之几。其计算公式为:

$$增长速度 = \frac{报告期水平 - 基期水平}{基期水平}$$

$$= \frac{报告期水平}{基期水平} - 1$$

$$= 发展速度 - 1$$

如果发展速度大于1,则增长速度为正值,表示这种现象增长的程度;反之,如果发展速度小于1,则增长速度为负值,表示这种现象降低的程度。

根据对比基期的不同,增长速度也可分为定基增长速度和环比增长速度。前者表示现象在较长时期内总的增长程度,后者则表示现象逐期的增长程度。其计算公式为:

$$定基增长速度 = 定基发展速度 - 1$$

$$= \frac{累计增长量}{固定时期水平}$$

$$环比增长速度 = 环比发展速度 - 1$$

$$= \frac{逐期增长量}{前一时期水平}$$

例 6 - 3 - 1 根据表 6 - 1 - 1,并以 2000 年为固定基期,计算我国财政收入的发展速度和增长速度。其计算结果如表 6 - 3 - 1 所示。

表 6 – 3 – 1　我国 2000 ~ 2004 年财政收入统计表

年　份		2000	2001	2002	2003	2004
财政收入（亿元）		13 395.23	16 386.04	18 903.64	21 715.25	26 355.88
发展速度（%）	环比	—	122.33	115.36	114.87	121.37
	定基	—	122.33	141.12	162.11	196.76
财政收入（亿元）		13 395.23	16 386.04	18 903.64	21 715.25	26 355.88
增长速度（%）	环比	—	22.33	15.36	14.87	21.37
	定基	—	22.33	41.12	62.11	96.76

三、平均发展速度和平均增长速度

平均发展速度和平均增长速度统称为平均速度。平均速度是各个时期环比速度的平均数。平均发展速度表明现象在一个较长时间内平均发展变化的程度，平均增长速度则表明现象平均增长变化的程度。二者具有下列关系：

平均增长速度 = 平均发展速度 – 1

平均发展速度的计算方法有水平法和累计法两种。

1. 水平法，亦称几何平均法

可据以计算从最初水平 a_0 出发，经过 n 期发展，要达到最末水平 a_n，所需的平均发展速度 $\bar{x}$。其计算公式为：

$$\bar{x} = \sqrt[n]{\frac{a_n}{a_0}}$$

当已知各期环比发展速度 x_1，x_2，$\cdots$，x_n 时，上式也可变形为：

$$\bar{x} = \sqrt[n]{x_1 \cdot x_2 \cdot \cdots \cdot x_n} = \sqrt[n]{\prod_{i=1}^{n} x_i}$$

例 6 – 3 – 2　根据表 6 – 3 – 1 计算我国 2000 ~ 2004 年财政收入的年平均发展速度为：

$$\bar{x} = \sqrt[4]{\frac{26\ 355.88}{13\ 395.23}} = 118.44\%$$

或　　　$\bar{x} = \sqrt[4]{1.2233 \times 1.1536 \times 1.1487 \times 1.2137} = 118.44\%$

年平均增长速度为：

$$118.44\% - 100\% = 18.44\%$$

2. 累积法，亦称方程法

可据以计算从最初水平 a_0 出发，经过 n 期发展，要达到至报告期为止的各期累计发展水平 $\sum a_i$，各期所需的平均发展速度。

设 a_0 为最初水平，a_n 为最末水平，$\bar{x}$ 为平均发展速度

（1）用基期水平乘以各期定基发展速度，即：

$$a_0 \frac{a_1}{a_0} + a_0 \frac{a_2}{a_0} + a_0 \frac{a_3}{a_0} + \cdots + a_0 \frac{a_n}{a_0} = \sum a$$

（2）将环比发展速度 x 代入以上公式：

∵ 环比发展速度的连乘积 = 定基发展速度，∴ $a_0 x_1 + a_0 x_1 \cdot x_2 + a_0 x_1 x_2 x_3 + \cdots + a_0 x_1 x_2 \cdots x_n = \sum a$

（3）以各期平均发展速度代替各期环比发展速度，则有：

$$a_0 \bar{x} + a_0 \bar{x}\,\bar{x} + \cdots + a_0 \bar{x} \cdots \overline{x_n} = a_0 \bar{x} + a_0 \bar{x}^2 + \cdots + a_0 \bar{x}^n$$
$$= a_0 (\bar{x} + \bar{x}^2 + \cdots + \bar{x}^n)$$
$$= \sum_{i=1}^{n} a_i$$

即：

$$\bar{x} + \bar{x}^2 + \cdots + \bar{x}^n = \frac{\sum_{i=1}^{n} a_i}{a_0}$$

或　　　$$\sum_{i=1}^{n} \bar{x}^i = \frac{\sum_{i=1}^{n} a_i}{a_0}$$

这个高次方程的正根，就是所求的平均发展速度 $\bar{x}$。由于直接求解这一方程十分麻烦，故一般要借助《平均增长速度查对表》来计算。

按水平法和按累积法计算的平均增长速度通常是不一致的。两种方法的主要区别在于：水平法着重考虑最后一年所要达到的发展水平，因此，按水平法计算平均发展速度推算的最后一年的数值和实际值是一致的；而累积法则着重考虑整个时期累积发展总量，因此，按累积法计算平均发展速度推算的累积总量和实际累积总量是一致的。

第四节

时间数列的构成分析方法

事物的发展变化是由许多错综复杂的因素共同作用的结果。这些因素中，有的是系统因素，对事物的发展起着决定性作用；有的是偶然因素，对事物的发展起局部的、临时的、非决定性作用。系统因素的影响，使事物的发展呈现出一定的规律性；偶然因素的影响，使事物的发展呈现出随机性。

构成时间数列的要素，通常可分为四类，即长期趋势、循环波动、季节变动和不规则变动。把这些构成要素与时间数列的关系用一定的数学形式加以表现，就构成了时间数列的分解模型。时间数列的分解模型种类很多，其中最基本的有加法模型、乘法模型和混合模型。

设时间数列为 y，长期趋势为 T，循环波动为 C，季节变动为 S，不规则变动为 I。则其分解模型有：

加法模型：$y = T + C + S + I$

乘法模型：$y = T \cdot C \cdot S \cdot I$

混合模型：$y = T \cdot C + S \cdot I$

一、长期趋势变动的测定

所谓长期趋势，是指现象在一较长时间内持续发展变化的方向和状态。研究长期趋势，对于正确认识现象发展变化的数量规律有着十分重要的意义。测定长期趋势的方法很多，较常用的有移动平均法、半数平均法和最小平方法。

1. 移动平均法

移动平均法，是通过对原有时间数列进行修匀，来测定长期趋势的一种比较简单的方法。这种方法是对时间数列采用逐项移动的办法，并按一定时期计算一系列序时平均数，形成一个新的时间数列。在新的时间数列中，短期的偶然因素引起的变动被削弱，从而能够呈现出现象在较长时间的基本发展趋势。

例 6 - 4 - 1 根据某商场销售额资料计算移动平均数如表 6 - 4 - 1 所示。从表 6 - 4 - 1 可以看出：计算奇数项移动平均数时，是先将所要移动平均的各项数值相加，计算出移动总数，然后除以移动项数，就可求得一个移动平均数，并将其记在与奇数项中央数据对应的位置上。依次类推，边移动边平均，即可得出显示现象变动规律的新的时间数列。

例 6 - 4 - 1　对表 6 - 4 - 1 中 4 年 16 个季度的销售额进行 3 项移动平均。首先，计算 3 个季度的移动总数，即第一个移动总数为：100 + 95 + 90 = 285，并记在与 2 季度对应的位置上；第二个移动总数为：95 + 90 + 110 = 295，并记在与 3 季度对应的位置上。依次类推，可得表内第（2）栏 14 个移动总数。然后，计算 3 个季度的移动平均数，即第一个移动平均数为：285 ÷ 3 = 95；第二个移动平均数为：295 ÷ 3 = 98.33。依次类推，可得表内第（3）栏 14 个移动平均数。

表 6 - 4 - 1　　某商场 2002 ~ 2005 年销售额
移动平均趋势值计算表

年份	季度	销售额（万元）	三季移动平均数		四季移动平均数		
			移动总数（万元）	三季移动平均数（万元）	移动总数（万元）	第一次移动平均数（万元）	第二次移动平均数（万元）
（甲）	（乙）	(1)	(2)	(3)	(4)	(5)	(6)
2002	1	100	—	—			
	2	95		95	395	98.75	—
	3	90	285	98.33	415	103.75	101.25
	4	110	295	106.67	435	108.75	106.25
2003	1	120	320	115.00	450	112.50	110.63
	2	115	345	113.33	470	117.50	115.00
	3	105	340	116.67	475	118.75	118.13
	4	130	350	120.00	480	120.00	119.38
2004	1	125	360	125.00	485	121.25	120.63
	2	120	375	118.33	505	126.25	123.75
	3	110	355	126.67	560	140.00	133.13
	4	150	380	146.67	640	160.00	150.00
2005	1	180	440	176.67	700	175.00	167.50
	2	200	530	183.33	760	190.00	182.50
	3	170	550	193.33			—
	4	210	580				—

　　计算偶数项移动平均数的方法基本同上。但由于按偶数项所求移动平均数先是记在偶数项中间两个数据的正中央位置上，而不能与数据对应，所以还需进行第二次移动平均。方法是将相邻的两个移动平均数相加除以 2，以移正位置。依次类推，即可得出显示现象变动规律的新的时间数列。

　　例 6 - 4 - 2　对表 6 - 4 - 1 中 4 年 16 个季度的销售额进行 4 项移动平均。首先，计算 4 个季度的移动总数，即第一个移动总数为：$100 + 95 + 90 + 110 = 395$，并记在 2 与 3 季度中间位置上；第二个移动总数为 $95 + 90 + 110 + 120 = 415$，并记在 3 与 4 季度中间位置上。

依次类推，可得表内第（4）栏 13 个移动总数。然后，进行第一次移动平均，即第一个移动平均数为：395÷4＝98.75；第二个移动平均数为 415÷4＝103.75（位置同移动总数），依次类推得表内第（5）栏 13 个移动平均数；最后，进行第二次移动平均，即第一个移动平均数为（98.75＋103.75）÷2＝101.25，并记在与第 3 季度对应的位置上；第二个移动平均数为（103.75＋108.75）÷2＝106.25，并记在与第 4 季度对应的位置上。依次类推，可得表内第（6）栏 12 个移动平均数。

移动平均法一般用于对现有的时间数列进行分析。通过扩大时距，以显示现象变动的规律。

用移动平均法测定长期趋势时，移动平均期越长，修匀后的时间数列的变动趋势越明显，但包括的项数也越少。如上例 16 个季度按 3 项移动平均，最后得 14 个平均数；按 4 项移动平均，最后得 12 个平均数。因此，当数据不足够多时，不宜采用移动平均法修匀时间数列。同时，移动平均法也不能用于对未来的发展进行预测。

此外，采用移动平均法测定事物发展的长期趋势，其移动平均的时间项数要视现象本身的特性而定。若现象的变化有周期性，就应以其周期长度为移动平均的时间项数。

2. 半数平均法

半数平均法，是将时间数列分成相等的两部分，如果时间数列的项数为奇数时，则在编号前可舍去 1 项，也可将中间一项删去。并分别求其平均数，如此，在直角坐标系中便可确定两个点，连接两点成一直线，即为趋势直线。它是测定现象长期趋势的一种简便方法。

半数平均法的数学依据是：时间数列的实际值 y 与对应的趋势值 y_c 离差之和等于 0，即 $\sum (y - y_c) = 0$。将直线方程 $y_c = a + bt$（式中 a、b 为参数，t 为时间变量值）代入上式，得：

$$\sum [y - (a + bt)] = 0$$

即：$\sum y - na - b \sum t = 0$

等式两边同除以 n 得：

$$\frac{\sum y}{n} - a - b \frac{\sum t}{n} = 0$$

即：$\bar{y} - a - b\bar{t} = 0$

将相等的两部分数列的平均数分别代入上式可得二元一次方程组：

$$\begin{cases} \dfrac{\sum y_1}{n} - a - b \dfrac{\sum t_1}{n} = 0 \\[3mm] \dfrac{\sum y_2}{n} - a - b \dfrac{\sum t_2}{n} = 0 \end{cases}$$

求解参数 a、b 为：

$$b = \frac{\bar{y_2} - \bar{y_1}}{\bar{t_2} - \bar{t_1}} \qquad a = \bar{y_1} - b\bar{t_1}$$

例 6 - 4 - 3 根据某企业 1998～2005 年某产品产量资料，用半数平均法求解趋势方程如表 6 - 4 - 2 所示。

根据表 6 - 4 - 2 资料计算得：

$$\bar{y_1} = 43.25, \quad \bar{t_1} = 2.5$$

$$\bar{y_2} = 50.75, \quad \bar{t_2} = 6.5$$

因此，$b = \dfrac{50.75 - 43.25}{6.5 - 2.5} = 1.875$

$$a = 43.25 - 1.875 \times 2.5 = 38.56$$

所以，直线趋势方程为：

$$y_c = 38.56 + 1.875t$$

表 6 - 4 - 2　　　　　　半数平均法计算表　　　　单位：万件

组　　别	年　　份	时间代码 t_1	产　量 y_1	$y_c = a + bt$
第一组	1998	1	40	40.435
	1999	2	42	42.310
	2000	3	45	44.185
	2001	4	46	46.060
	小　计	10	173	—
第二组	2002	5	48	47.935
	2003	6	50	49.810
	2004	7	52	51.685
	2005	8	53	53.560
	小　计	26	203	—
合　计		—	376	375.98

3. 最小平方法

最小平方法，亦称最小二乘法，它是测定现象长期趋势最基本、最常用的方法。最小平方法的数学依据是：原数列值与趋势值的离差平方和为最小，即 $\sum (y - y_c)^2 =$ 最小值；原数列值与趋势值的离差之和为 0，即 $\sum (y - y_c) = 0$。

利用最小平方法无论是配合趋势直线，还是配合趋势曲线，应当根据现象变化发展的特点来决定。在实践中，一般是通过在直角坐标系中绘制散点图来进行观察和判断。如果是配合趋势直线，根据最小平方法的要求 $[\sum (y - y_c)^2 =$ 最小值，$\sum (y - y_c) = 0]$ 和直线的标准方程 $(y_c = a + bt)$，则有：

$$\sum (y - y_c)^2 = \sum (y - a - bt)^2 = 最小值$$

按照数学分析中求极值的方法，

令：　　　　$\theta = \sum (y - a - bt)^2$

则：　　　　$\dfrac{\partial \theta}{\partial a} = -2 \sum (y - a - bt) = 0$

　　　　　　$\dfrac{\partial \theta}{\partial b} = -2 \sum (y - a - bt)t = 0$

整理得:

$$\begin{cases} \sum y = na + b\sum t \\ \sum yt = a\sum t + b\sum t^2 \end{cases}$$

解得: $b = \dfrac{n\sum yt - \sum t \cdot \sum y}{n\sum t^2 - (\sum t)^2}$

$$a = \bar{y} - b\bar{t}$$

将所得结果代入标准直线方程, 即可确定所求的趋势直线方程。

例 6 - 4 - 4　根据某企业某种产品近年生产情况, 用最小平方法求解直线趋势方程如表 6 - 4 - 3 所示。

表 6 - 4 - 3　　　最小平方法计算表

年份	t	产量 (万台) y	t^2	ty	$y_c = a + bt$ (万台)
(甲)	(1)	(2)	(3)	(4)	(5)
2000	1	1	1	1	0.67
2001	2	2	4	4	2.27
2002	3	4	9	12	3.87
2003	4	5	16	20	5.47
2004	5	7	25	35	7.07
2005	6	9	36	54	8.67
合计	21	28	91	126	28.02

将表 6 - 4 - 3 的资料代入前边 a、b 的最小平方法求解, 可得:

$$b = \frac{6 \times 126 - 21 \times 28}{6 \times 91 - 21^2} = 1.6$$

$$a = \frac{28}{6} - 1.6 \times \frac{21}{6} = -0.93$$

将 a、b 两个参数值代入直线趋势方程 $y_c = a + bt$, 则有:

$$y_c = -0.93 + 1.6t$$

将表内 6 项 t 值分别代入上式，即可求得与各年实际产量相对应的理论值即趋势值 y_c。例如，2000 年的理论值 $y_c = -0.93 + 1.6 \times 1 = 0.67$；2001 年的理论值 $y_c = -0.93 + 1.6 \times 2 = 2.27$。依次类推，可求得表内第 (5) 栏的其他理论值。

如果要预测该厂 2006 年的产量，可将 $t = 7$ 代入上式，则 2006 年该厂该种产品产量的点预测值为：

$$y_c = -0.93 + 1.6 \times 7 = 10.27(万台)$$

二、季节变动的测定

季节变动，是指现象随着季节变换而引起的比较有规则的变动。正确认识和掌握季节变动规律，对于组织生产、安排生活以及正确认识现象整体发展变化的规律，都具有十分重要的意义。测定季节变动的方法很多，常用的有简单平均法和移动平均趋势剔除法等。

1. 简单平均法

简单平均法亦称按月（季）平均法。它是首先根据历年同月（或同季）资料，求出该月（季）的平均数，然后将各月（季）的平均数与总平均数相比求得季节指数的方法。其公式为：

$$季节指数 = \frac{同月（季）平均数}{总平均数}$$

例 6 - 4 - 5　根据某商场某商品历年分季销售资料计算季节指数如表 6 - 4 - 4 所示。

表 6 - 4 - 4　　　　　季节指数计算表

年　份	商品销售量（万件）				全　年
	一季度	二季度	三季度	四季度	
2001	2	4	10	1	17
2002	3	4	12	2	21

年　份	商品销售量（万件）				全　年
	一季度	二季度	三季度	四季度	
2003	3	5	13	4	25
2004	5	6	13	2	26
2005	6	7	15	3	31
5 年同季合计	19	26	63	12	120
5 年同季平均数	3.8	5.2	12.6	2.4	6
季节指数（%）	63.3	86.7	210.0	40.0	400

从表 6 - 4 - 4 可以看出，2001～2005 年 5 年共 20 个季度总销售量为 120 万件，总平均销售量为 120 ÷ 20 = 6（万件）；5 年一季度销售量合计为 19 万件，平均数为 19 ÷ 5 = 3.8（万件）。因此，一季度的季节指数 $= \dfrac{\text{一季度平均数}}{\text{总平均数}} = \dfrac{3.8}{6} = 63.3\%$。用同样方法即可求出二、三、四季度的季节指数分别为 86.7%、210% 和 40%。

从季节指数可以看出，该商场该商品的销售旺季为第三季度，淡季为第四季度，因为前者销售量远远高于总平均数，而后者却大大低于总平均数。

简单平均法计算简单，但没有考虑长期趋势的影响，因此，在时间数列存在明显长期趋势的情况下，其计算结果不够精确。

2. 移动平均趋势剔除法

移动平均趋势剔除法，是用移动平均法求得时间数列的长期趋势并加以剔除，再测定季节变动的方法。其计算步骤是：

（1）根据时间数列实际值 y 计算移动平均数 T；

（2）将实际值 y 除以相对应的移动平均数 T，得到剔除长期趋势后的数值 y/T。

（3）根据剔除长期趋势后的数值 y/T，用平均法求得季节指数。

例 6 - 4 - 6 以表 6 - 4 - 1 中某商场销售额为例，说明趋势剔除法的计算过程。

在表 6 - 4 - 1 中，已求得销售额的四季（4 项）移动平均数 T，据此可计算季节指数如表 6 - 4 - 5 和表 6 - 4 - 6 所示。

表 6 - 4 - 5 季节指数计算表

年份	季度	销售额（万元）y	四季移动平均数（万元）T	$\frac{y}{T}$（%）	年份	季度	销售额（万元）y	四季移动平均数（万元）T	$\frac{y}{T}$（%）
2002	3	90	101.25	88.89	2004	1	125	120.63	103.62
	4	110	106.25	103.53		2	120	123.75	96.97
2003	1	120	110.63	108.47		3	110	133.13	82.63
	2	115	115.00	100.00		4	150	150.00	100.00
	3	105	118.13	88.89	2005	1	180	167.50	107.46
	4	130	119.38	108.89		2	200	182.50	109.59

表 6 - 4 - 6 季节指数计算表

年 份	季 度				全 年
	一	二	三	四	
2002	—	—	88.89	103.53	—
2003	108.47	100.00	88.89	108.89	—
2004	103.62	96.97	82.63	100.00	—
2005	107.46	109.59	—	—	—
4 年同季合计（%）	319.55	306.56	260.41	312.42	1 198.94
4 年同季平均（%）	106.52	102.19	86.80	104.14	99.91
季节指数（%）	106.61	102.28	86.88	104.23	400

表 6 - 4 - 5 中，y 与 T 两项数值均由表 6 - 4 - 1 过录而来，$\frac{y}{T}$（%）为剔除长期趋势以后的销售额比率。

将其过录到表 6 - 4 - 6 中后，即可按简单平均法求季节指数。

从表 6 - 4 - 6 的季节指数可以看出，一季度是该商场的销售旺季，三季度则为淡季。因为前者高于总平均数（99.91%），后者低于总平均数。

三、循环波动的测定

循环波动是一种周期较长的近乎规律性的从低至高，再从高至低，周而复始的变动，和季节变动相似。它和季节变动的主要区别在于其变动周期在一年以上，且其周期长短不一。测定循环波动的主要目的在于探索现象循环波动的规律，以及一现象和其他现象循环波动的联系，以分析和预测社会经济现象的发展趋向，为决策与管理提供有效的依据。测定循环波动的方法主要有直接法和剩余法等两种。

1. 直接法

直接法是用每年各月数值与上一年同月数值相比，求得循环波动和不规则变动相对数，来反映现象循环波动的一种方法。其计算公式为：

$$CI_{t, i} = \frac{Y_{t, i}}{Y_{t-1, i}} \quad (i = 1, 2, \cdots, 12)$$

式中：$CI_{t, i}$ 为第 t 年第 i 月的循环波动和不规则变动相对数；$Y_{t, i}$ 和 $Y_{t-1, i}$ 分别为时间数列中第 t 年和第 $t-1$ 年第 i 月的变量值。

当时间数列为季度资料时，上式中的 i（$i = 1, 2, 3, 4$）就代表季度。

例 6 - 4 - 7 根据表 6 - 4 - 1 中资料，采用直接法可得循环波动和不规则变动相对数。如表 6 - 4 - 7 所示。

表 6 − 4 − 7　　　循环波动和不规则变动相对数计算表

年·季度	商品销售额 （亿元）	循环波动和不规则变动 （％）
2002.1	100	—
2	95	—
3	90	—
4	110	—
2003.1	120	120.00
2	115	121.05
3	105	116.67
4	130	118.18
2004.1	125	104.17
2	120	104.35
3	110	104.76
4	150	115.38
2005.1	180	144.00
2	200	166.67
3	170	154.55
4	210	140.00

直接法计算简单，但精确性差，受原资料中的长期趋势和不规则变动影响大。如上例中，随着时间的推移，该商场商品销售额逐年逐季在增加。而要单纯反映循环波动的状况，就必须剔除其中的长期趋势的影响。

2. 剩余法

剩余法又称残余法。它是从时间数列中逐渐地或一次性地消去长期趋势 T 和季节变动 S，剩余循环波动与不规则变动，在此基础上，进一步消去不规则变动，从而得到循环波动值的一种统计分析方法。

采用剩余法测定循环波动的基本思路是：由 $y = T \cdot C \cdot S \cdot I$，可得 $C \cdot I = y/T \cdot S$；将其移动平均可再得：$C = MA(C \cdot I)$。其中，MA 是移动平均的简写，即对循环波动与不规则变动相对数（$C \cdot I$）进行移动平均，消除不规则变动 I，最终求得循环变动相对数（C）。

例 6 - 4 - 8 根据表 6 - 4 - 8，采用剩余法计算该商场商品销售额循环变动相对数。

解：（1）计算商品销售额的长期趋势值。结果如表 6 - 4 - 8 所示。

表 6 - 4 - 8   **长期趋势计算表**

年·季度	时间标号 t	商品销售额（万元）y	t^2	ty	商品销售额趋势值（万元）$y_c = T$
（甲）	（1）	（2）	（3）	（4）	（5）
2002. 1	1	100	1	100	81. 38
2	2	95	4	190	88. 28
3	3	90	9	270	95. 18
4	4	110	16	440	102. 08
2003. 1	5	120	25	600	108. 98
2	6	115	36	690	115. 88
3	7	105	49	735	122. 78
4	8	130	64	1 040	129. 68
2004. 1	9	125	81	1 125	136. 58
2	10	120	100	1 200	143. 48
3	11	110	121	1 210	150. 38
4	12	150	144	1 800	157. 28
2005. 1	13	180	169	2 340	164. 18
2	14	200	196	2 800	171. 08
3	15	170	225	2 550	177. 98
4	16	210	256	3 360	184. 88
合 计	136	2 130	1 496	20 450	2 130. 08

由表 6 - 4 - 8 和 a、b 的最小平方法求解公式可得：

$$b = \frac{n \sum ty - \sum t \sum y}{n \sum t^2 - \left(\sum t \right)^2} = \frac{16 \times 20\ 450 - 136 \times 2\ 130}{16 \times 1\ 496 - 136^2}$$

$$= \frac{327\ 200 - 289\ 680}{23\ 936 - 18\ 496} = \frac{37\ 520}{5\ 440} = 6.\ 90$$

$$a = \bar{y} - b\,\bar{t} = \frac{2\,130}{16} - 6.90 \times \frac{136}{16}$$

$$= 133.13 - 58.65 = 74.48$$

从而有：$Y_c = 74.48 + 6.9t$

依据趋势线方程，依次可计算逐年逐季长期趋势值，并列入表 6 - 4 - 8 第（5）栏。

（2）根据表 6 - 4 - 6 和表 6 - 4 - 8，消去长期趋势和季节变动的影响，求得循环波动相对数。如表 6 - 4 - 9 所示。

由表 6 - 4 - 9 可见，该商场商品销售额的循环波动是比较显著的。从 2002 年第二季度开始循环下降，到 2004 年第二季度跌至谷底，以后逐渐循环上升，到 2005 年第三季度循环波动比率达到 111.07%，超过了上一个周期的峰尖。这一个循环周期历时三年多。

表 6 - 4 - 9　　　　循环波动相对数计算表

年·季度	时间序号 t	商品销售额（万元）y	长期趋势（万元）$T = Y_c$	季节变动（%）S	循环波动和不规则变动（%）$C \cdot I$	循环变动（%）C
（甲）	（1）	（2）	（3）	（4）	（5）	（6）
2002.1	1	100	81.38	106.61	115.26	—
2	2	95	88.28	102.28	105.21	109.77
3	3	90	95.18	86.88	108.84	105.81
4	4	110	102.08	104.23	103.39	105.17
2003.1	5	120	108.98	106.61	103.28	101.23
2	6	115	115.88	102.28	97.03	99.58
3	7	105	122.78	86.88	98.43	97.21
4	8	130	129.68	104.23	96.18	93.49
2004.1	9	125	136.58	106.61	85.85	87.93
2	10	120	143.48	102.28	81.77	83.94
3	11	110	150.38	86.88	84.19	85.82
4	12	150	157.28	104.23	91.50	92.84

续表

年·季度	时间序号 t	商品销售额（万元）y	长期趋势（万元）$T = Y_c$	季节变动（%）S	循环波动和不规则变动（%）$C \cdot I$	循环变动（%）C
（甲）	(1)	(2)	(3)	(4)	(5)	(6)
2005. 1	13	180	164. 18	106. 61	102. 84	102. 88
2	14	200	171. 08	102. 28	114. 30	109. 03
3	15	170	177. 98	86. 88	109. 94	111. 07
4	16	210	184. 88	104. 23	108. 98	—

四、不规则变动的测定

不规则变动，是指社会经济现象由于受到临时的、偶然因素或不明原因的影响而引起的非周期、非循环性的随机变动。由于不规则变动通常是无法预知的，因此，只能根据循环波动和不规则变动相对数大致予以说明。

对比表 6 - 4 - 9 的第（5）栏和第（6）栏可以看出：不规则变动的影响在 1 的上下波动。当其大于 1，对数列的影响为正，使商品销售额增加；当其小于 1，对数列的影响为负，使商品销售额减少；离 1 越远，影响越大；当其等于 1，即无不规则变动。

思考与练习

一、思考题

1. 时间数列的编制原则是什么？

2. 序时平均数和一般平均数有何异同？

3. 时期数列与时点数列有哪些区别？

4. 计算平均发展速度的几何平均法和方程式法有何不同？

5. 长期趋势的测定方法主要有哪些？其基本思想和操作原

理是什么?

6. 季节变动的测定方法主要有哪两种? 分别说明其步骤。

二、练习题

1. 某商场某年 1~4 月商品销售额和售货员人数资料如下:

月　　份	1	2	3	4
商品销售额（万元）	90	124	143	192
月初售货总人数（人）	58	60	64	66

要求: 计算该商场第一季度各月平均的劳动生产率。

2. 某企业流动资金余额分月资料如下:

月　　份 项　目	6	7	8	9	10	11	12
月末流动资金余额（万元）	20			30		32	34
月平均流动资金余额（万元）	—	23	25			30	

要求:（1）计算并填出表中空缺数字;

（2）分别计算第三季度、第四季度以及下半年该企业流动资金的平均余额。

3. 某省国内生产总值历年变化情况是: 1985~1991 年每年递增 5%, 1991~1995 年每年递增 7%, 1995~2000 年每年递增 8%, 2000~2005 年每年递增 9%。计算该省 1985~2005 年国内生产总值的年平均增长速度。

4. 某地区对外贸易总额, 1999 年是 1995 年的 135.98%, 2000 年较 1999 年增长 30.12%, 2001~2005 年每年递增 6%, 到 2005 年对外贸易总额已达 250 亿元。要求: 计算 1996~2005 年该地区对外贸易总额的年平均增长速度; 若按此速度发展, 预测到 2008 年，该地区对外贸易总额将会达到什么规模。

5. 某企业某产品历年产量资料如下：

年　份	2000	2001	2002	2003	2004	2005
产量（万吨）	60	64	67	68	72	78

要求：（1）采用最小平方法求解该企业产品产量的直线趋势方程；

（2）预测 2006 年该企业的产品产量。

6. 某商场某种商品历年分季的销售量（万件）资料如下：

季　度 ＼ 年　份	2001	2002	2003	2004	2005
一	2	3	3	5	6
二	4	4	5	6	7
三	10	12	13	13	15
四	1	2	4	2	3

要求：（1）用简单平均法计算季节指数；

（2）对该商场该种商品销售量的季节变化规律作简要分析。

第七章

统计指数分析法

第一节

统 计 指 数 概 述

一、统计指数的概念

统计指数可简称为指数，其概念有广义和狭义之分。

广义指数是用来测定一个变量值对于一个特定变量值大小的相对数。例如，我国国内生产总值 2003 年为 116 694 亿元，2002 年为 102 398 亿元，将两数相除可求得 2003 年的国内生产总值为 2002 年的 113.96%（消除价格影响后为 109.1%），这个相对数就可以称为广义指数。

狭义指数专指总指数。总指数是一种特殊的相对数，它是用来反映不能直接相加的、多要素所组成的社会经济现象综合变动的相对数。例如，我国 2003 年居民消费价格总指数为 101.2%，它表示 2003 年与 2002 年相比，居民消费价格总的上涨了 1.2%，这一相对数是利用统计指数的特殊计算方法而求得的。虽然由于成千上万种商品或各种服务的使用价值和计量单位各不相同，不能将它们的单价简单相加而求其总变动，但利用总指数的特殊计算方法就可以解决这个问题。

在统计工作中，广义指数和狭义指数都被广泛地应用着。本章主要研究狭义指数的编制理论和方法。

统计指数源于18世纪欧洲对商品价格变动的研究。最早的总指数形式是个体价格指数的平均数，包括简单算术平均指数和简单几何平均指数等。后来，为了更确切地反映不同权重对总指数的影响，进而产生了加权平均指数。其中，最著名的是德国统计学家拉斯贝尔（E. Laspeyers）和派许（H. Paasche）的两个不同的计算总指数的公式。至今，这种加权平均指数仍然是计算总指数的重要方法。

二、统计指数的分类

1. 按研究对象的范围分类

按研究对象的范围不同，统计指数可分为个体指数和总指数。个体指数又称单项指数，它是反映单一现象变动情况的相对数。例如，某商品的零售单价基期为9.5元，报告期为11.2元，则该商品的零售单价报告期为基期的117.89%，这就是一个个体价格指数。总指数是反映多种现象综合（平均）变动情况的相对数。例如，2004年第三季度我国居民消费价格为2003年同期的105.4%，这就是一个价格总指数。它说明我国居民消费价格2004年第三季度与2003年同期对比，总平均上涨了5.4%。

2. 按指数化指标的性质分类

按指数化指标的性质不同，统计指数可分为数量指标指数和质量指标指数。数量指标指数是根据数量指标即反映总体规模和总量的指标计算的指数，它是反映现象数量方面综合变动情况的相对数。例如，产品产量指数、商品销售量指数和工人人数指数等，都是数量指标指数。质量指标指数是根据质量指标即反映现象相对水平和工作质量的指标计算的指数，它是反映现象质量方面综合变动情况的相对数。例如，商品价格指数、产品成本指数和工人劳动生产率指数等，都是质量指标指数。

　　一般情况下，一个价值量指标至少有两个构成要素，其中，一个是质量指标，另一个一定是数量指标。例如，商品价格×商品销售量＝商品销售额，其中，销售额就是一个价值量指标，而价格和销售量分别是质量指标和数量指标。本例中，无论是计算价格指数还是销售量指数，都要在金额的变动中求解。如果所求的是质量指标指数，价格就是指数化因素；如果所求的是数量指标指数，销售量就是指数化因素。

　　3. 按对比的基期分类

　　按对比的基期不同，统计指数可分为定基指数和环比指数。定基指数，是指在指数数列中，都以某一固定时期的数值为基期所计算的指数。它说明现象在较长时期内的变动情况。环比指数，是指在指数数列中，都以相临前期的数值为基期所计算的指数。它说明现象在每两个时期之间的变动情况。

　　4. 按时间状态分类

　　按时间状态的不同，统计指数可分为动态指数和静态指数。统计指数本来的含义指的都是动态指数，它是指同一现象在不同时间上的数量对比而形成的指数。例如，我国每年公布的居民消费价格总指数就是动态指数。静态指数是由于实际应用的需要而产生的指数。例如，我国城际或省际居民消费价格的比价指数就是静态指数。

　　5. 按计算形式分类

　　按计算形式的不同，统计指数可分为简单指数和加权指数。简单指数是指不加权的指数，它是用简单平均的方法计算的指数，条件是假定各因素对总指数的影响均等。加权指数是根据各因素对总指数的影响程度不同，赋予各因素不同的权重而计算的指数。在实际工作中主要应用的是加权指数。加权指数还可分为综合指数和加权平均指数。

三、指数的作用

1. 综合反映现象数量变动的趋势和程度

无论是广义指数还是狭义指数都是相对数，并用百分数的形式加以表示。它们能够反映报告期与基期相比，社会经济现象的数量是增还是减，以及增减的百分数。例如，我国的居民消费价格总指数 1999 年为 98.6%，2003 年为 101.2%，前者说明与 1998 年相比，1999 年居民消费价格的变动趋势是下跌的，下跌的程度为 1.4%；后者说明与 2002 年相比，2003 年居民消费价格的变动趋势是上涨的，上涨的程度为 1.2%。

2. 综合反映现象数量变动的实际经济效果

统计指数在用相对数反映现象数量变动的趋势和程度的同时，还能够反映现象数量变动的实际经济效果。例如，在综合指数中，由于子项和母项是两个总量指标，二者相减，就能够反映现象数量的绝对变动。统计指数的相对变动与其绝对经济效果应当是一致的。

3. 反映各因素数量变动对复杂现象数量总变动的影响

社会经济现象的数量变动往往要受多种因素变动的影响。例如，商品销售额的变动要受价格和销售量两个因素变动的影响，工人平均工资的变动要受工资水平和工人结构两个因素变动的影响。前者利用综合指数体系进行因素分析，后者利用平均数指数体系进行因素分析，便可从相对数和绝对数两个方面了解各构成因素的变动对总指数变动的影响。

第二节

综合指数

一、综合指数的概念

综合指数是总指数的基本形式，它是将不能直接相加的复杂现象，变为两个能够相加的总量指标，然后进行对比而求得的相对数。它的计算特点是：如果一个总量指标能够分解为两个或两个以上因素时，只观察其中一个因素的变动，而将其他因素固定起来，从而求得这一个因素的总指数。

二、综合指数的编制

（一）数量指标综合指数

数量指标综合指数，可简称为数量指标指数。现以商品销售量指数为例，说明数量指标指数的编制方法。

例 7－2－1　某商店商品销售价格和销售量资料如表 7－2－1 中（1）～（4）栏所示：

表 7－2－1　　某商店商品销售价格和销售量统计表

商品名称	计量单位	价格（元）		销售量		个体指数（％）	
		基期 P_0	报告期 P_1	基期 q_0	报告期 q_1	价格 $k_P = P_1/P_0$	销售量 $k_q = q_1/q_0$
（甲）	（乙）	（1）	（2）	（3）	（4）	（5）	（6）
甲	件	20	21	300	400	105	133.33
乙	个	10	10	400	500	100	125
丙	米	4	5	200	240	125	120

根据表内（3）、（4）两栏数字，可计算出第（6）栏的销售量个体指数。数量指标个体指数的计算公式是：$k_q = q_1/q_0$。

从表内第（6）栏可以看出，报告期与基期相比，甲商品的销售量增加了 33.33%，乙商品增加了 25%，丙商品增加了 20%。如果要反映甲、乙、丙三种商品销售量的综合变动情况，就需要计算数量指标综合指数。其计算步骤如下：

1. 确定同度量因素，将不能同度量的数量指标（销售量）过渡到可以同度量。

同度量因素，又称为权数。它是指能够将不能直接相加对比的数量过渡到可以相加对比的那个因素。在总指数的计算中，同度量因素既起着同度量的作用，又起着权数的作用。

本例中，由于三种商品的计量单位各不相同，其销售量不能直接相加求得商品销售总量并计算商品销售量总指数。因此，需将三种商品的销售量分别乘以各自的销售价格，求得报告期和基期的商品销售金额以后，才能够相加对比。其中，商品销售价格就是同度量因素。

用公式表示为：

$$\bar{k}_q = \frac{\sum pq_1}{\sum pq_0}$$

式中，p 表示价格，q 表示销售量，pq 表示销售金额，$\bar{k}$ 表示总指数，下标 0 表示基期，下标 1 表示报告期，$\sum$ 为求和符号。

2. 将同度量因素（价格）固定在同一时期以求得数量指标（销售量）综合指数。

在上述销售总额的变动中，为了说明多种商品销售量的综合变动，必须将报告期和基期销售总额中的同度量因素——价格固定在同一时期，即将价格固定在基期、报告期或某一特定时期，从而可以得到以下三个数量指标综合指数公式：

（1）用基期价格 p_0 做同度量因素：

$$\overline{k}_q = \frac{\sum p_0 q_1}{\sum p_0 q_0}$$

这一数量指标综合指数公式是 1864 年德国统计学家拉斯贝尔首创，故称拉氏数量指标综合指数公式。

（2）用报告期价格 p_1 做同度量因素：

$$\overline{k}_q = \frac{\sum p_1 q_1}{\sum p_1 q_0}$$

这一数量指标综合指数公式是 1874 年德国统计学家派许首创，故称派氏数量指标综合指数公式。

（3）用某一特定时期价格 p_n 做同度量因素：

$$\overline{k}_q = \frac{\sum p_n q_1}{\sum p_n q_0}$$

这一数量指标综合指数公式是根据实际需要而确定同度量因素的时期。

由表 7-2-1 的资料，可进一步计算各期的销售金额并记入表 7-2-2 中。

表 7-2-2　某商店商品销售价格和销售量综合指数计算表

商品名称	计量单位	价格（元）		销售量		销售额（元）			
		P_0	P_1	q_0	q_1	$p_0 q_0$	$p_1 q_1$	$p_0 q_1$	$p_1 q_0$
（甲）	（乙）	(1)	(2)	(3)	(4)	(5)	(6)	(7)	(8)
甲	件	20	21	300	400	6 000	8 400	8 000	6 300
乙	个	10	10	400	500	4 000	5 000	5 000	4 000
丙	米	4	5	200	240	800	1 200	960	1 000
合计	—	—	—	—	—	10 800	14 600	13 960	11 300

将表内资料代入拉氏综合指数公式：

$$\overline{k}_q = \frac{\sum p_0 q_1}{\sum p_0 q_0} = \frac{13\ 960}{10\ 800} = 129.26\%$$

计算结果表明，三种商品的销售量总指数为 129.26%，即报告期比基期销售量总平均增加了 29.26%。

其分子与分母相减的绝对额为：

$$\sum p_0 q_1 - \sum p_0 q_0 = 13\ 960 - 10\ 800 = 3\ 160(元)$$

计算结果表明，由于三种商品的销售量增加了 29.26%，使得销售额增加了 3 160（元）。

将表内资料代入派氏综合指数公式：

$$\overline{k}_q = \frac{\sum p_1 q_1}{\sum p_1 q_0} = \frac{14\ 600}{11\ 300} = 129.2\%$$

计算结果表明，三种商品的销售量总指数为 129.2%，即报告期比基期销售量总平均增加了 29.2%。

其分子与分母相减的绝对额为：

$$\sum p_1 q_1 - \sum p_1 q_0 = 14\ 600 - 11\ 300 = 3\ 300\ （元）$$

计算结果表明，三种商品的销售量增加了 29.2%，使得销售额增加了 3 300（元）。

从上述计算可以看出，采用不同时期的价格做同度量因素，所计算的销售量综合指数有所不同。其中，拉氏公式是以不变的基期价格 p_0 做同度量因素，所计算的销售量综合指数中不包含价格变动的影响，因此，它能够比较真实地反映销售量的实际变动。派氏公式是以不变的报告期价格 p_1 做同度量因素，所计算的销售量综合指数在表明销售量实际变动的同时，还包括了价格变动的影响，因此，它不能单纯地反映销售量的实际变动。所以，编制数量指标综合指数，一般是将同度量因素固定在基期，即按拉氏公式计算。

（二）质量指标指数

质量指标综合指数，可简称为质量指标指数。现以商品价格指数为例，说明质量指标指数的编制方法。

从表 7 − 1 的第（5）栏可以看出，报告期与基期相比，甲商品价格上涨了 5%，乙商品价格保持不变，丙商品价格上涨了 20%。如果要反映三种商品价格的综合变动情况，就需要计算质量指标综合指数。其计算步骤如下：

1. 确定同度量因素，将不能同度量的质量指标（价格）过渡到可以同度量

本例中，由于三种商品的计量单位各不相同，其价格不能直接相加求得平均价格并计算商品销售价格总指数。因此，需将三种商品的销售价格分别乘以各自的销售量，求得报告期和基期的商品销售额以后，才能够相比。其中，商品销售量就是同度量因素。用公式表示为：

$$\bar{k}_p = \frac{\sum p_1 q_1}{\sum p_0 q_1}$$

2. 将同度量因素（销售量）固定在同一时期以求得质量指标综合指数

在上述销售总额的变动中，为了反映多种商品销售价格的综合变动，必须将报告期和基期销售总额中的同度量因素——销售量固定在同一时期，即将销售量固定在基期、报告期或某一特定时期，从而可以得到以下三个质量指标综合指数公式：

（1）用基期销售量 q_0 做同度量因素：

$$\bar{k}_p = \frac{\sum p_1 q_0}{\sum p_0 q_0}$$

这一质量指标综合指数公式称为拉氏质量指标综合指数公式。

（2）用报告期销售量 q_1 做同度量因素：

$$\bar{k}_p = \frac{\sum p_1 q_1}{\sum p_0 q_1}$$

这一质量指标综合指数公式称为派氏质量指标综合指数公式。

（3）用某一特定时期销售量 q_n 做同度量因素：

$$\bar{k}_p = \frac{\sum p_1 q_n}{\sum p_0 q_n}$$

这一质量指标综合指数公式是根据实际需要而确定同度量因素的时期。

将表 7－2－2 的资料代入拉氏综合指数公式：

$$\bar{k}_p = \frac{\sum p_1 q_0}{\sum p_0 q_0} = \frac{11\ 300}{10\ 800} = 104.63\%$$

计算结果表明，三种商品的价格总指数为 104.63%，即报告期比基期销售价格总平均上涨了 4.63%。

其分子与分母相减的绝对额为：

$$\sum p_1 q_0 - \sum p_0 q_0 = 11\ 300 - 10\ 800 = 500\ （元）$$

计算结果表明，由于三种商品的价格上涨了 4.63%，使得销售额增加了 500（元）。

将表内资料代入派氏综合指数公式：

$$\bar{k}_p = \frac{\sum p_1 q_1}{\sum p_0 q_1} = \frac{14\ 600}{13\ 960} = 104.58\%$$

计算结果表明，三种商品的销售价格总指数为 104.58%，即报告期比基期销售价格总平均上涨了 4.58%。

其分子与分母相减的绝对额为：

$$\sum p_1 q_1 - \sum p_0 q_1 = 14\ 600 - 13\ 960 = 640\ （元）$$

计算结果表明，由于三种商品的价格上涨了

4.58%，使得销售额增加了 640（元）。

从上述计算可以看出，采用不同时期的销售量做同度量因素，所计算的销售价格综合指数有所不同。其中，拉氏公式是以不变的基期销售量 q_0 做同度量因素，其计算结果只能单纯反映价格变动，而不能反映销售量（权数）对价格带来的影响，因此，缺乏现实的经济意义。派氏公式是以不变的报告期销售量 q_1 做同度量因素，其计算结果能够真实反映报告期商品销售量（权数）对价格变动的影响，更具有实际的经济意义。所以，编制质量指标综合指数，一般是将同度量因素固定在报告期，即按派氏公式计算。

第三节
平均指数的编制

一、平均指数的概念

在统计实践中，由于受到所掌握资料的限制，计算总指数除了采用综合指数的形式以外，还经常采用平均指数形式。平均指数是总指数的另一种形式，它是个体指数的加权平均数。

平均指数的计算形式常用的有两种，即加权算术平均指数和加权调和平均指数。

二、平均指数的编制

1. 加权算术平均指数

以数量指标为例，说明加权算术平均指数的编制方法。

例 7 - 3 - 1 将表 7 - 2 - 1 改为表 7 - 3 - 1：

表 7 - 3 - 1　　　　　某商店商品销售量和销售额统计表

商品名称	计量单位	销售量		基期销售额（元）
		基期 q_0	报告期 q_1	$p_0 q_0$
甲	件	300	400	6 000
乙	个	400	500	4 000
丙	米	200	240	800
合计	—	—	—	10 800

从表 7 - 3 - 1 的资料可以看出，由于缺少基期和报告期销售价格（p_0 和 p_1）的资料，所以无法求得假定的报告期金额（$\sum p_0 q_1$），也就不能采用数量指标综合指数公式（$\bar{k}_q = \sum p_0 q_1 / \sum p_0 q_0$）求得三种商品的销售量总指数。但采用加权算术平均指数公式，就可以解决资料不全的问题，同样可以求得三种商品销售量总指数。其计算步骤如下：

（1）计算商品销售量个体指数。

用公式表示为：

$$k_q = \frac{q_1}{q_0}$$

（2）用基期商品销售额作为同度量因素以求得假定的报告期金额（$\sum p_0 q_1$），进而求得加权算术平均指数。

用公式表示为：

$$\bar{k}_q = \frac{\sum q_1 / q_0 \cdot p_0 q_0}{\sum p_0 q_0} = \frac{\sum k_q \cdot p_0 q_0}{\sum p_0 q_0}$$

这一数量指标加权算术平均指数公式称为拉氏平均指数公式。

可以看出，上式中的分子 $\sum q_1 / q_0 \cdot p_0 q_0$ 就是数量指标综合指数 $\bar{k}_q = \sum p_0 q_1 / \sum p_1 q_1$ 中的分子，故有：

$$\overline{k_q} = \frac{\sum q_1/q_0 \cdot p_0 q_0}{\sum p_0 q_0} = \frac{\sum k_q \cdot p_0 q_0}{\sum p_0 q_0} = \frac{\sum p_0 q_1}{\sum p_0 q_0}$$

由表 7 - 3 - 1 的资料，可计算三种商品的个体销售量指数和假定的报告期金额，记入表 7 - 3 - 2 中：

表 7 - 3 - 2　　　　某商店商品销售量平均指数计算表

商品名称	计量单位	销售量		基期销售额（元）$p_0 q_0$	个体销售量指数（%）$k_q = q_1/q_0$	假定的报告期销售额（元）$q_1/q_0 \cdot p_0 q_0 = p_0 q_1$
		基期 q_0	报告期 q_1			
甲	件	300	400	6 000	133.33	8 000
乙	个	400	500	4 000	125	5 000
丙	米	200	240	800	120	960
合计	—	—	—	10 800	—	13 960

将表内资料代入拉氏平均指数公式可求得三种商品销售量总指数：

$$\overline{k_q} = \frac{\sum k_q \cdot p_0 q_0}{\sum p_0 q_0} = \frac{13\ 960}{10\ 800} = 129.26\%$$

其分子与分母相减的绝对额为：

$$\sum k_q \cdot p_0 q_0 - \sum p_0 q_0 = 13\ 960 - 10\ 800 = 3\ 160（元）$$

从以上相对数与绝对数的计算结果可以看出，采用加权算数平均指数公式与采用综合指数公式计算的结果相同。因此，可将加权算术平均指数公式看作是拉氏综合指数公式的变形。同时，将数量指标的综合指数公式变形为加权算术平均指数公式时，一般是以综合指数的分母作为权数。

加权算术平均指数公式除了用于数量指标指数的计算以外，也可用于质量指标指数的计算，一般常用于计算物价指数。其同度量因素除了固定在基期外，也可固定在报告期或 n 期。所以，上述公式可写做：

$$\bar{k} = \frac{\sum kw}{\sum w}$$

式中，k 为个体指数，$w/\sum w$ 为比重权数并用百分数加以表示。这一公式在实践中常用于计算价格总指数，即

$$\bar{k}_P = \frac{\sum K_P W}{\sum W}$$

同时，比重权数在统计指数的实际计算中，应用得十分广泛。

2. 加权调和平均指数

以质量指标指数为例，说明加权调和平均指数的编制方法。

例 7-3-2 将表 7-2-1 改为表 7-3-3：

表 7-3-3　　某商店商品销售价格和销售额统计表

商品名称	计量单位	销售价格（元）		报告期销售额（元）
		基期 p_0	报告期 p_1	$p_1 q_1$
甲	件	20	21	8 400
乙	个	10	10	5 000
丙	米	4	5	1 200
合计	—	—	—	14 600

从表 7-3-3 的资料可以看出，由于缺少基期和报告期销售量（q_0 和 q_1）的资料，所以无法求得假定的基期金额（$\sum p_0 q_1$），也就不能采用质量指标综合指数公式（$\bar{k}_p = \sum p_1 q_1 / \sum p_0 q_1$）求得三种商品的销售价格总指数。但采用加权调和平均指数公式，就可以解决资料不全的问题，同样可以求得三种商品销售价格总指数。其计算步骤如下：

（1）计算商品价格个体指数。

用公式表示为：

$$k_p = \frac{p_1}{p_0}$$

（2）用报告期商品销售额作同度量因素以求得假定的基期金额（$p_0 q_1$），进而求得加权调和平均指数。

用公式表示为：

$$\bar{k}_p = \frac{\sum p_1 q_1}{\sum \dfrac{p_1 q_1}{p_1/p_0}} = \frac{\sum p_1 q_1}{\sum \dfrac{p_1 q_1}{k_p}}$$

这一质量指标的加权调和平均指数公式称为派氏平均指数公式。

可以看出，上式中的分母 $\sum \dfrac{p_1 q_1}{k_p} = \sum p_0 q_1$ 就是综合指数

公式 $\bar{k}_p = \sum p_1 q_1 / \sum p_0 q_1$ 分母中的，故有：

$$\bar{k}_p = \frac{\sum p_1 q_1}{\sum \dfrac{p_1 q_1}{p_1/p_0}} = \frac{\sum p_1 q_1}{\sum \dfrac{p_1 q_1}{k_p}} = \frac{\sum p_1 q_1}{\sum p_0 q_1}$$

由表 7 - 3 - 3 的资料，可计算三种商品的个体价格指数和假定的基期金额，记入表 7 - 3 - 4 中：

表 7 - 3 - 4　　　某商店商品销售价格平均指数计算表

商品名称	计量单位	销售价格（元）		报告期销售额 $p_1 q_1$	个体销售价格指数（%） $k_p = p_1/p_0$	假定的基期销售额（元） $\dfrac{p_1 q_1}{k_p} = p_0 q_1$
		基期 P_0	报告期 P_1			
甲	米	20	21	8 400	105	8 000
乙	公斤	10	10	5 000	100	5 000
丙	件	4	5	1 200	125	960
合计	—	—	—	14 600		13 960

将表内资料代入派氏平均指数公式可求得三种商品销售价格总指数：

$$\bar{k}_p = \frac{\sum p_1 q_1}{\sum \dfrac{p_1 q_1}{k_p}} = \frac{14\ 600}{13\ 960} = 104.58\%$$

其分子与分母相减的绝对额为：

$$\sum p_1 q_1 - \sum \frac{p_1 q_1}{k_p} = 14\ 600 - 13\ 960 = 640 \text{（元）}$$

从以上相对数与绝对数的计算结果可以看出，采用加权调和平均指数公式与采用综合指数公式计算的结果相同。因此，可将加权调和平均指数公式看作是派氏综合指数公式的变形。同时，将质量指标综合指数公式变形为加权调和平均指数公式时，一般是以综合指数的分子作为权数。

加权调和平均指数公式一般不用作数量指标指数的计算。

第四节
指数体系与因素分析

一、指数体系的概念

指数体系有广义与狭义之分。广义的指数体系是指经济上有联系的若干个统计指数构成的整体。在广义指数体系中，统计指数的多少由研究问题的需要而确定。本章主要研究狭义的指数体系，它是指经济上有联系的、数量上有一定关系的若干个统计指数所构成的整体。这种关系往往表现为一个现象的总变动指数，等于若干个影响因素指数的乘积，且一个现象总变动的差额，等于若干个因素指数变动的差额之和。例如：

商品销售额指数＝商品销售价格指数×商品销售量指数

产品总产值指数＝产品价格指数×产品产量指数

产品总产值指数＝劳动生产率指数×职工人数指数

产品原材料消耗额指数＝产品产量指数×单位原材料消耗量指

数×单位原材料价格指数

上例中，等式左边为现象的总变动指数，等式右边为影响因素指数。与之相对应的绝对经济效果左右两边也是相等的。

利用指数体系可以从相对数和绝对数方面分析各因素变动对复杂的社会经济现象总变动的影响。同时，利用指数体系可进行有关的指数间的推算。

二、指数体系的因素分析方法

（一）总量指标变动的因素分析

1. 简单现象总量指标变动的两因素分析

简单现象总量指标的变动，可以从总体总平均水平的变动和总体单位数的变动两方面进行分析。设总量指标为 xf，总平均水平为 x，总体单位数为 f，其指标体系及其绝对量的关系式如下：

相对数方面 $\dfrac{x_1 f_1}{x_0 f_0} = \dfrac{x_1 f_1}{x_0 f_1} \times \dfrac{x_0 f_1}{x_0 f_0} = \dfrac{x_1}{x_0} \times \dfrac{f_1}{f_0}$

绝对数方面 $x_1 f_1 - x_0 f_0 = (x_1 f_1 - x_0 f_1) f_1 + (x_0 f_1 - x_0 f_0) x_0$

例 7 - 4 - 1 某工厂工资总额和职工人数资料如下：

表 7 - 4 - 1

指　标	基　期	报　告　期
工资总额（万元）xf	450 $(x_0 f_0)$	489.6 $(x_1 f_1)$
职工人数（人）f	1 000 (f_0)	1 020 (f_1)
工资水平（元/人）x	4 500 (x_0)	4 800 (x_1)

将表内资料代入指标体系公式：

相对数方面　$\dfrac{x_1 f_1}{x_0 f_0} = \dfrac{x_1 f_1}{x_0 f_1} \times \dfrac{x_0 f_1}{x_0 f_0} = \dfrac{x_1}{x_0} \times \dfrac{f_1}{f_0}$

$$\frac{489.6}{450} = \frac{4\,800}{4\,500} \times \frac{1\,020}{1\,000}$$

即　$108.8\% = 106.67\% \times 102\%$

计算结果表明，报告期与基期相比，该厂工资总额增加了 8.8%，是由于工资水平（平均工资）增长 6.67% 和工人人数增加 2% 两个因素共同作用的结果。在两个影响因素中，工资水平的增长速度高于工人人数的增长速度，说明工人的平均工资水平普遍有所提高。

绝对数方面

$$x_1 f_1 - x_0 f_0 = (x_1 f_1 - x_0 f_1) f_1 + (x_0 f_1 - x_0 f_0) x_0$$

$$4\,896\,000\ （元）- 4\,500\,000\ （元）$$

$$= (4\,800 - 4\,500)（元／人）\times 1\,020\ （人）$$

$$+ (1\,020 - 1\,000)（人）\times 4\,500\ （元／人）$$

即　$396\,000$（元）$= 306\,000$（元）$+ 90\,000$（元）

计算结果表明，报告期与基期相比，该厂工资总额增加了 39.6 万元，其中，由于工资水平提高使工资总额增加了 30.6 万元，由于工人人数增加使工资总额增加了 9 万元。

2. 复杂现象总量指标变动的两因素分析

复杂现象由于计量单位不同不能简单相加，因此，其总量的变动不能从上述总平均水平的变动和总体单位数的变动去进行因素分析。复杂现象总量指标的变动，一般是利用质量指标综合指数和数量指标综合指数的关系去进行分析。常用的指标体系及其绝对量的关系式如下：

相对数方面　$\bar{k}_{pq} = \bar{k}_p \times \bar{k}_q$

即　$$\frac{\sum p_1 q_1}{\sum p_0 q_0} = \frac{\sum p_1 q_1}{\sum p_0 q_1} \times \frac{\sum p_0 q_1}{\sum p_0 q_0}$$

绝对数方面　$\sum p_1 q_1 - \sum p_0 q_0 = \left(\sum p_1 q_1 - \sum p_0 q_1 \right)$

$$+ \left(\sum p_0 q_1 - \sum p_0 q_0 \right)$$

例 7 - 4 - 2　将前面表 7 - 2 - 2 的资料代入指数体系公式：

$$\frac{\sum p_1 q_1}{\sum p_0 q_0} = \frac{\sum p_1 q_1}{\sum p_0 q_1} \times \frac{\sum p_0 q_1}{\sum p_0 q_0}$$

$$\frac{14\,600}{10\,800} = \frac{14\,600}{13\,960} \times \frac{13\,960}{10\,800}$$

即　$135.18\% = 104.58\% \times 129.26\%$

计算结果表明，报告期与基期相比，该商店三种商品的销售额增长了 35.18%，是由于销售价格上涨 4.58% 和销售量增加 29.26% 两个因素共同作用的结果。其中，销售量的增加对销售额增长起了较大的作用。

绝对数方面

$$\sum p_1 q_1 - \sum p_0 q_0 = \left(\sum p_1 q_1 - \sum p_0 q_1 \right)$$

$$+ \left(\sum p_0 q_1 - \sum p_0 q_0 \right)$$

$$14\,600 - 10\,800 = (14\,600 - 139\,600)$$

$$+ (13\,960 - 10\,800)$$

即　$3\,800$（元）$= 640$（元）$+ 3\,160$（元）

计算结果表明，报告期与基期相比，该商店三种商品的销售额增加了 3 800 元，其中，由于涨价使销售额增加了 640 元，由于销售量增长使销售额增加了 3 160 元。二者相比，销售量的增长对销售额的增加起了较大的作用。

无论是简单现象还是复杂现象的两因素分析，都需要注意保持指数体系公式的平衡关系。在指数体系公式中，等号的一端是总量指标指数，亦即广义指数或称动态相对数，另一端则是质量指标指数和数量指标指数的乘积。一般情况下，质量指标指数用派氏公式，数量指标指数用拉氏公式。

3. 复杂现象总量指标变动的三因素分析

进行总量指标变动的三因素分析，也要建立三因素分析指标体系公式。它首先要遵循综合指数公式中同度量因素的确定原则，即编制质量指标指数用报告期的数量指标作为同度量因素；编制数量指标指数用基期的质量指标作为同度量因素。同时，在三个因素的变动中，要遵循先量后质的原则确定同度量因素及其时期。

例 7 – 4 – 3 某工厂产品产量、原材料单耗量和原材料单价资料如下表：

表 7 – 4 – 2

商品名称	计量单位	产品产量		原材料单耗量		原材料单价（元）	
		基期 q_0	报告期 q_1	基期 m_0	报告期 m_1	基期 p_0	报告期 p_1
甲	台	100	120	10	8	100	105
乙	件	400	500	3	2.1	18	20
丙	套	200	300	4	5	40	30

由于原材料消耗总额 = 产品产量 × 原材料单耗量 × 原材料单价，根据表内资料，对原材料消耗总额的变动进行因素分析，可建立指数体系公式如下：（设原材料消耗总额 $= \sum qmp$）

相对数方面 $$\frac{\sum q_1 m_1 p_1}{\sum q_0 m_0 p_0} = \frac{\sum q_1 m_0 p_0}{\sum q_0 m_0 p_0} \times \frac{\sum q_1 m_1 p_0}{\sum q_1 m_0 p_0}$$

$$\times \frac{\sum q_1 m_1 p_1}{\sum q_1 m_1 p_0}$$

绝对数方面 $\sum q_1 m_1 p_1 - \sum q_0 m_0 p_0$

$$= (\sum q_1 m_0 p_0 - \sum q_0 m_0 p_0)$$

$$+ (\sum q_1 m_1 p_0 - \sum q_1 m_0 p_0)$$

$$+ (\sum q_1 m_1 p_1 - \sum q_1 m_1 p_0)$$

根据表 7 - 4 - 2 的资料，编制原材料消耗额计算表如下：

表 7 - 4 - 3　　　某厂原材料消耗额计算表

产品种类	原材料消耗额（元）			
	$q_1 m_1 p_1$	$q_0 m_0 p_0$	$q_1 m_0 p_0$	$q_1 m_1 p_0$
甲	100 800	100 000	120 000	96 000
乙	21 000	21 600	27 000	18 900
丙	45 000	32 000	48 000	60 000
合　计	166 800	153 600	195 000	174 900

将表内资料代入上述指数体系公式：

相对数方面 $\dfrac{\sum q_1 m_1 p_1}{\sum q_0 m_0 p_0} = \dfrac{\sum q_1 m_0 p_0}{\sum q_0 m_0 p_0} \times \dfrac{\sum q_1 m_1 p_0}{\sum q_1 m_0 p_0}$

$$\times \dfrac{\sum q_1 m_1 p_1}{\sum q_1 m_1 p_0}$$

$$\frac{166\ 800}{153\ 600} = \frac{195\ 000}{153\ 600} \times \frac{174\ 900}{195\ 000} \times \frac{166\ 800}{174\ 900}$$

即　108.59% = 126.95% × 89.69% × 95.37%

计算结果表明，报告期与基期相比，该厂原材料消耗总额增加了 8.59%，其中，产品产量增加使原材料消耗总额增加了 26.95%；原材料单耗节约使原材料消耗总额减少了 10.31%；原材料单价降低使原材料消耗总额减少了 4.63%。

绝对数方面 $\sum q_1 m_1 p_1 - \sum q_0 m_0 p_0$

$$= (\sum q_1 m_0 p_0 - \sum q_0 m_0 p_0)$$

$$+ (\sum q_1 m_1 p_0 - \sum q_1 m_0 p_0)$$

$$+ (\sum q_1 m_1 p_1 - \sum q_1 m_1 p_0)$$

$$166\,800 - 153\,600 = (195\,000 - 153\,600)$$

$$+ (174\,900 - 195\,000)$$

$$+ (166\,800 - 174\,900)$$

即 $13\,200$（元）$= 41\,400$（元）$+ (-20\,100)$（元）

$$+ (-8\,100)（元）$$

计算结果表明，报告期与基期相比，该厂原材料消耗总额增加了 13 200 元，其中，产品产量增加使原材料消耗总额增加41 400 元；原材料单耗降低，使原材料消耗总额减少 20 100 元；原材料单价下跌，使原材料消耗总额减少 8 100 元。

总之，该厂报告期比基期原材料消耗量增加8.59%，原材料消耗额增加 13 200 元，主要是由于产量增加的影响。另外，原材料单耗降低，说明节约原材料工作做得好。

（二）平均指标变动的因素分析

平均指标是反映同质总体内各单位某一数量标志一般水平的指标。从静态上看，在统计分组的条件下，平均指标的大小受各组变量值和各组次数结构（权重）两个因素的影响。若从动态上对平均指标进行分析，则平均指标的变动同样也受到各组变量值的变动和各组次数结构变动的影响。反映平均指标变动的指数，由于其构成要素（各组变量值和次数）从基期到报告期都发生了变化，所以称为可变构成指数；反映各组变量值变动的指数，由于是将次数结构固定在同一时期，而仅观察变量值的变动对平均指标的影响，所以称为固定构成指数；反映结构变动的指数，由于是将变量值固定在同一时期，而仅观察次数结构变动对平均指标变动的影响，所以称为结构影响指数。三者关系式如下：

$$可变构成指数 = 固定构成指数 \times 结构影响指数$$

用符号表示为：

$$\frac{\overline{x_1}}{\overline{x_0}} = \frac{\dfrac{\sum x_1 f_1}{\sum f_1}}{\dfrac{\sum x_0 f_0}{\sum f_0}} = \frac{\dfrac{\sum x_1 f_1}{\sum f_1}}{\dfrac{\sum x_0 f_1}{\sum f_1}} \times \frac{\dfrac{\sum x_0 f_1}{\sum f_1}}{\dfrac{\sum x_0 f_0}{\sum f_0}}$$

式中，x——表示变量值（设为质量指标）；

$\dfrac{f}{\sum f}$——表示结构（设为数量指标）。

可以看出，等号前面的指数是广义指数，是平均指标的动态相对数，它可以分解为等号后面的两个指数：前者为质量指标指数，根据综合指数的编制原则，编制质量指标指数用报告期的数量指标作为同度量因素，故该式中用 $\dfrac{f_1}{\sum f_1}$ 作为同度量因素；后者为数量指标指数，根据综合指数的编制原则，编制数量指标指数用基期的质量指标作为同度量因素，故该式中用 x_0 作为同度量因素。

以上关系式用绝对数反映，则有：

$$\frac{\sum x_1 f_1}{\sum f_1} - \frac{\sum x_0 f_0}{\sum f_0} = \left(\frac{\sum x_1 f_1}{\sum f_1} - \frac{\sum x_0 f_1}{\sum f_1} \right)$$
$$+ \left(\frac{\sum x_0 f_1}{\sum f_1} - \frac{\sum x_0 f_0}{\sum f_0} \right)$$

例 7 – 4 – 4

表 7 – 4 – 4　　　某企业平均工资变动分析表

工人分组	工资额（万元）		工人数（人）		平均工资（元）		平均工资	假定工资
	基期	报告期	基期	报告期	基期	报告期	指数（%）	额（万元）
符号	$x_0 f_0$	$x_1 f_1$	f_0	f_1	x_0	x_1	x_1 / x_0	$x_0 f_1$
技术工人	240	277.2	400	420	6 000	6 600	110.00	252.0
徒工	24	77.0	100	280	2 400	2 750	114.58	67.2
合计或平均	264	354.2	500	700	5 280	5 060	95.83	319.2

从表中平均工资指数一栏可以看出，从基期到报告期，技术工人组的平均工资上升了 10%，徒工组的平均工资上升了 14.58%，而总平均工资却下降了 4.17%（95.83% –100%）。这是由于工资水平变动和工人结构变动共同影响的结果。为了分析总平均工资变动中各因素的影响，须将平均工资指数分解为两个因素指数：一个是固定工人结构，看工资水平变动的固定构成指数；另一个是固定工资水平，看工人结构变动的结构影响指数。将表内数值代入前述公式，则平均工资的可变构成指数为：

$$\frac{\dfrac{\sum x_1 f_1}{\sum f_1}}{\dfrac{\sum x_0 f_0}{\sum f_0}} = \frac{3\ 542\ 000 \div 700}{2\ 640\ 000 \div 500} = \frac{5\ 060}{5\ 280} = 95.83\%$$

平均工资的绝对差额为：

$$\frac{\sum x_1 f_1}{\sum f_1} - \frac{\sum x_0 f_0}{\sum f_0} = 5\ 060 - 5\ 280 = -220（元）$$

计算结果表明，从基期到报告期，在各组工资水平（x）和工人结构 $\left(\dfrac{f}{\sum f}\right)$ 都发生变动的情况下，总平均工资下降 4.17%，平均工资的绝对额减少 220 元。

平均工资的固定构成指数为：

$$\frac{\dfrac{\sum x_1 f_1}{\sum f_1}}{\dfrac{\sum x_0 f_1}{\sum f_1}} = \frac{3\,542\,000 \div 700}{3\,192\,000 \div 700} = \frac{5\,060}{4\,560} = 110.96\%$$

平均工资的绝对差额为：

$$\frac{\sum x_1 f_1}{\sum f_1} - \frac{\sum x_0 f_1}{\sum f_1} = 5\,060 - 4\,560 = 500 \text{（元）}$$

计算结果表明，从基期到报告期，在各组工人结构不变的情况下，总平均工资受各组工资水平的影响上升了 10.96%。总平均工资的绝对额增加了 500 元。

平均工资的结构影响指数为：

$$\frac{\dfrac{\sum x_0 f_1}{\sum f_1}}{\dfrac{\sum x_0 f_0}{\sum f_0}} = \frac{3\,192\,000 \div 700}{2\,640\,000 \div 500} = \frac{4\,560}{5\,280} = 86.36\%$$

平均工资的绝对差额为：

$$\frac{\sum x_0 f_1}{\sum f_1} - \frac{\sum x_0 f_0}{\sum f_0} = 4\,650 - 5\,280 = -720 \text{（元）}$$

计算结果表明，从基期到报告期，在各组工资水平不变的情况下，总平均工资受各组工人结构变动的影响下降了 13.64%（86.36% - 100%）。总平均工资的绝对额减少了 720 元。

从以上三个指数的计算结果可以看出，从基期到报告期，技术工人组和徒工组各自的平均工资都提高了，但总平均工资却下降了 4.17%。这是由于工资水平和工人结构两个因素变动共同作用的结果。前者影响总平均工资上升 10.96%，增加 500 元；后者影响总平均工资下降 13.64%，减少 720 元。关系式为：

$$95.83\% = 110.96\% \times 86.36\%$$

$$220 \text{ (元)} = 500 \text{ (元)} + (-720) \text{ (元)}$$

在以上分析的基础上，进而可计算总平均工资变动对工资总额的影响。用公式表示为：

$$\left(\frac{\sum x_1 f_1}{\sum f_1} - \frac{\sum x_0 f_0}{\sum f_0} \right) \sum f_1 = \left(\frac{\sum x_1 f_1}{\sum f_1} - \frac{\sum x_0 f_1}{\sum f_1} \right) \sum f_1$$

$$+ \left(\frac{\sum x_0 f_1}{\sum f_1} - \frac{\sum x_0 f_0}{\sum f_0} \right) \sum f_1$$

即 $\quad -220 \text{ (元)} \times 700 \text{ (人)}$

$$= 500 \text{ (元)} \times 700 \text{ (人)} + (-720)(\text{元}) \times 700 \text{ (人)}$$

即 $\quad -15.4 \text{ (万元)} = 35 \text{ (万元)} + (-50.4) \text{ (万元)}$

计算结果表明，由于报告期技术工人组和徒工组的工资水平均有提高，使得该企业多支出工资额 35 万元；同时，由于报告期工人结构的变化（徒工人数增加了 1.8 倍），使得该企业少支出工资额 50.4 万元。二者共同作用的结果，使得该企业报告期工资总额的支出减少了 15.4 万元。

第五节

几种常见的经济指数

在社会经济活动中，无论是综合指数还是平均指数，其应用都十分广泛。特别是平均指数，它在国内外众多指数的计算中，应用得最为普遍。以下介绍我国宏观经济核算中几种常见的经济指数。

一、工业生产指数

工业生产指数是反映工业产品产量综合变动的趋势和程度的相对数,它是衡量一个国家或地区经济增长水平的重要指标之一。工业生产指数主要应用于以下两个方面。

(一) 指数数列的编制

我国的工业生产指数是以不变价格加权计算的综合产品产量指数,它依据的就是数量指标综合指数的编制方法。其计算公式是:

$$\bar{k}_q = \frac{\sum p_n q_1}{\sum p_n q_0}$$

式中,k_q 为工业生产指数,q_1 为报告期工业产量,q_0 为基期工业产量,p_n 为不变价格。

由于工业生产指数中的价格是固定不变的,因此,可选择前一期或某一固定时期的工业产品产量作为基期,来编制环比指数数列和定基指数数列。

环比指数数列为:$\dfrac{\sum p_n q_1}{\sum p_n q_0}$ $\dfrac{\sum p_n q_2}{\sum p_n q_1}$ $\dfrac{\sum p_n q_3}{\sum p_n q_2}$ …

定基指数数列为:$\dfrac{\sum p_n q_1}{\sum p_n q_0}$ $\dfrac{\sum p_n q_2}{\sum p_n q_0}$ $\dfrac{\sum p_n q_3}{\sum p_n q_0}$ …

且环比指数的连乘积等于定基指数,则有:

$$\frac{\sum p_n q_1}{\sum p_n q_0} \times \frac{\sum p_n q_2}{\sum p_n q_1} \times \frac{\sum p_n q_3}{\sum p_n q_2} = \frac{\sum p_n q_3}{\sum p_n q_0}$$

环比指数数列可用于观察各个不同时期或阶段的工业产量或产值的增减变动情况；定基指数数列则适用于观察工业产量或产值在较长时期内的发展变化程度。同时，利用上述关系式，可进行环比指数与定基指数之间的换算。

（二）不变价格的换算

在一个较长时期内，利用指数数列可以观察工业产量变化及其对工业产值带来的影响。但是随着时间的推移，当旧的不变价格与现实的价格相差太大时，便不能合理反映产品之间的比价，也不能真实地反映工业产值的实际变动情况。于是，就需要对旧的不变价格加以调整。我国先后使用过 1952 年、1957 年、1970 年、1980 年、1990 年和 2000 年的不变价格。

将按旧的不变价格计算的产值换算为按新的不变价格计算的产值的步骤是：首先，将新旧价格更替年的产量，分别用新价格和旧价格加权，求得按新价格计算的产值（$p_1 q_1$）和按旧价格计算的产值（$p_0 q_1$）并将其对比，求得一个换算系数；然后，将更替年之前 5 ~ 10 年的按旧的不变价格计算的产值乘以换算系数，便可以求得按新的不变价格计算的产值。举例如下：

例 7 – 5 – 1 某地 1996 年工业产值为 520 万元，它是按 1990 年不变价格计算的（即 $p_{90} q_{96}$）；1986 年工业总产值为 390 万元，它是按 1980 年不变价格计算的（即 $p_{80} q_{86}$）。又知价格更替年为 1990 年，其产值按 1990 年价格计算为 460 万元，按 1980 年价格计算为 535 万元。要求计算 1986 年到 1996 年该地区工业产值的总发展速度。

解：（1）换算系数 $= 460 \div 535 = 0.86$

（2）1986 年可比价产值 $= 390 \times 0.86 = 335.4$（万元）

（3）1986 ~ 1996 年工业产值的发展总速度 $= 520 \div 335.4 = 155.04\%$

二、对外贸易指数

在一国或一个地区的对外贸易往来中，需要计算各种有关的统计指数。目前，世界各国计算的对外贸易指数主要有三种，即进出口物值指数、进出口物价指数和进出口物量指数。

（一）进出口物值指数

进出口物值指数即进出口贸易总额指数，它是反映全部进出口商品贸易总额变动趋势和程度的相对数。它由报告期和基期进出口贸易总额对比而求得。其计算公式如下：

$$\bar{k}_{pq} = \frac{\sum p_1 q_1}{\sum p_0 q_0}$$

（二）进出口物价指数

进出口物价指数即进出口商品价格总指数，它是反映全部进出口商品价格变动趋势和程度的相对数。计算进出口商品价格总指数，可采用报告期进出口商品的数量做同度量因素，即按派氏公式计算；也可采用基期进出口商品的数量做同度量因素，即按拉氏公式计算。其计算公式如下：

$$\bar{k}_{p} = \frac{\sum p_1 q_1}{\sum p_0 q_1} \qquad \bar{k}_{p} = \frac{\sum p_1 q_0}{\sum p_0 q_0}$$

（三）进出口物量指数

进出口物量指数即进出口商品数量总指数，它是反映全部进出口商品数量变动趋势和程度的相对数。计算进出口物量总指数，可采用基期进出口商品的价格做同度量因素，即按拉氏公式计算；也可采用报告期进出口商品的价格做同度量因素，即按派氏公式计算。其计算公式如下：

$$\bar{k}_c = \frac{\sum p_0 q_1}{\sum p_0 q_0} \qquad \bar{k}_c = \frac{\sum p_1 q_1}{\sum p_1 q_0}$$

此外，在对外贸易统计分析中，还要计算许多有关的指数。其中，进出口比价指数就是重要的分析指标之一。进出口比价指数即贸易条件指数，它是一个国家或一个地区在一定时期内，进出口贸易条件改善或恶化的标志。它是由出口物价指数与进口物价指数相比而求得。其计算公式为：

进出口比价指数 = 出口价格指数/进口价格指数

式中，如果出口商品价格指数的上涨幅度快于进口商品价格指数的上涨幅度，则比价指数大于100%，反映贸易条件有所改善，进出口价格的综合变动对出口国有利；反之，如果出口商品价格指数的上涨幅度小于进口商品价格指数的上涨幅度，则比价指数小于100%，反映贸易条件欠佳，进出口价格的综合变动对出口国不利。

三、股票价格指数

股票的价格有票面价格和市场价格之分，股票的票面价格是指股票的发行价格，股票的市场价格则是指股票进入证券市场后的交易价格。股票每天在市场上的交易价格又分为开盘价、收盘价、最高价、最低价和最新价等。股票价格指数是根据市场收盘价格计算的，它是反映多种股票价格综合变动的趋势和程度的相对数。由于股票价格每日涨跌变化很大，因此，一般要编制日指数，以便随时反映股票价格的变动情况。还可据以绘制指数图，来描述股票价格的走势和反映股票市场的变化。此外，也要编制月指数、季指数和年指数。

世界上许多国家的股票交易所都计算自己的股票价格指数，

比较有代表性的是美国的道·琼斯股价指数和标准普尔股价指数，日本的日经指数，香港的恒生指数。我国的上海和深圳股票交易所也编制了自己的股价指数。

计算股价指数一般是采用质量指标综合指数公式，即：

$$\bar{k}_p = \frac{\sum p_1 q_1}{\sum p_0 q_1}$$

公式中的价格 p 是指股价平均价，它是股票市场上某一时点的多种股票收盘价的算术平均数。一般选择能够反映股市变动趋势的、有代表性的和有敏感性的样本股票的收盘价来计算。股价平均数 $= \sum p / n$。

公式中的权数 q 是指股票发行量，股票价格指数一般是用报告期各种股票发行量作为同度量因素来计算的。

例 7 – 5 – 2

表 7 – 5 – 1　　某市场股票价格指数计算表

股票名称	收盘价（元/股）		报告期发行量（万股）q_1	报告期总市值（万元）$p_1 q_1$	假定市值（万元）$p_0 q_1$
	基期 p_0	报告期 p_1			
甲	17	24	1 600	38 400	27 200
乙	9	14	2 700	37 800	24 300
丙	24	21	1 200	25 200	28 800
丁	10	12	2 400	28 800	24 000
合计	—	—	—	130 200	104 300

根据表内资料，计算股票价格指数为：

$$\bar{k}_p = \frac{\sum p_1 q_1}{\sum p_0 q_1} = \frac{130\ 200}{104\ 300} = 124.83\%$$

股票价格指数的计算结果用"点"来表示，一般是以基期的股票价格指数为 100%，所计算的新的指数，每上涨或下跌一个单位称为 1 点。例 7 – 5 – 2 中，假定基期股票价格指数为

100%，那么，计算结果表示，该股票市场报告期比基期股票价格综合上升了 24.83 点。

四、居民消费价格指数

居民消费价格指数是综合反映城乡居民购买消费品和购买服务的价格变动趋势和程度的相对数。编制居民消费价格指数，可以考查由于生活消费品和服务项目价格的变动，对城乡居民的生活以及对国家财政收入的影响。进而研究城乡居民实际收入水平和消费水平的变化。同时，它也是国家制定有关政策的重要依据。由于这一指数与人民生活休戚相关，所以通常要编制月指数、季指数和年指数。

编制居民消费价格指数，首先要对商品和服务项目进行分类。我国现行统计制度规定将其分为八个大类，即食品类，烟酒及用品类，衣着类，家庭设备用品及维修服务类，医疗保健和个人用品类，交通通信工具类，娱乐、教育、文化用品及服务类，居住类。大类下再分若干中类，中类下再分若干小类，小类下再分若干具体的品种，品种中再选代表规格品。所谓代表规格品是指大部分居民消费的、价格变动趋势有代表性的商品和服务项目。它具有相对的稳定性。

调查地区的选择，采用的是等距抽样方法。在全国约 2 600 个市县中，随机抽选 220 个左右市县作为调查点。在选中的市县中，再用同样方法抽取调查网点。对具体商品和服务项目的价格要定点、定时、定人直接调查。例如，北京市随机抽选 300 家网点，鲜活商品的价格 5 天调查一次，粮油等商品的价格 10 天调查一次。

计算居民消费价格指数，采用的是加权算术平均指数公式。即 $\bar{k}_p = \dfrac{\sum kw}{\sum w}$ 式中，k 为单项商品或服务项目的价格指数，即

$\overline{p}_1/\overline{p}_0$，它是报告期与基期平均单价之比。这一平均单价是同一商品在同一时期内，各种销售价格以销售额比重加权计算的综合平均价。$\dfrac{w}{\sum w}$ 为权数，它是城乡居民购买各种消费品和购买服务的支出占总支出的比重，按人均消费额来计算。其资料由社会经济调查队入户调查来搜集，以及对各行业的销售进行调查而取得。编制方法举例如下：

例 7 - 5 - 3

表 7 - 5 - 2 某地区某年三季度城乡居民
消费价格指数计算表

商品类别	代表规格品	计量单位	平均价格（元）		指数（%）k	权数（%）w	指数×权数 k×w
			基期 $\overline{p}_0$	报告期 $\overline{p}_1$			
一、食品					121.62	50	6 081.0
1. 粮食					131.82	30	3 954.6
（1）细粮					131.78	80	10 542.4
面粉	富强粉	千克	3.2	4.22	131.88	50	6 594.0
大米	稻米	千克	3.0	3.95	131.67	50	6 583.5
（2）粗粮					132.00	20	2 640.0
2. 肉禽及其制品					122.1	15	1 831.5
3. 蛋					130.3	15	1 954.5
4. 水产品					118.5	15	1 777.5
5. 鲜菜					110.2	15	1 653.0
6. 鲜果					99.1	10	991.0
二、烟酒及用品					101.5	5	507.5
三、衣着					95.3	15	1 429.5
四、家庭设备用品及服务					98.6	5	493.0
五、医疗保健及个人用品					95.1	5	475.5

商品类别	代表规格品	计量单位	平均价格（元）		指数（%）k	权数（%）w	指数×权数 k×w
			基期 $\overline{p_1}$	报告期 $\overline{p_0}$			
六、交通通讯工具					95.0	10	950.0
七、娱乐教育文化及服务					100.7	5	503.5
八、居住					104.9	5	524.5
总指数					109.65	100	10 964.5

根据表内资料，第一步，求单项商品价格指数：

面粉的单项价格指数为 $k = \overline{p_1}/\overline{p_0} = 4.22 \div 3.2 = 131.88\%$

大米的单项价格指数为 $k = \overline{p_1}/\overline{p_0} = 3.95 \div 3.0 = 131.67\%$

第二步，根据面粉、大米两个商品的价格指数和权数求细粮小类指数：

$$\overline{k} = \frac{\sum kw}{\sum w} = \frac{131.88 \times 50 + 131.67 \times 50}{100} = 131.78\%$$

第三步，根据细粮、粗粮两个小类的指数和权数求粮食中类指数：

$$\overline{k} = \frac{\sum kw}{\sum w} = \frac{131.78 \times 80 + 132 \times 20}{100} = 131.82\%$$

第四步，根据粮食、肉禽、蛋等六个中类的指数和权数求食品大类指数：

$$\overline{k} = \frac{\sum kw}{\sum W}$$

$$= \frac{131.82 \times 30 + 122.1 \times 15 + \cdots + 99.1 \times 10}{100}$$

$= 121.62\%$

第五步，根据食品、烟酒及用品、衣着等八个大类的指数和权数求总指数。

$$\bar{k} = \frac{\sum kw}{\sum w}$$

$$= \frac{121.62 \times 50 + 101.5 \times 5 + \cdots + 104.9 \times 5}{100}$$

$= 109.65\%$

计算结果表明，报告期与基期相比，该地区居民消费价格总平均上涨了 9.65%。

如果通过统计调查（入户调查和各行业的销售调查）掌握了报告期该地区的社会消费品零售额，便可以计算由于价格涨跌对居民货币支出的绝对影响额。

例 7 – 5 – 4　上例中该地区三季度消费品零售总额假定为 12 亿元，那么，消费价格上涨 9.65%，对居民货币支出的绝对影响额的计算如下：

已知计算价格指数的综合公式是 $\bar{k}_p = \dfrac{\sum p_1 q_1}{\sum p_0 q_1}$，其

中，$\bar{k}_p = 109.65\%$，$\sum p_1 q_1 = 12$（亿元），

$$\therefore \quad \sum p_0 q_1 = \frac{\sum p_1 q_1}{\bar{k}_p} = \frac{12}{109.65\%} = 10.94 \text{（亿元）}$$

$$\therefore \quad 绝对影响额 = \sum p_1 q_1 - \sum p_0 q_1$$
$$= 12 - 10.94 = 1.06 \text{（亿元）}$$

计算结果表明，由于该地区三季度居民消费价格总平均上涨了 9.65%，居民货币支出共增加 1.06 亿元。

五、农产品收购价格指数

农产品收购价格指数是反映国民经济各部门向农业生产者收购农产品的价格综合变动趋势和程度的相对数。编制农产品收购价格指数，可以说明农产品收购价格总水平的变动情况，以及由于价格变动对农民收入和国家财政收支的影响。同时，还可以为计算工农业产品综合比价指数提供资料，为制定和检查农产品收购价格政策提供依据。由于农产品收购受季节变动的影响，故半年编制一次指数，即每年计算两次收购价格总指数。

编制农产品收购价格指数，首先要对农产品进行分类。现行的统计制度规定将其分为十一个大类，即粮食类、经济作物类、竹木材类、工业用油漆类、禽畜产品类、蚕茧蚕丝类、干鲜果品类、干鲜菜及调味品类、药材类、土副产品类、水产品类。大类下再分若干小类，小类下再分若干具体品种，品种中再选择代表规格品。由于全国各地生产的农产品各不相同，一般可参照国家统一规定的商品目录，结合当地特点来确定具体代表规格商品。如果没有所规定的标准品，可用商品集团中质量中等、收购量较大的规格等级品做代表。

调查地区一般选择重点产区，它是由国家统计部门根据农产品的产量、收购量和地区分布来确定的。

计算农产品收购价格指数，采用的是加权调和平均指数公式。即

$$\bar{k}_p = \frac{\sum p_1 q_1}{\dfrac{p_1 q_1}{k}}$$

式中，$\sum p_1 q_1$ 是同度量因素，它是报告期国民经济各部门，用各种价格向农业生产者收购农产品的总金额。K 是单项商品价

格指数，即 p_1/p_0，它是报告期与基期平均单价之比。这一平均单价是同一商品在同一时期内，各种收购价格按其收购量或收购比重加权计算的综合平均价，季节性商品采用旺季平均价，非季节性商品采用全年平均价。编制方法举例如下：

例 $7-5-5$

表 $7-5-3$　某地区某年农产品收购价格指数计算表

商品类别	代表规格品	计量单位	平均价格（元）		本期收购额（万元） p_1q_1	指数（％）k	假定收购额（万元） p_0q_1
			基期 $\overline{p_0}$	报告期 $\overline{p_1}$			
一、食品					40 230	129.00	31 186
二、经济作物					52 000	117.98	44 077
1. 食用植物油及油料					8 125	119.30	6 811
花生果	中等	100 千克	170	200	2 230	117.65	1 895
芝麻	中等	100 千克	220	270	402	122.73	328
油菜籽	中等	100 千克	140	170	1 120	121.43	922
2. 棉花					32 046	122.00	26 267
3. 麻					2 800	110.60	2 532
4. 烟叶					8 800	106.30	8 278
5. 茶叶					229	121.10	189
三、木材					940	105.10	894
四、工业用油漆					60	109.00	55
五、禽畜产品					10 380	115.80	8 964
六、蚕茧蚕丝					820	80.40	1 020
七、干鲜果品					6 480	113.20	5 724
八、干鲜菜及调味品					7 900	117.80	6 706
九、药材					20 100	118.68	16 936
十、土副产品					10 130	121.60	8 331
十一、水产品					250	112.40	222
总指数					149 290	120.28	124 115

根据表内资料，第一步，求单项商品价格指数：

花生果的单项商品价格指数

$k = \bar{p}_1 / \bar{p}_0 = 200 \div 170 = 117.65\%$

芝麻的单项商品价格指数

$k = \bar{p}_1 / \bar{p}_0 = 270 \div 170 = 122.73\%$

油菜籽的单项商品价格指数

$k = \bar{p}_1 / \bar{p}_0 = 170 \div 140 = 121.43\%$

第二步，根据花生果、芝麻、油菜籽三个商品的价格指数和相应的报告期收购额求食用植物油小类价格指数：

$$\bar{k}_p = \frac{\sum p_1 q_1}{\sum \dfrac{p_1 q_1}{k}} = \frac{2\,230 + 402 + 1\,120}{\dfrac{2\,230}{1.1765} + \dfrac{402}{1.2273} + \dfrac{1\,120}{1.2143}}$$

$$= \frac{3\,752}{3\,145} = 119.3\%$$

第三步，根据食用植物油及油料、棉花等五个小类指数和相应的报告期收购额求经济作物大类指数：

$$k_p = \frac{\sum p_1 q_1}{\sum \dfrac{p_1 q_1}{k}} = \frac{8\,125 + 32\,046 + \cdots + 229}{\dfrac{8\,125}{1.193} + \dfrac{32\,046}{1.22} + \cdots + \dfrac{229}{1.211}}$$

$$= \frac{52\,000}{44\,077} = 117.975\%$$

第四步，根据粮食、经济作物等 11 个大类指数和相应的报告期收购额求总指数：

$$\bar{k}_p = \frac{\sum p_1 q_1}{\sum \dfrac{p_1 q_1}{k}} = \frac{40\,230 + 52\,000 + \cdots + 250}{\dfrac{40\,230}{1.29} + \dfrac{52\,000}{1.17975} + \cdots + \dfrac{250}{1.124}}$$

$$= \frac{149\,290}{124\,115} = 120.28\%$$

由于农产品收购价格的变动，对农民实际收入的影响为：

$$\sum p_1 q_1 - \sum \frac{p_1 q_1}{k} = 149\ 290 - 124\ 115$$

$$= 25\ 175\ （万元）$$

计算结果表明，报告期与基期相比，农产品收购价格总平均上涨了20.28%，使得该地区农民出售农产品的收入共增加了25 175（万元）。

思考与练习

一、思考题

1. 简述指数的概念及其分类。

2. 简述综合指数的概念及其特点。

3. 什么是同度量因素？它有什么作用？编制综合指数时，怎样选择确定同度量因素？

4. 如何编制平均数指数？它与综合指数有何联系？

5. 什么是指数体系？如何利用指数体系进行因素分析？

二、练习题

1. 某商店三种商品的销售价格和销售量资料如下：

品名	计量单位	销售价格（元）		销售量	
		基期	报告期	基期	报告期
甲	件	150	175	200	230
乙	米	30	30	300	380
丙	双	120	110	98	115

要求：（1）计算三种商品的个体价格指数和个体销售量指数；

（2）计算三种商品的销售量总指数；

（3）计算三种商品的销售价格总指数；

（4）分别从相对数和绝对数方面对三种商品销售总额的变动进行因素分析。

2. 某商场商品销售资料如下：

商品名称	计量单位	商品销售额（万元）		报告期销售量比基期增（+）减（-）%
		基期	报告期	
甲	米	120	150	+5
乙	件	200	280	+4
丙	台	1 300	1 800	+2
丁	只	550	600	-6

要求：（1）计算四种商品销售量总指数；

（2）计算四种商品销售价格总指数；

（3）分别从相对数和绝对数方面对四种商品销售总额的变动进行因素分析。

3. 某企业三种产品成本资料如下：

商品名称	计量单位	总成本（万元）		报告期单位成本比基期增（+）减（-）%
		基期	报告期	
甲	台	180	220	+10
乙	件	140	200	-6
丙	吨	360	350	+13

要求：（1）计算三种产品的单位成本总指数；

（2）计算三种产品的产量总指数；

（3）分别从相对数和绝对数方面对三种产品总成本的变动进行因素分析。

4. 某商品各个等级的购进价格及购进量资料如下：

商品等级	购进单价（元/千克）		购进量（千克）	
	上年	本年	上年	本年
一	200	212	1 000	1 800
二	100	115	1 100	2 000
三	50	50	1 200	1 250

要求：（1）计算该商品总平均购进价格的可变构成指数、固定构成指数和结构影响指数；

（2）分别从相对数和绝对数方面对总平均购进价格的变动进行因素分析。

5. 某年某地区收购各类农产品资料如下：

农产品类别	本年收购额（万元）	本年收购价格为上年的%
甲	7 000	110.0
乙	5 000	103.3
丙	5 500	125.0

同期，该地区销售各类工业品资料如下：

工业品类别	各类销售额占总销售额的%	本年零售价格为上年的%
甲	60	105.0
乙	20	120.1
丙	10	106.7
丁	10	105.0

上述各类工业品零售总额为 18 000 万元。

要求：（1）计算农产品收购价格总指数和工业品零售价格总指数；

（2）计算该地区农民出售农产品和购买工业品时，由于价格变动对其收入的影响。

|第八章|

抽样推断分析法

第一节
抽样方法概述

一、抽样的概念和特点

1. 抽样的概念

抽样就是从所研究的对象中随机地取出其中一部分单位进行观察，由此获得有关总体的信息。抽样包括抽样调查和抽样推断两部分。抽样调查是一种按照随机的原则抽取样本单位，以获取样本统计资料的非全面统计调查方法。抽样推断则是依据抽样调查得到的样本数据，对总体特征数，或称总体参数，做出具有一定可靠程度的估计和推断，以达到认识总体数量特征的方法。例如，要了解某市职工家庭年平均收入，就可以采用抽样的方法，随机地从全市 500 万职工家庭中抽出部分家庭进行调查，根据调查得到部分职工家庭年平均收入的资料进行推断，了解和掌握该市全部职工家庭年平均收入的情况。又例如，某企业生产了一批彩色显像管，根据设计要求，其平均使用寿命不得低于 5 000 小时。想要了解该批产品是否达到了设计要求，我们只能随机地抽取其中一小部分做试验，因为这种试验是具有破坏性的，不能对所有产品做全面试验，只能采取抽样的方法。假定从这批显像管中随机抽取了 50 只进行试验，测得这 50 只显像管的平均使用时间为 4 950 小时，那么将如何判断这批显像管是否达到了设计标准呢？这些都是抽样推断要研究的问题。

2. 抽样的特点

（1）抽样必须遵守随机的原则。随机原则是指在抽样时样本单位是按照随机的原则抽取的，每个单位都有同等的机会被抽取。只有在随机抽样的基础上，才能保证中选样本和总体基本保持相同的结构和分布，增强样本的代表性，以便对总体做出有效的估计和推断。例如，检查一批产品的质量，如果事先规定局限于某个部分进行抽查，便很难对该批产品的质量好坏做出正确的结论。

（2）抽样是一种从数量上推断总体的研究方法。抽样调查同重点调查、典型调查等都属于非全面调查的方法，除了在选择调查单位上的区别，它们的目的也不同，抽样调查的最终目的是从数量上推断总体。虽然统计研究的目的是认识现象总体的数量特征，但在很多情况下，只能通过对总体部分单位的研究来达到这种认识，根据部分单位的数量特征推断总体的数量特征。抽样的方法就是这样一种从数量上推断总体的研究方法。

（3）抽样推断是采用概率估计的方法。利用样本数据估计总体参数时，由于样本指标和总体参数之间并不存在严格的对应关系，在数学上不能利用一定的函数表达式来推算总体参数，只能采用不确定的概率估计方法。例如，要估计某个农贸市场的成交额，只能以一定的概率保证（95% 的概率），估计该农贸市场的成交额在某一范围，不可能根据样本指标利用函数表达式准确地推算出农贸市场成交额的对应值。

（4）抽样推断的误差可以事先计算并加以控制。用样本数据估计总体参数必然存在一定的误差，根据概率论的中心极限定理，这种由抽样随机性所产生的误差趋向于正态分布，因此可以事先计算出抽样误差，并根据研究对象和调查任务的要求事先对调查误差进行设计和控制，采用适当的抽样方式和抽样的组织形式保证对抽样推断结果可靠程度和精确程度的不同要求。

3. 抽样的作用

鉴于抽样的上述特点，抽样的方法在经济管理方面具有极其广泛的应用。其作用具体表现在以下几个方面：

（1）当某些现象不采用全面调查，但又需要掌握总体的数量特征时，可以利用抽样方法对总体的数量特征做出推断。例如，有些现象要经过破坏性或消耗性试验，只能采用抽样的方法，从总体中抽出一部分单位进行。另外，对于某些无限总体不能采用全面调查，只能从中抽出部分样本单位进行调查。

（2）某些现象没有必要采用全面调查时，可利用抽样的方法做出推断。例如对城市居民的家计调查、中小商业企业调查和市场购买力调查等，从理论上虽然可以进行全面调查，但实际上采用抽样的方法完全可以达到调查目的，又可以节省人力、物力、财力和时间，在实际中往往采用抽样的方法。

（3）抽样调查和全面调查可以结合运用，相互补充，用抽样调查的资料可以对全面调查的资料进行验证和核对。例如，在人口普查中，同时还要采用抽样的方法对普查资料进行验证。

二、有关抽样的几个基本概念

（一）总体和样本

1. 总体

总体就是研究对象的全体。即按照抽样调查的目的而确定的同类事物或现象的全体。例如，要研究某电视机厂某日生产电视机的质量，这样，该厂某日生产的所有电视机就构成了基本性质相同，但各单位数量表现又有差异的总体。

（1）总体按照它所包含总体单位个数的多少，可分为有限总体和无限总体。

有限总体，是指由有限个总体单位所组成的总体，其总体单位可以计数或一一列举。例如，蔬菜的品种就是一个有限总体。

无限总体，是指由无限多个总体单位所组成的总体，其总体单位数很大，甚至多到无限，研究这种无限总体只能采取抽样的方法。日常生活中有许多这样的例子。例如，从一批产品中抽出 n 件进行检查，这"一批"显然是有限总体，因为一批产品的单位数量是有限的。又如，在某商店观察若干天上午 $8 \sim 10$ 时之间顾客来到的数目，用它来研究在此 2 小时内顾客到达数的分布。在这种情况下，可以把无限次观察看成总体，而把有限次观察看成样本。

（2）总体按照其各单位标志的性质不同，可以分为属性总体和变量总体。

属性总体是指被研究的总体中，所研究单位的标志是品质标志。例如，研究性别差异的出生婴儿总体，考察产品质量好坏的产品总体，都属于属性总体。对于属性总体中各单位的"是非标志"或称"交替标志"，为了研究上的方便，可以将其量化，人为规定其标志值，若设某一交替标志为 X_i，则该标志的取值可定义为 0 或 1。

0——属性总体当中不具有某特征的单位的标志值；

1——属性总体当中具有某特征的单位的标志值。

例如，研究性别差异的出生婴儿总体，婴儿性别为交替标志，用 X_i 表示，它的具体取值可以是男性为 0，女性为 1。

变量总体是指被研究的总体中，所研究单位的标志是数量标志。例如，反映职工工资水平高低的职工总体，反映学生年龄大小的学生总体等都属于变量总体。若将某一数量标志定义为 X_i，总体各单位的标志值 X_1，X_2，X_3，…，X_n，即为该变量 X_i 可能取的一切值，该变量总体就可以用表示某一数量标志的变量 X_i 来表示，或简单地表示为 X。

2. 样本

样本也称样本总体，是指从总体中，按照预先规定的概率，随机抽取若干单位所组成的集合。其中被抽取的每一个单位称为样本单位。例如，要研究某地区商业网点的情况，从 10 000 个商业网点中随机抽取 50 个进行观察，这 50 个商业网点就构成了样本总体，其中每一个被抽取的商业网点即为样本单位。

（二）总体容量和样本容量

1. 总体容量

总体容量是指总体中所含总体单位的个数，也可称为总体的大小，一般用大写的英文字母"N"来表示，N 总是很大的数。例如，要从某地区 500 万户居民家庭中随机抽取 1 000 户进行调查，了解居民家庭的收支状况，则 500 万户即为总体容量。

2. 样本容量

样本容量是指样本总体中所含样本单位的个数，也称为样本的大小，通常用小写的英文字母"n"来表示，与总体容量 N 相比，样本容量 n 则是很小的数。例如，上面例子中，从 500 万户居民家庭中随机抽取 1 000 户进行调查，样本容量即为 1 000 户。样本容量是决定样本数目和抽样误差的主要因素之一。

（三）样本个数

样本个数又称样本的最大可能数目，即确定了抽样总体和样本容量后，从总体中可能抽取或可能构成样本总体的数目。在一个确定的总体中样本数目的多少，和样本容量有直接的关系，另外还同抽样的方式有关。如果确定了样本容量，样本的可能数目就取决于抽样方式。样本个数通常用"M"来表示。

（四）抽样方式

1. 重复抽样

重复抽样也称回置抽样或放还抽样，是指在抽取样本时，从总体中随机抽取一个单位，把结果记录下来，将其放回参加下一次抽取，下次抽取是在完全相同的条件下进行的，总体的每个单位被抽取的概率是完全相等的，同一单位也有被重复抽取的可能性，形成样本总体的各个样本单位是相互独立的，并且与总体有相同的分布。例如，总体中有 A、B、C、D 四个单位，从中随机抽取两个单位构成样本，样本容量 n 等于 2，先从四个单位中抽取一个，把观察结果登记下来，将其放回，然后从相同的四个单位中再抽取一个，这样就构成了一个样本。这种抽样方式就是重复抽样。

2. 不重复抽样

不重复抽样也称不回置抽样或不放还抽样，是指在抽取样本时，从总体中随机抽取一个单位，观察记录以后，就不再放回参加下一次抽取，这样每抽取一次，总体的单位就少一个，各次抽取的条件就发生了变化，每次抽取的结果会影响下一次的抽取，各次抽取也不是相互独立的，同一个单位也不可能被重复抽取，连续抽取 n 次，就构成一个容量为 n 的样本。这种抽样方式就是不重复抽样。

在无限总体中抽样，由于总体单位为无限，所以抽取有限次后不会影响总体的分布，在这种情况下，不重复抽样和重复抽样没有什么区别。在实践中，当总体容量很大，而样本容量相对较小时，也可以把不重复抽样看成重复抽样，这使抽样与计算都比较简单。

（五）总体指标和样本指标

1. 总体指标

总体指标也称总体特征数或总体参数，它是根据总体各单位的标志值或属性特征计算的。在抽样推断中所要推断的总体参数主要包括总体平均数（$\overline{X}$ 或 μ），总体成数（P），总体的方差（σ^2）和标准差（σ）。

2. 样本指标

样本指标也称样本统计量，它是根据样本总体各单位标志值或属性特征计算的，是用来估计总体参数的随机变量。样本统计量和总体参数相对应，主要包括样本平均数（$\overline{x}$），样本成数（p），样本的方差（S^2）和标准差（S）。

第二节

抽样分布与抽样误差

一、抽样分布

抽样推断的中心就是根据实际观测到的样本数据计算样本统计量，对总体参数做出具有一定可靠程度的估计和推断。

由于样本是按照随机的原则抽取的，它是一个随机变量，根据样本数据计算的样本统计量是样本的函数，也是随机变量。如样本平均数 $\overline{x}$、样本方差 s^2、样本成数 p 等样本统计量都是随机变量。随机变量具有两个特点：（1）取值的随机性，即事先不能确定某个随机变量取哪个值；（2）取值的统计规律性，即可以确定某个随机变量取哪个值或在某一个区间内取值的概率。根据随机变量的特点，在一次调查中某一样本统计量的某一个取值不可能正好等于总体参数的估计值，例如样本平均数 $\bar{x}$，它是一个随机变量，在一次调查中，即使它再好，它的取值也不可能恰好等于总体平均数 $\bar{X}$。因此，只能依据样本取值的统计规律性，即根据样本及其抽样分布所具有的特征对总体参数做出具有一定概率保证的估计。因此，研究抽样分布在统计推断中是非常重要的。

抽样分布是指在重复抽取容量为 n 的样本时，由样本统计量的所有可能取值以及这些取值的概率整理而形成的分布。抽样分布可以用平均数和方差这两个重要的数字特征值概括地描述。我们就是依据抽样分布的性质和特点对总体参数进行估计，因此说，抽样分布是统计推断的基础，是抽样推断科学性的依据。

需要指出的是，实际上从总体中抽取全部可能样本来构造样本统计量的抽样分布，只是出于理论研究的需要，其目的纯粹是为了能概括出有关统计量抽样分布的一般规律，以便加以应用，而并非在实践中都要一一构造这样的抽样分布。

二、样本平均数的抽样分布

（一）样本平均数的抽样分布

样本平均数的抽样分布，是指在重复抽取容量为 n 的样本时，由样本平均数的所有可能取值以及这些取值的概率整理而成的分布。

例 8-2-1 某厂一个生产小组的月生产量是服从均匀分布的，该生产小组有 4 名职工，其月平均产量分别为 40 件、50 件、70 件、80 件，按照简单重复随机抽样的原则，从 4 名职工中随机抽取 2 名构成样本，所有的样本如表 8-2-1 所示。

表 8 – 2 – 1　总体容量为 4 和样本容量为 2 的
所有 16 个样本及均值

第一次抽取	第二次抽取			
	40	50	70	80
40	(40，40) 40	(40，50) 45	(40，70) 55	(40，80) 60
50	(50，40) 45	(50，50) 50	(50，70) 60	(50，80) 65
70	(70，40) 55	(70，50) 60	(70，70) 70	(70，80) 75
80	(80，40) 60	(80，50) 65	(80，70) 75	(80，80) 80

所有样本平均数以及相应的频率整理如表 8 – 2 – 2 所示。

表 8 – 2 – 2　由表 8 – 2 – 1 整理的样本平均数的抽样分布表

序号	样本平均数（$\bar{x}_i$）（件）	样本个数（f_i）	频率（$f_i / \sum f$）
1	40	1	0.0625
2	45	2	0.1250
3	50	1	0.0625
4	55	2	0.1250
5	60	4	0.2500
6	65	2	0.1250
7	70	1	0.0625
8	75	2	0.1250
9	80	1	0.0625
合计	—	16	1.0000

　　该抽样分布的平均值为 60，从上表也可以看出，样本平均数 60 出现的次数是最多的，虽然每个样本都有它的均值，每个样本的平均值一般不会与总体平均值相同，但它们趋近总体平均值。

　　例 8 – 2 – 2　如果按照简单不重复随机抽样的方式

进行抽样，则所有可能的样本及样本平均数如表 8 - 2 - 3
所示。

表 8 - 2 - 3　总体容量为 4 和样本容量为 2 的
所有 12 个样本及均值

第一次抽取	第二次抽取			
	40	50	70	80
40		(40，50) 45	(40，70) 55	(40，80) 60
50	(50，40) 45		(50，70) 60	(50，80) 65
70	(70，40) 55	(70，50) 60		(70，80) 75
80	(80，40) 60	(80，50) 65	(80，70) 75	

所有样本平均数以及相应的频率整理如表 8 - 2 - 4 所示。

表 8 - 2 - 4　由表 8 - 2 - 3 整理的样本平均数的抽样分布表

序号	样本平均数（$\bar{x}_i$）	样本个数（f_i）	频率（$f_i / \sum f_i$）
1	45	2	0.1667
2	55	2	0.1667
3	60	4	0.3333
4	65	2	0.1667
5	75	2	0.1667
合计	—	12	1.0000

（二）样本平均数抽样分布的形式

1. 根据数理统计的证明，如果样本是取自一个平均数为 μ，
方差为 σ^2 的正态分布总体 $N(\mu, \sigma^2)$，则来自该总体的所有容
量为 n 的样本的平均数 $\bar{x}$ 的抽样分布也服从正态分布。且样本平

均数 $\bar{x}$ 的数学期望，即样本平均数的平均数等于总体平均数，可表示为 $E(\bar{x}) = \mu$（或 $= \bar{X}$）。样本平均数的方差有以下两种情况：

第一种情况，当进行重复抽样时，样本平均数的方差等于总体方差的 $\frac{1}{n}$，即 $\sigma_{(\bar{x})}^2 = \frac{\sigma^2}{n}$，$\bar{x} \sim N\left(\mu, \frac{\sigma^2}{n}\right)$。

第二种情况，当进行不重复抽样时，样本平均数的方差等于总体方差的 $\frac{1}{n}$，再乘上一个修正因子，即 $\sigma_{(\bar{x})}^2 = \frac{\sigma^2}{n}\left(\frac{N-n}{N-1}\right)$，$\bar{x} \sim N\left(\mu, \frac{\sigma^2}{n}\frac{N-n}{N-1}\right)$。

由于 N 是一个很大的数，$N-1$ 可以视同 N，因此修正因子可简化为：

$$\frac{N-n}{N} = 1 - \frac{n}{N}$$

这样，抽样平均数的方差可以写成 $\sigma_{(\bar{x})}^2 = \frac{\sigma^2}{n}\left(\frac{N-n}{N-1}\right) = \frac{\sigma^2}{n}\left(1 - \frac{n}{N}\right)$，其中 $\frac{n}{N}$ 称为抽样比。当抽样比小于 5% 时，即 N 很大，n 很小，$\left(1 - \frac{n}{N}\right)$ 接近于 1，在这种情况下，即使是重复抽样，重复抽取的可能性也很小，此时重复抽样和不重复抽样的结果是非常接近的，近似相等。所以也可以说，当抽样比较小时，样本平均数 $\bar{x}$ 服从 $\bar{x} \sim N\left(\mu, \frac{\sigma^2}{n}\right)$ 的正态分布。

根据例 8-2-1 的资料计算，该总体的平均数和方差分别为：

总体的平均产量

$$\mu = \frac{\sum X_i}{N} = \frac{40 + 50 + 70 + 80}{4} = 60 \text{（件）}$$

总体的方差

$$\sigma^2 = \frac{\sum (X_i - \bar{X})^2}{N}$$

$$= \frac{(40-60)^2 + (50-60)^2 + (70-60)^2 + (80-60)^2}{4}$$

$$= 250 \text{（件）}$$

根据表 8 - 2 - 3 的资料计算，在简单重复抽样条件下，样本平均数的均值和方差分别为：

样本平均数的均值

$$\bar{\bar{x}} = E(\bar{x}) = \frac{\sum \bar{x}_i f_i}{\sum f_i} = \frac{40 \times 1 + 45 \times 2 + \cdots + 80 \times 1}{16}$$

$$= \frac{960}{16} = 60 \text{（件）}$$

样本平均数的方差

$$\sigma^2_{(\bar{x})} = \frac{\sum (\bar{x}_i - \bar{\bar{x}})^2 f_i}{\sum f_i}$$

$$= \frac{(40-60)^2 \times 1 + (45-60)^2 \times 2 + \cdots + (80-60)^2 \times 1}{16}$$

$$= \frac{2\,000}{16} = 125$$

比较上述的计算结果，样本平均数的平均数，即样本平均数的数学期望等于总体平均数（$\bar{\bar{x}} = \bar{x} = 60$），样本平均数的方差等于总体方差的 $1/n$（$\sigma^2_{(\bar{x})} = \frac{\sigma^2}{n} = \frac{250}{2} = 125$）。这样就可以考虑当总体平均数未知时，用样本平均数 $\bar{x}$ 作为总体平均数 μ 的估计量。

根据表 8 - 2 - 4 的资料计算，在简单不重复抽样的条件下，样本平均数的均值和方差分别为：

样本平均数的均值

$$\bar{\bar{x}} = \frac{\sum \bar{x}_i f_i}{\sum f_i} = \frac{45 \times 2 + 55 \times 2 + \cdots + 75 \times 2}{12}$$

$$= \frac{720}{12} = 60 \text{（件）}$$

样本平均数的方差

$$\sigma^2_{(\bar{x})} = \frac{\sum (\bar{x}_i - \bar{\bar{x}})^2 f_i}{\sum f_i}$$

$$= \frac{(45-60)^2 \times 2 + (55-60)^2 \times 2 + \cdots + (75-60)^2 \times 2}{12}$$

$$= \frac{1\ 000}{12} = 83.33$$

可见，在不重复抽样条件下，样本平均数的平均数仍然等于总体平均数（$\bar{\bar{x}} = \bar{x} = 60$），样本平均数的方差等于总体方差的$1/n$，再乘上一个修正因子（$\sigma^2_{(\bar{x})} = \frac{\sigma^2}{n}\left(\frac{N-n}{N-1}\right) = \frac{250}{2}\left(\frac{4-2}{4-1}\right) = \frac{250}{3} = 83.33$）。

比较简单重复随机抽样和简单不重复随机抽样条件下的计算结果区别仅在于，简单重复抽样条件下所计算的样本平均数的方差等于总体方差的$1/n$，而简单不重复随机抽样条件下所计算的样本平均数的方差等于总体方差的$1/n$再乘上一个修正因子。

2. 根据中心极限定理，如果样本取自任意一个方差为σ^2（有限）的总体，只要样本容量n足够大，一般要求$n \geq 30$，则样本平均数$\bar{x}$的抽样分布将近似服从正态分布。在重复抽样条件下，样本平均数的平均数等于μ（或$\bar{x}$），方差为σ^2/n，在不重复抽样条件下，样本平均数的平均数等于μ（或$\bar{x}$），方差为$\frac{\sigma^2}{n}\left(\frac{N-n}{N-1}\right)$。

中心极限定理说明了不仅从正态分布总体中抽取样本时，样本平均数这一统计量服从正态分布，即使是从非正态的总体抽样，只要样本容量n足够大，样本平均数的抽样分布也趋向正态分布。

样本容量究竟多大才能使抽样分布逼近正态分布呢? 这主要以考虑统计量能近似正态分布为原则, 因此还取决于总体的分布情况, 总体偏离正态分布越远, 所需的样本容量就越大, 一般情况以 $n \geqslant 30$ 作为大样本, 即样本容量为足够大。

例 8 - 2 - 3 我们不知道某地区职工人均年收入的具体分布, 但已知该地区职工家庭人均年收入为 1 200 元, 标准差为 200 元, 用简单重复抽样的方式抽取 64 户进行调查, 求样本平均数居于 1 150 ~ 1 250 元之间的概率。

虽然总体分布未知, 但总体平均数和总体方差已知, 且样本容量 $n = 64 \geqslant 30$, 为大样本, 在这种情况下, 就可以断定该抽样分布近似服从正态分布。

已知: 总体平均数 $\mu = 1\ 200$ 元, 总体标准差 $\sigma = 200$ 元, $n = 64$

样本平均数的标准差为: $\sigma_{(\bar{x})} = \dfrac{\sigma}{\sqrt{n}} = \dfrac{200}{\sqrt{64}} = 25$ (元)

样本平均数在 1 150 ~ 1 250 之间的概率为:

$$P(1\ 150 \leqslant \bar{x} \leqslant 1\ 250)$$

$$= P\left(\frac{1\ 150 - 1\ 200}{25} \leqslant \frac{\bar{x} - 1\ 200}{\frac{\sigma}{\sqrt{n}}} \leqslant \frac{1\ 250 - 1\ 200}{25}\right)$$

$$= P(-2 \leqslant Z \leqslant 2)$$

$$= 2P(Z \leqslant 2) - 1$$

$$= 2 \times 0.9772 - 1$$

$$= 0.9544$$

上面的计算中涉及到将一般正态分布转化为标准正态分布的过程, 因为只要将一般正态分布转化为标准正态分布, 就可以通过查表解决正态分布的概率计算问题。在大样本的情况下，可以通过统计量 $Z = \dfrac{\bar{x} - \mu}{\sigma_{(\bar{x})}} = \dfrac{\bar{x} - \mu}{\dfrac{\sigma}{\sqrt{n}}} \sim N(0,1)$ 将一般正态分布转化成标准正态分布，标准化后的统计量 $Z \sim N(0,1)$ 服从标准正态分布。

3. 如果样本取自一个总体方差 σ^2 未知的正态分布总体，且样本容量 $n < 30$，则样本平均数服从自由度为 $df = (n-1)$ 的 t 分布。t 分布类似于正态分布，随着样本容量 n 的不断增大，t 分布逼近正态分布。

前面两种类型，样本平均数 $\bar{x}$ 服从平均数为 μ，方差为 $\dfrac{\sigma^2}{n}$ 的正态分布，因此有统计量 $Z = \dfrac{\bar{x} - \mu}{\dfrac{\sigma}{\sqrt{n}}} \sim N(0,1)$，但若总体方差未知时，只能用样本方差 S^2 代替，如果样本容量 n 很大，那么样本方差 S^2 就是总体方差 σ^2 的一个较好的估计量，$Z = \dfrac{\bar{x} - \mu}{\dfrac{S}{\sqrt{n}}}$ 仍然近似服从标准正态分布，若 $n < 30$，样本方差 S^2 与总体方差 σ^2 差异较大，因此统计量 $t = \dfrac{\bar{x} - \mu}{\dfrac{S}{\sqrt{n}}}$ 就不再服从标准正态分布了，而是服从自由度为 $n-1$ 的 t 分布。随着 n 的增大，样本平均数 $\bar{x}$ 趋近于服从正态分布。

例 8-2-4 某产品的年平均价格为 130 元/件，采用简单随机抽样的方法对 25 天的产品价格进行调查，平均价格为 120 元/件，标准差为 10 元/件，如果该产品的价格服从正态分布，问样本平均数的标准差是多少？平均价格等于和超过 135 元/件的概率是多少？

由于该产品价格服从正态分布，但总体方差 σ^2 未知，样本容量 n 等于 25，样本容量小于 30，所以样本平均价格的抽样分布服从自由度为 $n-1$ 的 t 分布。

已知：$\bar{x} = 120$ 元/件　　　$S = 10$ 元/件　　　$n = 25$ 天

$\mu = 130$ 元/件

因为：总体方差 σ^2 未知，所以用 S^2 代替，又由于 $n = 25 < 30$

所以：样本平均数的标准差：

$$\sigma_{\bar{x}} = \frac{S}{\sqrt{n}} = \frac{10}{5} = 2 \text{（元/件）}$$

平均价格超过 135 元的概率：

$$P(\bar{x} \geqslant 135) = P\left(\frac{\bar{x} - \mu}{\sigma_{\bar{x}}} \geqslant \frac{135 - 130}{2}\right)$$
$$= P(t \geqslant 2.5) = 1\%$$

三、样本成数的抽样分布

在许多实际问题中，需要对总体中具有某种特征的单位占总体全部单位的比例，即总体成数进行推断，因此必须对样本成数的抽样分布进行研究。

样本成数也称样本比例。样本成数的抽样分布是指，在重复抽取容量为 n 的样本时，由样本成数的所有可能取值形成的相对频数分布。它也是一种理论分布，它可以用正态分布近似。根据数理统计的证明，在大样本的情况下，若 $np > 5$，样本成数的抽样分布近似为正态分布。因此有：$p \sim N\left[P, \frac{1}{n}P(1-P)\right]$，即样本成数 p 服从期望值为 P，方差为 $\frac{1}{n}P(1-P)$ 的正态分布。

1. 在重复抽样情况下，样本成数的平均数和方差

样本成数的平均数为：$\bar{x}_{(p)} = P$

样本成数的方差为：$\sigma^2_{(p)} = \frac{1}{n}p(1-p)$

2. 在不重复抽样情况下，样本成数的平均数和方差

样本成数的平均数为：$\bar{x}_{(p)} = P$

样本成数的方差为：$\sigma^2_{(p)} = \frac{p(1-p)}{n}\left(\frac{N-n}{N-1}\right)$

或：$\sigma^2_{(p)} = \frac{p(1-p)}{n}\left(1-\frac{n}{N}\right)$

四、抽样平均误差和抽样极限误差

1. 抽样误差的概念

根据抽样分布的特点，样本平均数和样本成数在平均的意义上等于总体平均数和总体成数，因此就可以考虑当总体平均数和总体成数未知时，用样本平均数和样本成数作为总体平均数和总体成数的估计值。但是，样本是按照随机原则抽取的，所得样本指标与总体指标之间必然产生一定的误差，例如样本平均数与总体平均数之间的离差 $(\bar{x}-\bar{X})$，样本成数与总体成数之间的离差 $(p-P)$，这种由抽样的随机性所产生的样本指标与总体指标之间的离差就叫作抽样误差。

2. 抽样平均误差的概念和计算

从数学上讲，样本平均数 $\bar{x}$ 是一个随机变量，则样本平均数的抽样误差 $(\bar{x}-\bar{X})$ 也是随机变量。在实际抽样推断过程中，不可能将某一次抽样所得样本指标与总体指标的实际误差作为抽样误差范围的衡量尺度，而是要从概率平均意义上。取样本指标的标准差作为抽样误差的衡量标准。抽样平均误差也叫抽样标准误差，它是所有可能的样本平均数的标准差。它可用来测度所有样本平均数的离散程度。

在研究抽样分布时，已经计算了样本平均数和样本成数的方差，并且了解了它们与总体方差的关系，因此样本平均数的方差根或称样本平均数的标准差就等于样本平均数的抽样平均误差；样本成数的方差根或称样本成数的标准差就等于样本成数的抽样平均误差。

例如，根据表 8 – 2 – 2 的资料可以证明：在简单重复抽样条件下，样本平均数的方差为 $\sigma_{(\bar{x})}^2 = \dfrac{\sum (\bar{x}_i - \bar{\bar{x}})^2 f}{\sum f} = 125$，其方差根即抽样平均误差为 $\sigma_{(\bar{x})} = \sqrt{\dfrac{\sum (\bar{x}_i - \bar{\bar{x}})^2 f}{\sum f}} = \sqrt{125} = 11.18$；在简单不重复抽样条件下，样本平均数的方差为 $\sigma_{(\bar{x})}^2 = \dfrac{\sum (\bar{x}_i - \bar{\bar{x}})^2 f}{\sum f} = 83.33$，其方差根即抽样平均误差为 $\sigma_{(\bar{x})} = \sqrt{\dfrac{\sum (\bar{x}_i - \bar{\bar{x}})^2 f}{\sum f}} = \sqrt{83.33} = 9.13$。

抽样平均误差的计算公式为：

（1）在重复抽样的条件下，样本平均数的抽样平均误差为：

$$\sigma_{(\bar{x})} = \sqrt{\frac{\sigma^2}{n}} = \frac{\sigma}{\sqrt{n}}$$

样本成数的抽样平均误差为：

$$\sigma_{(p)} = \sqrt{\frac{p(1-p)}{n}}$$

（2）在不重复抽样的条件下，样本平均数的抽样平均误差为：

$$\sigma_{(\bar{x})} = \sqrt{\frac{\sigma^2}{n}\left(\frac{N-n}{N-1}\right)} = \sqrt{\frac{\sigma^2}{n}\left(1 - \frac{n}{N}\right)}$$

样本成数的抽样平均误差为：

$$\sigma_{(p)} = \sqrt{\frac{p(1-p)}{n}\left(\frac{N-n}{N-1}\right)} = \sqrt{\frac{p(1-p)}{n}\left(1-\frac{n}{N}\right)}$$

仍以前述例 8 - 2 - 1 的资料为例：已知 $N = 4$，$n = 2$，$\sigma^2 = 250$，根据简单重复抽样误差的公式，可计算其抽样误差 $\sigma_{(\bar{x})} = \sqrt{\frac{\sigma^2}{n}} = \sqrt{\frac{250}{2}} = 11.18$；根据简单不重复抽样误差的公式，可计算

其抽样误差 $\sigma_{(\bar{x})} = \sqrt{\frac{\sigma^2}{n}\left(\frac{N-n}{N-1}\right)} = \sqrt{\frac{250}{n}\left(\frac{4-2}{4-1}\right)} = 9.13$。

显然，其计算结果与前述证明的结果相同。

从上述公式和算例可以看出：抽样误差的大小，与样本容量 n 成反比，与总体各单位标志变异程度成正比；同时抽样误差的大小不受抽样方式的影响，重复抽样误差大，不重复抽样误差小。另外，抽样组织形式的不同，也会影响抽样误差的大小。

3. 抽样极限误差的概念和计算

抽样极限误差也称允许误差，它是指样本指标与全及指标之间抽样误差的最大可能范围，通常用"Δ"表示。

我们知道，用样本指标估计全及指标要达到完全准确毫无误差几乎是不可能的，要确切指出某个实际误差的大小也是不可能的；用抽样平均误差并不能确切反映样本指标与全及指标之间真实的绝对误差，它只是抽样误差的一个平均值。因此只能根据概率论的原理，以一定的概率保证抽样误差不超过某一给定的范围，而这个给定的范围就是抽样极限误差。它可以用下列不等式表示：

$$|\bar{x} - \mu| \leq \Delta$$

或 $|p - P| \leq \Delta$。

$|\bar{x} - \mu| \leq \Delta$ 可以有以下两个等价的不等式：

$$\begin{cases} \bar{x} - \Delta_x \leq \mu \leq \bar{x} + \Delta_x & (1) \\ \mu - \Delta_x \leq \bar{x} \leq \mu + \Delta_x & (2) \end{cases}$$

式（1）表示希望总体平均数 μ 落入样本平均数和极限误差所形成的范围内，这个范围我们把它叫做叫置信区间。总体平均数落入置信区间的概率表示为：

$$P(\overline{x} - \Delta_x \leqslant \mu \leqslant \overline{x} + \Delta_x) = 1 - \alpha$$

式中：$1 - \alpha$ 称为置信概率，它是总体平均数或总体成数在该区间出现的概率；α 称为显著性水平，它是几乎不出现的概率（小概率），α 一般取 0.05 或 0.01。

式（2）表明样本平均数是以总体平均数为中心，在 $\mu \pm \Delta_x$ 之间变动。

抽样极限误差是以抽样平均误差为单位进行衡量的，它可以表示为若干倍的抽样平均误差。

（1）如果样本取自一个平均数为 μ，方差为 σ^2 的正态分布总体 $N(\mu, \sigma^2)$，抽样平均数的允许误差为：

$$\Delta_x = Z_{(\alpha/2)}\sigma/\sqrt{n}, \quad 则$$

$$P(\overline{x} - \Delta_x \leqslant \mu \leqslant \overline{x} + \Delta_x) = 1 - \alpha$$

$$P\left(\overline{x} - Z_{\frac{\alpha}{2}}\frac{\sigma}{\sqrt{n}} \leqslant \mu \leqslant \overline{x} + Z_{\frac{\alpha}{2}}\frac{\sigma}{\sqrt{n}}\right) = 1 - \alpha$$

抽样成数的允许误差为：

$$\Delta_p = Z_{(\alpha/2)}\sigma_p/\sqrt{n}, \quad 则$$

$$P(p - \Delta_p \leqslant \mu \leqslant p + \Delta_p) = 1 - \alpha$$

$$P\left(p - Z_{\frac{\alpha}{2}}\sqrt{\frac{p(1-p)}{n}} \leqslant \mu \leqslant p + Z_{\frac{\alpha}{2}}\sqrt{\frac{p(1-p)}{n}}\right) = 1 - \alpha$$

（2）如果样本取自任意一个方差为 σ^2（有限）的总体，样本容量 $n \geqslant 30$，则抽样平均数的允许误差为：

$$\Delta_x = Z_{(\alpha/2)}\sigma/\sqrt{n}, \quad 即$$

$$P(\overline{x} - \Delta_x \leqslant \mu \leqslant \overline{x} + \Delta_x) = 1 - \alpha$$

$$P\left(\overline{x} - Z_{\frac{\alpha}{2}}\frac{\sigma}{\sqrt{n}} \leqslant \mu \leqslant \overline{x} + Z_{\frac{\alpha}{2}}\frac{\sigma}{\sqrt{n}}\right) = 1 - \alpha$$

抽样成数的允许误差为：

$$\Delta_p = Z_{(\alpha/2)} \sigma_p / \sqrt{n}, \quad 即$$

$$P(p - \Delta_p \leqslant \mu \leqslant p + \Delta_p) = 1 - \alpha$$

$$P\left(p - Z_{\frac{\alpha}{2}}\sqrt{\frac{p(1-p)}{n}} \leqslant \mu \leqslant p + Z_{\frac{\alpha}{2}}\sqrt{\frac{p(1-p)}{n}}\right) = 1 - \alpha$$

（3）在正态分布总体中抽样，样本容量 $n < 30$，且总体方差 σ^2 未知，

抽样平均数的允许误差为：$\Delta_x = t_{(\alpha/2)} \sigma / \sqrt{n}$

抽样成数的允许误差为：$\Delta_p = t_{(\alpha/2)} \sigma / \sqrt{n}$

其中，Z、t 这两个统计量为极限误差与抽样平均误差相比所得的相对数，即允许误差为抽样平均误差的倍数，我们也把它称之为概率度。另外，上述是在重复抽样方式下抽样极限误差的计算公式，在不重复抽样条件下抽样平均误差还要乘上修正因子。

可以证明，概率度的取值不同，样本指标在某一区间取值的概率就会发生变化。在总体不变的情况下，如果概率度扩大或缩小，可允许误差也会随之扩大或缩小，进而影响由样本指标推断总体指标的把握程度的扩大或缩小。在实际工作中，已经编制出了不同概率度对应的概率分布表（见附录）。下面的表 8 - 2 - 5 为常用的 Z 值与相应的置信概率对照表。

表 8 - 2 - 5

概率度（Z）	置 信 概 率
1	0.6827
1.64	0.9000
1.96	0.9500
2.0	0.9545
3.0	0.9973

第三节

抽样估计的方法与应用

抽样估计就是利用实际调查的样本资料计算样本指标来估计总体指标的数值。由于总体指标是表明总体数量特征的参数，例如，总体平均数，总体成数等，所以对总体指标数值的估计也称为参数估计。

总体参数的估计方法主要有两种：一种是点估计，另一种是区间估计。下面分别讨论这两种估计方法。

一、点估计

点估计是一种不考虑抽样误差大小，直接用样本统计量（样本平均数或样本成数）去推断总体参数的方法。例如，调查某城市年人均粮食的消费情况，采用抽样的方法，从全市 100 万人口中随机抽取 1 500 人，假定根据样本资料计算年人均粮食消费量为 165 斤，把样本平均数的值（165 斤）作为全市年人均粮食消费量的估计值，就是点估计的方法。

对于一个未知参数，如总体平均数或总体成数，人们可以构造很多个估计量去估计它，如 $\bar{x}$，M_0，M_e 等，衡量一个估计量是否是总体参数的优良估计量，评价的标准有四个：

1. 无偏性

未知参数 θ 的估计量 $\hat{\theta}$ 是一个随机变量，如果该估计量 $\hat{\theta}$ 在平均的意义上等于被估计参数，即 $E(\hat{\theta}) = \theta$，则称估计量 $\hat{\theta}$ 为被估计参数的无偏估计量。例如，样本平均数 $\bar{x}$ 是总体平均数 $\bar{X}$ 的无偏估计量，因为 $E(\bar{x}) = \bar{X}$；样本成数 p 是总体成数的无偏估计量，因为 $E(p) = P$。但是，样本方差不是总体方差的无偏估计量，而样本的修正方差 $\dfrac{\sum (x - \bar{x})^2}{n - 1}$ 才是总体方差的无偏估计量。

2. 有效性

同样一个被估计参数，其无偏估计量可能不止一个，如果其中一个估计量的方差较小，则称该估计量为被估计参数的有效估计量。

3. 一致性

一个好的估计量应该随着样本容量 n 的增大，越来越靠近被估计参数本身。若样本统计量充分地靠近被估计参数，这样的统计量可以称为被估计参数的一致估计量。即：当 $n \to \infty$ 时，$\lim\limits_{n \to \infty} p \left| (\hat{\theta} - \theta) \pi \varepsilon \right| = 1$。

可以证明，样本平均数，样本成数是总体平均数和总体成数的最优估计量。点估计可以给出总体参数的确切估计值，因此确定一个好的估计量是很重要的。然而，由于总体参数是未知的，样本统计量的取值又是随机的，在一次抽样估计中，点估计所给出的估计值不可能恰好等于被估计参数的真值，不可避免地会存在一定的抽样误差，存在这种误差的可能性有多大，也就是这种估计的精确程度和可靠程度怎样，我们究竟能在多大的程度上相信这种估计的正确性，点估计的方法是不可能给出的，在进行抽样推断时，往往采用另一种称为区间估计的方法。

二、区间估计

区间估计是一种在考虑抽样误差大小的条件下，给出被估计参数可能存在的区间范围，以及被估计参数落入这个区间范围的概率把握程度，去推断总体参数的方法。被估计参数可能存在的区间范围称为置信区间，落入在这个区间范围的概率把握程度称为置信度或置信概率。概率把握程度与概率度之间存在对应关系，见书后附表。

实际上区间估计就是要寻找 2 个统计量的值，分别来估计总体参数的上限和下限，即用 $(1-\alpha)\%$ 的概率把握来确定总体参数的置信区间。

1. 总体平均数的置信区间

确定总体平均数的置信区间，仍然依据研究问题和已知条件的不同分三种情况：

（1）总体服从正态分布，且总体方差 σ^2 已知的情况下，样本平均数服从正态分布 $\bar{x} \sim N\left(\mu, \dfrac{\sigma^2}{n}\right)$，建立置信区间所用的统计量是 Z 统计量：

$$Z = \frac{\bar{x} - \mu}{\sigma_{\bar{x}}} = \frac{\bar{x} - \mu}{\dfrac{\sigma}{\sqrt{n}}} \sim N(0, 1)$$

对于给定的显著性水平 α，有

$$P(-Z_{\alpha/2} \leqslant Z \leqslant Z_{\alpha/2}) = 1 - \alpha$$

又有：$P\left(-Z_{\alpha/2} \leqslant \dfrac{\bar{x} - \mu}{\dfrac{\sigma}{\sqrt{n}}} \leqslant Z_{\alpha/2}\right) = 1 - \alpha$

从而有：$P\left(\bar{x} - Z_{\alpha/2}\dfrac{\sigma}{\sqrt{n}} \leqslant \mu \leqslant \bar{x} + Z_{\alpha/2}\dfrac{\sigma}{\sqrt{n}}\right) = 1 - \alpha$

则总体的置信区间可以表示为：

$$\left[\bar{x} - Z_{\alpha/2}\frac{\sigma}{\sqrt{n}}, \ \bar{x} + Z_{\alpha/2}\frac{\sigma}{\sqrt{n}}\right]$$

其中，$\dfrac{\sigma}{\sqrt{n}}$ 是抽样平均误差，$\Delta_x = Z_{\alpha/2}\dfrac{\sigma}{\sqrt{n}}$ 是极限误差，所以置信区间也可以表示为：

$$\left[\bar{x} - \Delta_x, \ \bar{x} + \Delta_x \right]$$

若采用不重复抽样的方式，样本平均数的抽样平均误差为：

$$\sqrt{\frac{\sigma^2}{n}\left(1 - \frac{n}{N}\right)}$$

样本平均数的极限误差为：

$$\Delta_x = Z_{\alpha/2}\sqrt{\frac{\sigma^2}{n}\left(1 - \frac{n}{N}\right)}, \text{以后不再赘述。}$$

例 8 – 3 – 1 某种零件的长度服从正态分布，从该批产品中随机抽取 9 件，测得其平均长度为 21.4mm。已知总体标准差 $\sigma = 0.15$mm，试建立该种零件平均长度的置信区间，给定置信水平为 95%。

解： 已知 $X \sim N(\mu, \sigma^2)$，且总体标准差 $\sigma = 0.15$mm，$\bar{x} = 21.4$mm，$n = 9$，$1 - \alpha = 0.95$，$Z_{\alpha/2} = 1.96$。

由此，可知总体平均数 μ 的置信区间为：

$$\left[\bar{x} - Z_{\alpha/2}\frac{\sigma}{\sqrt{n}}, \ \bar{x} + Z_{\alpha/2}\frac{\sigma}{\sqrt{n}} \right]$$

$$\left[21.4 - 1.96 \times \frac{0.15}{\sqrt{9}}, \ 21.4 + 1.96 \times \frac{0.15}{\sqrt{9}} \right]$$

即为 $[21.302, 21.498]$

（2）在总体服从正态分布，而总体方差 σ^2 未知的情况下，且样本容量 $n < 30$，可用样本方差 S^2 代替总体方差 σ^2，构造总体平均数的置信区间，这时，新的统计量不服从正态分布，而是服从自由度为 $n - 1$ 的 t 分布。对于给定的显著性水平 α，有：

$$t = \frac{\bar{x} - \mu}{S/\sqrt{n}} \sim t(n - 1)$$

用 t 统计量构造的总体平均数的置信区间为：

$$\left[\bar{x} - t_{\alpha/2}\frac{S}{\sqrt{n}}, \ \bar{x} + t_{\alpha/2}\frac{S}{\sqrt{n}} \right]$$

因为，$\dfrac{S}{\sqrt{n}}$ 是抽样平均误差，$\Delta_x = Z_{\alpha/2}\dfrac{S}{\sqrt{n}}$ 是极限误差，所以置信区间仍可以表示为：

$$\left[\,\bar{x} - \Delta_x,\ \bar{x} + \Delta_x\,\right]$$

例 8-3-2 为了估计一分钟一次广告平均费用，抽出了 15 个电视台的随机样本，样本的平均值为 2 000 元，标准差为 1 000 元。假定所有被抽样的电视台近似服从正态分布，试以 95% 的概率把握程度构造总体平均数的置信区间。

解： 该总体服从正态分布，但总体方差 σ^2 未知，可以考虑用样本方差代替，又知 $n = 15 < 30$，则应以 t 分布构造总体平均数的置信区间。

已知：$\bar{x} = 2\,000$ 元，$S = 1\,000$ 元，$n = 15$，$df = n - 1 = 14$，$1 - \alpha = 95\%$，查 t 分布表得：$t_{\alpha/2(n-1)} = t_{0.025(14)} = 2.145$

则所有电视台一分钟一次广告费用的置信区间为：

$$\left[\,\bar{x} - t_{\alpha/2}\frac{S}{\sqrt{n}},\ \bar{x} + t_{\alpha/2}\frac{S}{\sqrt{n}}\,\right]$$

$$\left[\,2\,000 - 2.145 \times \frac{1\,000}{\sqrt{15}},\ 2\,000 + 2.145 \times \frac{1\,000}{\sqrt{15}}\,\right]$$

$$\left[\,1\,446.2,\ 2\,553.8\,\right]$$

即可以以 95% 的把握估计电视台一分钟一次广告费用的置信区间为 1 447.5 ~ 2 552.5 元之间。

（3）当在任意总体抽样时，如果样本容量 $n \geqslant 30$，样本平均数的抽样分布近似服从正态分布 $\bar{x} \sim N(\mu,\ \sigma^2/n)$，则总体平均数的置信区间可表示为：

$$\left[\,\bar{x} - Z_{(\alpha/2)}\frac{\sigma}{\sqrt{n}},\ \bar{x} + Z_{(\alpha/2)}\frac{\sigma}{\sqrt{n}}\,\right]$$

亦即：$\left[\,\bar{x} - \Delta_x,\ \bar{x} + \Delta_x\,\right]$

例 8 - 3 - 3 某大学从该校学生中随机抽取 100 人进行调查，调查得出他们平均每天参加体育锻炼的时间为 26 分钟。要求以 95% 的概率把握程度，估计该大学全体学生平均每天参加体育锻炼的时间（已知总体方差为 36）。

解：总体的分布未知，但总体方差已知，$\sigma^2 = 36$，且 $n = 100 > 30$ 为大样本，由此可知样本平均数是服从正态分布的，又知 $1 - \alpha = 95\%$，$\alpha = 0.05$，$Z_{\alpha/2} = 1.96$，$\bar{x} = 26$，则总体平均数 μ 的置信区间为：

$$\left[\bar{x} - Z_{\alpha/2} \frac{\sigma}{\sqrt{n}}, \ \bar{x} + Z_{\alpha/2} \frac{\sigma}{\sqrt{n}} \right]$$

$$\left[26 - 1.96 \times \frac{6}{\sqrt{100}}, \ 26 + 1.96 \times \frac{6}{\sqrt{100}} \right]$$

$$[24.824, \ 27.176]$$

由此，可以 95% 的概率把握程度，保证该校全体学生平均每天参加体育锻炼的时间在 24.824 ~ 27.176 分钟之间。

2. 总体成数的置信区间

当样本容量足够大时，样本成数 p 近似服从平均数为 P，方差为 $\frac{p(1-p)}{n}$ 的正态分布，则总体成数的置信区间表示为：

$$\left[p - Z_{\alpha/2} \sqrt{\frac{P(1-P)}{n}}, \ p + Z_{\alpha/2} \sqrt{\frac{P(1-P)}{n}} \right]$$

也可以表示为：

$$[p - \Delta_p, \ p + \Delta_p]$$

实际上，总体成数 P 总是未知的，则总体方差 $P(1-P)$ 也是未知的。一般用样本方差代替，则总体成数的置信区间为：

$$\left[p - Z_{\alpha/2} \sqrt{\frac{p(1-p)}{n}}, \ p + Z_{\alpha/2} \sqrt{\frac{p(1-p)}{n}} \right],$$

或 $[p - \Delta_p,\ p + \Delta_p]$

例 8 - 3 - 4 某企业在一项关于寻找职工流动原因的研究中，研究者从该企业职工总体中随机抽取了 200 人组成了一个样本。在对他们进行访问时，有 140 人说，假如他们离开该企业的话，原因是他们得到的收入太低。试对假定由于这种原因而离开该企业的人员的真正比例构造 95% 的置信区间。

解： 已知：$p = \dfrac{140}{200} = 0.7$，$np = 200 \times 0.7 = 140 > 5$，$nq = 200 \times 0.3 = 60 > 5$，则样本成数的抽样分布可用正态分布逼近，估计区间为：

$$p \pm Z_{\alpha/2} \sqrt{\frac{p(1-p)}{n}} = 0.7 \pm 1.96 \times \sqrt{\frac{0.7 \times 0.3}{200}}$$
$$= 0.7 \pm 0.064$$

由此，可以 95% 的把握估计假定由于收入低而离开该企业的人员总体比例在 63.6% ~ 76.4% 之间。

第四节

抽样推断误差的控制

从技术上讲，抽样推断误差的控制，主要是通过科学地确定必要样本单位数和正确地选择抽样组织形式来实施的。

一、必要样本单位数的确定

1. 必要样本单位数的概念

必要样本单位数，是指在一定的概率保证下，要使抽样误差不超过某一给定范围所必需的样本单位数。前文已经论及，影响抽样误差大小的第一因素就是样本单位数的多少。在总体方差一定的情况下，如果样本容量 n 不变，要想提高估计的精确度，亦即缩小极限误差，就要减小概率度 $(Z_{\frac{\alpha}{2}})$，从而使相应的置信概率 $(1-\alpha)$ 减小，即降低估计的可靠程度；如果要想提高估计的可靠程度，即增大置信概率 $(1-\alpha)$，就要增大概率度 $(Z_{\frac{\alpha}{2}})$，从而就会加大极限误差 Δ，这又将降低估计的精确程度。所以在样本容量 n 一定的情况下，抽样估计的精确程度和可靠程度是一对矛盾。在一定的抽样方式下，要想同时提高估计的精确程度（即减小抽样极限误差）和可靠程度（即增大置信概率），就只有加大样本容量。但是，样本容量过大又会造成不必要的浪费，因此，在抽样调查之前，必须根据预先对估计精确度和可靠程度的要求，确定所需要的最低样本单位数。如果低于这个数目，则达不到对估计精确程度和可靠程度的要求。所以，正确确定必要的样本单位数，既是进行抽样推断分析的一个必不可少的重要环节，又是控制抽样推断误差的基本手段。

2. 影响必要样本单位数大小的因素

（1）总体被研究标志的变异程度。标志变异程度大，则应多抽一些样本单位；反之，则可少抽一些。

（2）抽样极限误差值 Δ 的大小。Δ 大可少抽一些样本单位；反之，则要多抽一些。

（3）抽样推断把握程度（即可靠性）的高低。把握程度要求高，则应多抽一些样本单位；反之，则可少抽一些。

（4）抽样方法和抽样组织方式。在其他条件相同的情况下，一般说来，简单随机抽样和整群抽样较之等距抽样和类型抽样所需样本单位数多；重复抽样比不重复抽样所需样本单位数要多。

在影响必要样本单位数大小的四个因素中，只有第一个因素是客观存在的，而后三个因素都是在抽样之前根据分析研究的目的和要求确定的。

3. 确定必要样本单位数的方法

必要样本单位数通常是依据极限误差的计算公式推算出来的。现以简单随机抽样为例具体说明如下。

在重复抽样条件下，由 $\Delta = Z_{\frac{\alpha}{2}}\dfrac{\sigma}{\sqrt{n}}$，可得：

$$n = \frac{(Z_{\frac{\alpha}{2}})^2 \cdot \sigma^2}{\Delta^2}$$

在总体方差未知的情况下，实际计算时，σ^2 可由 S^2 代替；当 $n < 30$ 时，概率度为 $t_{\frac{\alpha}{2}(n-1)}$。

在不重复抽样条件下，由 $\Delta = Z_{\frac{\alpha}{2}}\sqrt{\dfrac{\sigma^2}{n}\left(1 - \dfrac{n}{N}\right)}$，可得：

$$n = \frac{(Z_{\frac{\alpha}{2}})^2 \sigma^2 N}{N\Delta^2 + (Z_{\frac{\alpha}{2}})^2 \sigma^2}$$

例 8 - 4 - 1　从已往资料得知，某种商品重量服从正态分布，总体标准差为 1.5 克，现要求抽样误差范围（即极限误差）不超过 0.2 克，把握程度为 95.45%（$Z_{\frac{\alpha}{2}} = 2$）。试问：如果进行简单随机重复抽样，至少要抽取多少件商品？

解： 根据上述公式计算：

$$n = \frac{(Z_{\frac{\alpha}{2}})^2 \cdot \sigma^2}{\Delta^2} = \frac{2^2 \times 1.5^2}{0.2^2} = 225 \text{（件）}$$

即需要抽取 225 件商品。

若是估计总体成数的必要样本单位数，只需将总体方差 σ^2 换为 $P(1-P)$，或用样本成数的方差 $p(1-p)$ 代替即可。

例 8 - 4 - 2　某商场购进商品 10 000 件，根据试验性抽样一级品率为 90%，现用不重复抽样方法进行正式的质量抽检，要求一级品率的极限误差不超过 2%，概率保证程度为 95%（$Z_{\frac{\alpha}{2}} = 1.96$）。试计算必需抽取的商品件数。

解： 根据下述公式计算得：

$$n_1 = \frac{(Z_{\frac{\alpha}{2}})^2 P(1-P)N}{N\Delta_P^2 + (Z_{\frac{\alpha}{2}})^2 P(1-P)}$$

$$= \frac{1.96^2 \times 0.9 \times 0.1 \times 10\,000}{10\,000 \times 0.02^2 + 1.96^2 \times 0.9 \times 0.1}$$

$$= 796 \text{（件）}$$

因此，必需抽取商品件数为 796 件。

二、抽样组织形式的选择

抽取样本的组织形式不同，同样会影响抽样误差的大小。常用的抽样组织形式主要有简单随机抽样、类型抽样、等距抽样、整群抽样和阶段抽样等。

1. 简单随机抽样

简单随机抽样，亦称纯随机抽样，它是按照随机的原则，直接从总体 N 个单位中抽取 n 个单位的抽样方法。采用这种抽样组织方式对全及总体不必进行任何处理，既不分组，也不排队。

简单随机抽样是最基本、最单纯的抽样方法，它适用于均匀总体，它是一切概率抽样方法的基础。简单随机抽样的方法有三种：直接抽取法、抽签法和随机数字表法。

（1）直接抽取法，是不必预先对研究总体的各个单位进行编号，直接抽取样本单位的方法。如从一批产品中，随机指定若干个进行质量检查。

（2）抽签法，即在抽样之前，先对总体的每个单位进行编号，制成签条，形成明确的抽样框，然后用抽签的方式来抽选必要的样本单位数。在总体容量很大，编制号签的工作量很大时采用这种方法是不合适的。

（3）随机数表法，即按照事先编好的随机数字表抽取样本单位。这种方法简单易行，又符合随机原则，使用随机数字表的目的是为了消除抽取样本时人为的偏差，统计学家设计的抽样方式在某种程度上都依赖于随机数字表。许多电子计算机软件以及统计书籍都提供了随机数字表。

例 8 - 4 - 3　由电子计算机产生的随机数字表。

```
8 9 8 6 3 1 8 5 8 1 8 8 4 9 1 9 6 9 9
7 8 5 9 5 3 7 1 7 9 6 9 3 1 9 3 2 3 3
7 9 4 3 2 4 5 6 3 4 9 4 0 3 2 1 9 2 3
6 2 7 3 1 2 1 7 5 3 4 1 7 9 0 5 3 3 3 0
0 9 0 2 1 2 8 7 2 6 6 6 5 5 4 2 1 5 5 9
```
……

利用这样一个随机数字表，在一个含有 97 个数的总体中抽取样本容量为 5 的随机样本。假设该总体由某公司某部门工作的 97 名职员所组成，并假定在该总体中随机抽取 5 名职员进行采访，抽取的过程如下：

1）可用字母顺序，或用职员的工龄、身份证号等任何方便的办法将职员从 1 到 97 进行编号；

2）利用随机数字表从 1 到 97 中随机抽取 5 个数，由于指定给某个职员的最大编号含有 2 位数，因此，可把此随机数字表看做 2 位数表，即从 00 到 99 来处理；

3）为了便于说明，假定从上列数字表第一排第 4 个数字开始，抽取编号为：63、18、58、18、84、91 等的职员作为采访对象，而对那些不在职员编号里的数字只需跳过就行了。

简单随机抽样的方法虽然简单易行，但也有缺陷。第一，它没有能够充分利用总体所提供的信息；第二，如果总体单位很多，对所有单位进行编号是很困难的，而对正在流水作业的产品进行编号甚至是不可能的。

2. 类型抽样

类型抽样，亦称分层抽样。当总体各单位的性质或标志值的大小明显地出现层次时，先对总体各单位按有关标志加以分组，然后再从每个组中，按随机的原则抽选一定单位构成样本。例如，调查研究职工工资水平时，可以按技术等级作为分层的依据，又如粮食产量决定于自然条件和种植条件，故调查粮食生产水平时，可以按它们的主要条件作为分层标志。具体分层的方法如下：

设总体由 N 个单位组成，把总体划分为 k 组，使 $N = N_1 + N_2 + N_3 + \cdots + N_k$，然后从每个组的 N_i 个单位中抽取 n_i 个单位构成样本容量为 n 的抽样总体，使 $n = n_1 + n_2 + n_3 + \cdots + n_k$。

由于分层是按有关标志进行的，因此，各组的单位数一般是不等的。如果按各组总体单位数占全及总体单位数的一定比例来抽取样本单位，也就是说，单位数较多的组多抽，单位数较少的组少抽，以保持各组样本单位数与样本容量之比，等于各组总体单位数与全及总体单位数（容量）之比，即 $\frac{N_i}{N} = \frac{n_i}{n}$，或 $\frac{n_1}{N_1} = \frac{n_2}{N_2} = \cdots = \frac{n_k}{N_k} = \frac{n}{N}$，则称这种分层抽样为等比例分层抽样，样本容量为 $n = \frac{Nn_i}{N_i}$，否则，就称为不等比例抽样。

通过分类，可以把总体中标志值比较接近的单位归为一组，使各组的分布比较均匀，然后再对每一组进行随机抽样。这样，虽然总体各单位标志值之间的差异是固定不变的，但由于各组内部差异较小，所以在各组内减少了抽样误差；在各组之间虽然差异较大，但由于对各组都进行了抽样，即对于组来说，是一种全面调查，所以不存在抽样误差。因此，只要对总体分组（分类）得当，一般都会缩小总体的抽样误差。

类型抽样的各项样本指标的计算公式如下。

样本平均数：

$$\bar{x} = \frac{\sum_{i=1}^{k} n_i \bar{x}_i}{n}$$

式中：n_i 为第 i 种类型的样本单位数；

$\bar{x}_i$ 为第 i 种类型的样本平均数；

k 为总体的类型个数。

样本成数：

$$p = \frac{\sum_{i=1}^{k} p_i n_i}{n}$$

式中：P_i 为第 i 种类型的样本成数。

样本平均数的抽样平均误差：

在重复抽样条件下，

$$\sigma_{(\bar{x})} = \sqrt{\sum_{i=1}^{k} W_i^2 \frac{\sigma_i^2}{n_i}}$$

式中：$W_i = \dfrac{N_i}{N}$，为第 i 种类型的总体单位数占总体单位总数的比重；

σ_i^2 为第 i 种类型的总体方差。

在等比例抽样条件下，

$$\sigma_{(\bar{x})} = \sqrt{\frac{\overline{\sigma_i^2}}{n}}$$

式中：$\overline{\sigma_i^2}$ 为各种类型总体方差的平均数。

成数的抽样平均误差：

$$\sigma_{(p)} = \sqrt{\frac{P_i(1 - P_i)}{n}}$$

3. 等距抽样

等距抽样，亦称机械抽样或系统抽样，它是将全及总体各单位按某一标志排序，然后依固定的顺序和间隔抽出样本单位，组成抽样总体的抽样方法。采用这种方法，所有相邻的中选单位之间的间隔都是相等的，故称之为等距抽样。

等距抽样不仅简便易行，而且比简单随机抽样有更好的代表性。采用简单随机抽样可能使所有抽样单位来自总体的某个或某些局部，不能保证均匀地来自总体的各个部分，因而在一定程度上削弱了样本的代表性。而等距抽样则可能使构成样本的 n 个单位均匀地分布在总体的各个部分，从而对总体具有更强的代表性，并能保证有较好的抽样推断效果。

具体方法为：根据需要抽取的样本单位数 n 和总体单位数 N，可以计算出抽取各个样本单位之间的距离和间隔，假定该间隔用字母 K 表示，即 $K = N/n$，这就相当于排列的全部总体单位划分为 K 个相等的间隔，然后按此间隔依次抽取必要的样本单位。

例 8 - 4 - 4 要从某企业全部 5 000 名职工中，随机抽取 100 人进行家庭收入水平调查，可按与研究目的无直接关系的"无关标志"编号排队，通常采用按姓氏笔画多少顺序编号排队，然后每隔 50 名（$K = 5\ 000 \div 100 = 50$）抽取一名职工。如果在第一间隔内的第 1 人至第 50 人中随机确定抽取第 7 名职工作为起点，即作为第一个样本单位，以后每隔 50 人抽取一名，依次抽取第 57、107、157…直到 4 957，总共取 50 名职工组成一个样本总体。

这种方法的优点是：

（1）能保证被抽取的单位在总体中均匀分布。

（2）按有关标志排队的等距抽样所组成的样本，可以缩小各单位之间的差异程度，比按无关标志排列的等距抽样更为优越。

（3）能使抽样过程大大简化。如果总体单位按顺序排列后，只要确定最初间隔内的第一个抽取单位的位置或编号，其余需要抽取的单位的位置或编号便随之确定。

农作物在地块里顺序排列的距离位置，工业流水线大量生产产品的时间顺序，企业目录，职工名册等都适于等距抽样。但应用等距抽样方法时应注意：等距抽取样本时应避免抽样间隔（距离）与样本本身的节奏性或循环周期相重合。例如：农作物产量实割实测抽样调查，就不宜和垄的长度或间隔相重合，以避免产生系统性误差而影响抽样总体的代表性。然而，等距抽样的平均误差不易计算，一般认为，如果采用无关标志排序等距抽样，由于用来排序的标志与被研究的标志无关，这样就近似简单随机抽样，其抽样平均误差可按简单随机抽样方法计算。如果采用按有关标志排序，就近似于类型抽样，其抽样平均误差就可以按类型抽样方法计算。

4. 整群抽样

整群抽样，是先将总体划分为若干部分（或若干群），然后按照随机原则整群地进行抽样，并对中选的群做全面调查的抽样组织形式。在进行整群抽样时，由于群即为扩大了的总体单位，且群内做全面调查，所以分群时，应尽量扩大群内差异，缩小群间的差异。这与类型抽样正好相反。

在抽样推断实践中，整群抽样有它独特的作用。例如，要调查某一城市居民对某种商品的购买量，由于包含的个体单位很多，而且难以取得可靠的登记资料，在这种情况下，就可以利用现成的行政区划将全市居民分为若干个群，进行整群抽样，从而既可使样本单位相对地集中，又不失其代表性。对群体单位的抽选，既可按照简单随机抽样进行，也可将群体单位按照一定的标志排序，而后等距抽样。

整群抽样的各项样本指标的计算公式为：

$$\bar{x} = \frac{\sum_{i=1}^{r}\sum_{j=1}^{m} x_{ij}}{rm} = \frac{\sum_{i=1}^{r} \bar{x}_i}{r}$$

式中：x_{ij} 为第 i 群样本的第 j 个单位的标志值；

$\bar{x}_i$ 为第 i 群的样本平均数，$\bar{x}_i = \dfrac{\sum\limits_{j=1}^{m} x_{ij}}{m}$ ；

r 为中选的群数；

m 为中选群所包含的单位个数。

样本平均数的抽样平均误差：

$$\sigma_{(\bar{x})} = \sqrt{\frac{\sigma_x^2}{r}\left(\frac{R-r}{R-1}\right)}$$

式中：σ_x^2 为各群平均数的群间方差；

R 为总体群数。

样本成数的抽样平均误差：

$$\sigma_{(p)} = \sqrt{\frac{\sigma_p^2}{r}\left(\frac{R-r}{R-1}\right)}$$

式中：σ_p^2 为各群成数的群间方差。

5. 阶段抽样

上述几种抽样方式都是对总体进行一次抽样，就得到一个完整的样本，这种抽样叫单阶段抽样。在总体单位很多且分布很广的情况下，则很难通过一次抽样就得到一个完整的样本。因此，一般是先将整个抽样程序分成若干个阶段（或级），分阶段地进行抽样，最后形成一个完整的样本，这种抽样形式就叫做多阶段抽样。例如，进行农产品产量调查，第一阶段可以从省抽县，第二阶段从中选的县抽村，第三阶段从中选的村抽地块，确定具体的样本单位，了解农产品产量的收获情况，并据此做进一步的推断。

整群抽样与分层抽样的区别在于：分层抽样是在总体划分为若干部分下，从总体的每个部分中随机抽取样本单位。而整群抽样是在总体划分为若干部分下，从总体的各个部分中随机抽取若干部分，对中选部分中的所有单位进行全面调查。二阶抽样只是从总体各个部分中随机抽取若干部分，然后在中选部分中，随机抽取若干样本单位进行调查，所以二阶抽样在技术上是整群抽样和分层抽样的综合。阶段抽样的各项样本指标的计算公式如下。

样本平均数：

$$\bar{x} = \frac{\sum\limits_{i=1}^{r}\sum\limits_{j=1}^{m} x_{ij}}{rm} = \frac{\sum\limits_{i=1}^{r} \bar{x}_i}{r}$$

式中：m 为从每群中随机抽取的样本单位数。

样本平均数的抽样平均误差：

在重复抽样条件下，

$$\sigma_{(\bar{x})} = \sqrt{\frac{\sigma_i^2}{rm} + \frac{\sigma^2}{r}}$$

在不重复抽样条件下，

$$\sigma_{(\bar{x})} = \sqrt{\frac{\sigma_i^2}{rm}\left(\frac{M-m}{M-1}\right) + \frac{\sigma^2}{r}\left(\frac{R-r}{R-1}\right)}$$

思考与练习

一、思考题

1. 什么是抽样法？抽样法有哪些特点？认识这些特点对理解抽样推断有什么帮助？

2. 什么是参数和统计量？试举例说明。

3. 什么是重复抽样和不重复抽样？不同的抽样方法怎样影响抽样推断的结果？

4. 什么是抽样误差？抽样误差受哪些因素的影响？

5. 什么是抽样平均误差和抽样极限误差？二者有何关系？

6. 进行点估计时，一个好的估计量的优良标准是什么？

7. 什么是置信度？什么是概率度？两者的关系如何？

8. 什么是必要样本单位数？确定必要样本单位数应注意哪

些问题？

9. 点估计和区间估计方法的区别是什么？

10. 什么是分层抽样？什么是整群抽样？分层抽样和整群抽样的区别是什么？

二、练习题

1. 为研究某产品的销路，在某市展销会上对 1 600 名顾客进行调查，得知其中有 1 200 人喜欢这种产品。试以 95% 的概率对该市居民喜欢此种产品的比率进行区间估计。

2. 某年在对甲、乙两个城市进行职工家计调查时，从甲市随机抽取了 400 户，计算得每户月平均支出为 700 元，标准差为 210 元；从乙市随机抽取了 900 户，计算得每户月平均支出为 800 元，标准差为 250 元，$\alpha = 0.05$。试分别计算甲、乙两个城市全部职工每户月平均支出的置信区间。

3. 某学校进行了一次全校性的英语测试，为了了解考试情况，从参加测试的 1 000 名学生中，随即重复抽选了 10% 进行调查，调查结果如下表：

测试成绩（分）	60 以下	60～70	70～80	80～90	90 以上
学生数（人）	10	20	22	40	8

试以 95.45% 的可靠性估计：

（1）该校学生英语测试平均成绩的置信区间；

（2）平均成绩在 80 分以上的学生所占的比重的置信区间。

4. 某职业介绍所的职员，从申请某一职业的 1 000 名申请者中采用不重复抽样的方式，随机抽取了 200 名申请者，借此来估计 1 000 名申请者考试的平均成绩。已知由 200 名申请者构成的样本平均分为 78 分，由以往经验可知，总体方差为 90，但该职员不知总体服从何种分布，试以 90% 的概率把握程度构造总体平均数的置信区间。

5. 某企业进口某种原材料 2 000 包，该企业管理人员决定采用不重复抽样方式从中抽出一个样本来推断这批货物每包的平均重量。以往统计资料表明，其总体方差为 144，如果要求置信度为 95%，最大误差范围不超过 3 000 克，那么该企业管理人员应该抽取一个多大容量的样本。

6. 一个从事市场研究的公司想了解某一城市内至少有一个成员看过某种报纸广告的家庭占多大比例。为了估计这个比例，首先要确定抽多少个家庭做调查。该公司希望以 90% 的置信水平对这个比例做出估计，并使估计值处在真正比例附近 0.04 范围之内。在一个由 15 个家庭组成的预备样本中，有 35% 的响应者指出他们家中有某个人看过这种广告，试问应取多大的样本。

|第九章|

相关与回归分析法

第一节
相关与回归的一般问题

一、相关关系与相关分析

(一) 相关关系的概念与特点

相关关系是指客观现象之间存在的一种关系数值不固定的、数量上的依存关系。

首先，相关关系是客观现象之间确实存在的一种数量上的依存关系。如果两个变量之间存在着相关关系，那么，其中一个变量发生数量上的变化时，另一个变量也会相应地发生数量上的变化。在这两个变量中，作为依据的变量称为自变量，而发生相应变化的变量则称为因变量。自变量与因变量之间存在着相互依存关系。例如，人的身高与体重之间存在着相互关系，如果将人的身高作为自变量，体重就是因变量，体重的数值将随着身高数值的变化而发生相应的变化。又如，商业企业的商品销售额和利润额之间存在着相互关系，如果将商品销售额作为自变量，利润额就是因变量，利润额将随着销售额的变化而发生相应的变化。身高与体重，销售额与利润额之间都存在着数量上的相互依存关系。

同时，如果两个变量之间存在着相关关系，那么，变量之间的相关关系数值是不固定的。当自变量发生变化时，因变量可能有多个数值与之对应。例如，人的身高为 1.7 米，就可能有若干个体重数值与之对应。同样，一定的商品销售额，也会有若干个利润额与之对应。

从上述相关关系的特点可以看出，它与函数关系有所不同。函数关系虽然也是一种变量之间客观存在的数量上的依存关系，但其自变量与因变量的数值是一一对应的。即在函数关系中，自变量的每一个取值，都会有因变量的惟一确定的数值与之对应，而且这种关系可用数学公式加以表示。例如，圆的半径与圆面积之间的关系；商品单价确定后，商品销售量与销售额之间的关系等，都是函数关系。虽然相关关系与函数关系有所不同，但在实践中，相关关系常常通过函数关系加以表示。

（二）　相关关系的种类

1. 从相关关系所涉及变量的多少来看，相关关系分为单相关和复相关

在相关关系中，如果仅有两个变量之间存在相关关系，称为单相关或一元相关。例如，居民货币支出与收入二者之间的关系。而多个变量之间的相互依存关系则称为复相关或多元相关。例如，居民货币支出与收入、物价等多个因素的关系。另外，在复相关中，假定其他变量不变，仅研究其中一个变量对另一个变量的依存关系，则称为偏相关。例如，在居民货币支出与收入、物价等的依存关系中，假定收入不变，仅研究支出与物价之间的

关系就是偏相关。

2. 从变量之间相互关系的表现形式来看，相关关系可分为线性相关和非线性相关

就两个有相关关系的变量而言，当一个变量的数值发生变动时，另一个变量的数值随之线性增减，二者各相关点的数值分布呈直线趋势，即为线性相关，又称为直线相关。当一个变量的数值发生变动时，另一个变量的数值也随之变动，各相关点的数值分布表现为曲线趋势，如抛物线、指数曲线和双曲线等，即为非线性相关，又称为曲线相关。例如，在农业生产中，作物的施肥量与亩产量之间在一定范围内会呈现线性相关关系，但如果施肥量不合理增大，施肥量与亩产量之间就会呈现非线性相关关系。

3. 从变量之间相互关系的方向来看，相关关系可分为正相关和负相关

就两个有相关关系的变量而言，当一个变量的数值由小变大，而另一个变量的数值也与之相对应地由小变大，这种变量之间的同向变化的依存关系称为正相关。例如，商业企业的利润额随着商品销售额的增加而提高就是正相关。当一个变量的数值由小变大，而另一个变量的数值却与之相对应地由大变小，这种变量之间的逆向变化的依存关系称为负相关。例如，商业企业的费用额随着商品销售额的增加而降低就是负相关。

4. 从相关关系的程度上看，相关关系可分为完全相关、不相关和不完全相关

就两个有相关关系的变量而言，如果两个变量的数值之间存在着一一对应的关系，则为完全相关，即函数关系。例如，商品销售量乘以其单价等于商品销售额，在单价固定不变时，商品销售额与销售量之间为函数关系。如果两个变量的数值之间不存在任何依存关系，各自独立变动互不影响，则为不相关或零相关。如果两个变量的数值之间的关系介于完全相关与不相关之间，则称为不完全相关。一般的相关关系指的就是这种关系，它是相关分析研究的对象。

（三） 相关分析的概念和内容

相关分析是研究具有相关关系的变量之间的变动方向和密切程度的统计分析方法。其具体内容主要包括：

第一，判定变量之间是否存在着相关关系以及相关关系的形式。这是相关分析的出发点，一般通过编制相关表和相关图来实现。

第二，确定自变量和因变量之间相关的密切程度。这是相关分析的基本任务，对线性相关关系可通过计算相关系数来实现。

二、回归与回归分析

（一） 回归的含义

"回归"一词源于生物科学。英国生物学家葛尔顿（1822～1911 年）在对人的身高进行研究时发现，身材特别高的父母生的孩子的身材虽然也高，但不是最高的；身材特别矮的父母生的孩子的身材虽然也矮，但不是最矮的。身材特别高的孩子的父母的身材往往是中等偏高的；身材特别矮的孩子的父母的身材往往是中等偏矮的。他认为这种现象是人的身高的数值从一个极端向另一个极端的"回归"。后人在对这一问题的继续研究中，将"回归"的概念和数学方法相结合，"回归"一词渐渐地失去其本来的含义，而用来泛指变量之间的一般数量关系。同时，将反映现象之间一般关系的直线或曲线称为回归直线或回归曲线；将反映现象之间一般关系的方程称为回归方程。

（二） 回归分析的概念和内容

回归分析是对具有相关关系的两个变量之间数量变化的一般

关系进行计算，确定一个相应的数学表达式，以进行估计或预测的方法。其内容包括：

第一对具有相关关系的现象选择合适的数学模型，即借助于某一函数式来近似地描述变量之间的数量变化关系。借助于数学表达式既可以近似地描述有相关关系的变量变动的趋势和规律，又可以对其未来发展做出具有一定可靠性的预测和推断。

第二对所选择的数学模型的实际效果进行准确性和可靠性的检验。一般可通过假设检验和计算估计标准误差来实现。

（三）回归分析的种类

回归分析包括多种类型。

1. 按所涉及变量的多少不同，回归分析有简单回归和复回归之分

所谓简单回归即一元回归，它是指两个变量之间的回归。其中一个变量是自变量，另一个变量是因变量。复回归即多元回归，它是指三个或三个以上变量之间的回归。其中一个变量是因变量，而其他的变量都是自变量。

2. 按变量的表现形式不同，回归分析有直线回归和曲线回归之分

对具有直线相关关系的现象配合直线方程所做的回归分析称为直线回归；对具有曲线相关关系的现象配合曲线方程所做的回归分析则称为曲线回归。

三、相关分析与回归分析的关系

相关分析与回归分析有着十分密切的关系，它们既有联系又有区别。

二者的联系是指相关分析与回归分析都是以变量之间的相互

依存关系作为研究对象，而且，相关分析是回归分析的前提和基础，回归分析则是相关分析的深入和继续。

如果仅对若干个变量进行相关分析，只能确定变量之间是否存在着相关关系，以及相关关系的密切程度，而不能进一步确定自变量发生数量上的变化时，因变量在数量上会发生怎样的相应的变化。因此，需要在相关分析的基础上，进一步进行回归分析。通过回归分析，可以将变量之间不严格的相互依存关系规则化（或称平均化），求出关系方程式，并据以对因变量的数值进行估计和推算。但是，如果不考虑若干变量之间是否存在着相关关系以及相关的密切程度，仅单纯地对其进行回归分析，往往会导致虚假回归，于实际无益。显然，只有把相关分析与回归分析结合起来形成一个完整的过程，才能达到分析和研究的目的。

二者的区别主要是：

第一，在相关分析中，可以不确定自变量和因变量，故变量之间的关系是对等的。例如，两个变量若存在直线单相关关系，无论二者中哪一个做自变量或因变量，最后只能求出一个相关系数，它是直线单相关分析惟一确定的值。而回归分析则必须根据研究目的对自变量和因变量加以划分，以便根据自变量的给定值推算出因变量的数值，故变量之间的关系是不对等的。例如，在直线单相关条件下，如果两个变量 X 与 Y 之间互为因果关系，则 X 与 Y 均可作为自变量，那么便可求出两个回归方程，即 Y 对 X 的回归方程和 X 对 Y 的回归方程。

第二，相关分析中所有的变量都必须是随机变量，而回归分析中的自变量是给定的，因变量是随机的，即将自变量的给定值代入回归方程，所得因变量的估计值不是惟一确定的，而会表现出一定的波动性。

第二节
简单线性相关分析

一、简单线性相关关系的直观判断

确定变量之间是否存在着相关关系，可采用定性和定量分析方法。其中，定性分析主要是根据人们对客观现象的直观认识来进行判断，而认识的深浅程度又主要取决于人们的理论知识、专业水平、实践经验和分析研究问题的能力。此外，还可以根据相关表和相关图和现象之间是否存在着相关关系，以及关系的方向和程度做出大致的判断。

1. 相关表

在定性判断的基础上，将具有线性相关关系的两个变量的具体数值按照一定的顺序平行排列在一张表上，这种表称为相关表。同时，根据变量是否分组，相关表又可分为简单相关表和分组相关表。

简单相关表是将自变量和因变量的数值按大小顺序一一对应排列而形成的统计表。例如：

表 9 – 2 – 1　某地区农民人均收入与自行车销售量的相关表

年份	人均收入（千元）	自行车销售量（千辆）	年份	人均收入（千元）	自行车销售量（千辆）
1	1	10	5	1.6	15
2	1.1	10	6	1.8	18
3	1.2	14	7	1.8	21
4	1.3	17	8	2.2	23

从表内资料可看出，随着农民人均收入的增加，自行车销售量也随之增加，从而体现出二者之间存在着一定的依存关系。

另外，在简单相关表的基础上，如果只将自变量的数值进行分组，就是单变量分组相关表；如果将自变量和因变量的数值同时进行分组，就形成双变量分组相关表。

2. 相关图

将相关表中的自变量和因变量的对应值用点描绘在直角坐标系中，所形成的散点图就是相关图，也叫相关点图。从各个相关点的变动趋势中，可以观察自变量和因变量的数值之间是否存在相关关系，以及存在什么样的相关关系。例如，根据表 9 - 2 - 1 的资料绘制的相关图如下：

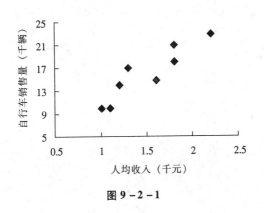

图 9 - 2 - 1

从图中可以看出，随着人均收入的增加，自行车销售量也随之增加，从而体现出二者之间大致存在着较为密切的直线正相关关系。

下面是几种常见的相关图：

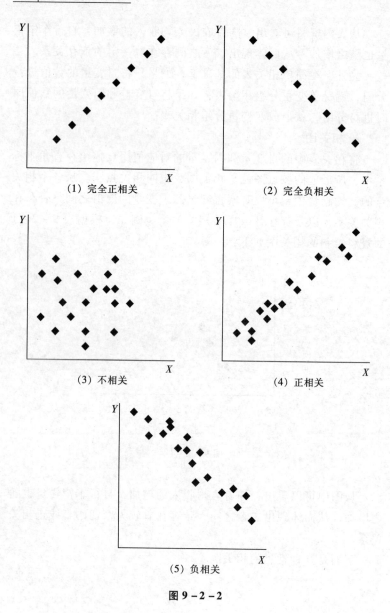

(1) 完全正相关

(2) 完全负相关

(3) 不相关

(4) 正相关

(5) 负相关

图 9-2-2

二、线性相关系数的计算方法和判断标准

在利用相关表和相关图对变量之间的相互关系进行初步判断的基础上，进而要计算相关系数。相关系数是在线性相关条件下，用来说明两个随机变量之间相关关系密切程度的统计分析指标。通常用 r 表示。

（一）线性相关系数的计算公式

$$r = \frac{\sigma_{xy}^2}{\sigma_x \sigma_y}$$

用积差法求解相关系数的步骤如下：

1. 求自变量的标准差

$$\sigma_x = \sqrt{\frac{\sum (x - \bar{x})^2}{n}} = \sqrt{\frac{1}{n} \sum (x - \bar{x})^2}$$

2. 求因变量的标准差

$$\sigma_y = \sqrt{\frac{\sum (y - \bar{y})^2}{n}} = \sqrt{\frac{1}{n} \sum (y - \bar{y})^2}$$

3. 求两个数列的协方差

$$\sigma_{xy}^2 = \frac{\sum (x - \bar{x})(y - \bar{y})}{n} = \frac{1}{n} \sum (x - \bar{x})(y - \bar{y})$$

4. 求相关系数

$$r = \frac{\dfrac{\sum (x - \bar{x})(y - \bar{y})}{n}}{\sqrt{\dfrac{\sum (x - \bar{x})^2}{n}} \sqrt{\dfrac{\sum (y - \bar{y})^2}{n}}}$$

$$= \frac{\frac{1}{n}\sum (x - \bar{x})(y - \bar{y})}{\sqrt{\frac{1}{n}\sum (x - \bar{x})^2}\sqrt{\frac{1}{n}\sum (y - \bar{y})^2}}$$

$$= \frac{\sum (x - \bar{x})(y - \bar{y})}{\sqrt{\sum (x - \bar{x})^2}\sqrt{\sum (y - \bar{y})^2}}$$

（二）线性相关系数的判断标准

相关系数的取值范围在 -1 和 $+1$ 之间，即 $-1 \leqslant r \leqslant +1$。当 r 为正值时，变量 x 与 y 之间存在正相关关系，即 x 值与 y 值同向增减；当 r 为负值时，变量 x 与 y 之间存在负相关关系，即 x 值与 y 值之间反向增减。

当 $r = +1$ 时，变量 x 与 y 之间为完全正相关关系；当 $r = -1$ 时，变量 x 与 y 之间为完全负相关关系；当 $r = 0$ 时，变量 x 与 y 之间无相关或称零相关。

在社会经济现象中，两个变量之间的相关系数的绝对值在 0 到 1 之间变动的情况较多。一般而言，相关系数的绝对值越接近于 1，两个变量之间的相关程度越高；反之，相关系数越接近于 0，两个变量之间的相关程度越低。另外，相关系数 $r = 0$ 或接近于 0 时，一般只能说明两个变量之间不存在线性相关关系，但并不排除变量之间存在其他关系的可能性。

如果两个变量之间的线性相关系数通过了显著性检验，便可以用如下标准判断其相关系数的密切程度。即：$|r| < 0.3$ 表示变量之间微弱相关（可视为不相关）；$0.3 \leqslant |r| < 0.5$ 表示变量之间低度相关；$0.5 \leqslant |r| < 0.8$ 表示变量之间显著相关；$0.8 \leqslant |r| < 1$ 表示变量之间高度相关。

用积差法计算相关系数，举例如下：

例 9 - 2 - 1

表 9 - 2 - 2　某地区农民人均收入与自行车销售量

相关系数计算表

年份	人均收入 （千元）x	自行车 销售量 （千辆）y	$x-\bar{x}$	$(x-\bar{x})^2$	$y-\bar{y}$	$(y-\bar{y})^2$	$(x-\bar{x})$ $(y-\bar{y})$
1	1	10	-0.5	0.25	-6	36	3
2	1.1	10	-0.4	0.16	-6	36	2.4
3	1.2	14	-0.3	0.09	-2	4	0.6
4	1.3	17	-0.2	0.04	1	1	-0.2
5	1.6	15	0.1	0.01	-1	1	-0.1
6	1.8	18	0.3	0.09	2	4	0.6
7	1.8	21	0.3	0.09	5	25	1.5
8	2.2	23	0.7	0.49	7	49	4.9
合计	12.0	128	—	1.22	—	156	12.7

根据表内自变量人均收入和因变量自行车销售量的资料，

第一步，计算两数列各自的平均数：

$$\bar{x} = \sum x/n = 12/8 = 1.5（千元）$$

$$\bar{y} = \sum y/n = 128/8 = 16（千辆）$$

第二步，计算两数列各自的标准差：

$$\sigma_x = \sqrt{\frac{\sum (x-\bar{x})^2}{n}} = \sqrt{\frac{1.22}{8}} = 0.39（千元）$$

$$\sigma_y = \sqrt{\frac{\sum (y-\bar{y})^2}{n}} = \sqrt{\frac{156}{8}} = 4.42（千辆）$$

第三步，计算两数列的协方差：

$$\sigma_{xy} = \frac{\sum (x-\bar{x})(y-\bar{y})}{n} = \frac{12.7}{8} = 1.5875$$

第四步，计算相关系数：

$$r = \frac{\sigma_{xy}^2}{\sigma_x \sigma_y} = \frac{1.5875}{0.39 \times 4.42} = \frac{1.5875}{1.7238} = 0.92$$

从计算结果可以看出，农民人均收入与自行车销售量的相关系数是0.92，为高度相关。

（三）相关系数公式中协方差 σ_{xy}^2 的意义

首先，相关系数的正负取决于协方差的正负。若协方差为正，相关系数也为正，表明两个变量 x 与 y 正相关；若协方差为负，相关系数也为负，表明两个变量 x 与 y 负相关。

同时，协方差还可以表明两个变量 x 与 y 相关程度的大小。协方差的绝对值大，表明两个变量 x 与 y 的相关程度高；协方差的绝对值小，表明两个变量 x 与 y 的相关程度低。

例如，根据表9-2-2中的自变量和因变量的数值及其平均数绘制统计图如下：

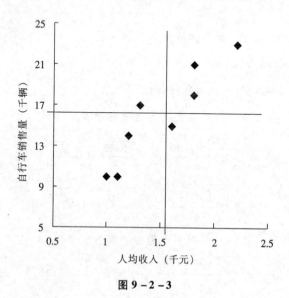

图 9 - 2 - 3

从图中可以看出，第 1~3 年的 x 与 y 的相关点落在第 III 象限，在第 III 象限中，自变量和因变量的取值均小于其平均值，即 $x < \bar{x}$，$y < \bar{y}$，故 $(x-\bar{x})(y-\bar{y})$ 为正值；第 6~8 年的 x 与 y 的相关点落在第 I 象限，在第 I 象限中，自变量和因变量的取值均大于其平均值，即 $x > \bar{x}$，$y > \bar{y}$，故 $(x-\bar{x})(y-\bar{y})$ 也为正值；第 4 年的 x 与 y 的相关点落在第 II 象限，在第 II 象限中，自变量 x 的取值小于其平均值，而因变量 y 的取值大于其平均值，即 $x < \bar{x}$，$y > \bar{y}$，故 $(x-\bar{x})(y-\bar{y})$ 为负值；第 5 年的 x 与 y 的相关点落在第 IV 象限，在第 IV 象限中，自变量 x 的取值大于其平均值，而因变量 y 的取值小于其平均值，即 $x > \bar{x}$，$y < \bar{y}$，故 $(x-\bar{x})(y-\bar{y})$ 也为负值。在 8 个相关点中，有 6 个落在 I、III 象限，其 $(x-\bar{x})(y-\bar{y})$ 为正值，有两个落在 II、IV 象限，其 $(x-\bar{x})(y-\bar{y})$ 为负值。所以，正的乘积多于负的乘积，乘积之和必然为正值。可见，离差乘积之和 $\sum (x-\bar{x})(y-\bar{y})$ 可以判断两个变量 x 与 y 相关的方向，即：

$\sum (x-\bar{x})(y-\bar{y}) > 0$，则 x 与 y 两个变量的数值之间为正相关；

$\sum (x-\bar{x})(y-\bar{y}) < 0$，则 x 与 y 两个变量的数值之间为负相关；

$\sum (x-\bar{x})(y-\bar{y}) = 0$，则 x 与 y 两个变量的数值之间为零相关。

本例自变量 x 与因变量 y 的数值之间为正相关。

另一方面，可以看出，坐标图中的 8 个散点基本上呈直线趋势分布，散点大多集中于穿过 O' 点的直线附近，故离差乘积之和 $\sum (x-\bar{x})(y-\bar{y})$ 很少正负相抵，致使绝对值比较大，表明两个变量 x 与 y 的数值之间的相关程度高。

综上所述，可见离差乘积之和 $\sum (x-\bar{x})(y-\bar{y})$ 对两个变

量 x 与 y 相关的方向和程度都有着直接的影响。

此外，变量值的项数 n 和变量值的计量单位也对离差乘积之和 $\sum (x - \bar{x})(y - \bar{y})$ 有一定影响。如果两个变量 x 与 y 的项数多，离差乘积之和 $\sum (x - \bar{x})(y - \bar{y})$ 的数值就大；反之，两个变量 x 与 x 的项数少，离差乘积之和 $\sum (x - \bar{x})(y - \bar{y})$ 的数值就小。为了消除项数 n 的影响，可将离差乘积之和 $\sum (x - \bar{x})(y - \bar{y})$ 除以项数 n，即协方差 $\sigma_{xy}^2 = \dfrac{\sum (\bar{x} - x)(\bar{y} - y)}{n}$。同时，为了消除计量单位的影响，再将协方差 σ_{xy}^2 除以自变量和因变量标准差的乘积，即相关系数 $r = \dfrac{\sigma_{xy}^2}{\sigma_x \sigma_y} = \dfrac{\dfrac{\sum (x - \bar{x})(y - \bar{y})}{n}}{\sigma_x \sigma_y} =$

$$\frac{\sum (x - \bar{x})(y - \bar{y})}{n \sigma_x \sigma_y} = \frac{\sum \left(\dfrac{x - \bar{x}}{\sigma_x} \right) \left(\dfrac{y - \bar{y}}{\sigma_y} \right)}{n}$$。

可见，相关系数是对变量离差标准化以后的协方差。标准化的结果，可以使协方差由名数化为无名数，再者，还可以使相关系数的绝对值不超过 1，即相关系数在 +1 和 -1 之间变动。

（四）线性相关系数的简化式

由相关系数的定义公式可以推导出计算相关系数的简化式：

$$r = \frac{\sigma_{xy}^2}{\sigma_x \sigma_y} = \frac{\dfrac{\sum (x - \bar{x})(y - \bar{y})}{n}}{\sqrt{\dfrac{\sum (x - \bar{x})^2}{n}} \sqrt{\dfrac{\sum (y - \bar{y})^2}{n}}}$$

式中的分子 $\dfrac{\sum (x - \bar{x})(y - \bar{y})}{n} = \dfrac{\sum (xy - \bar{x}y - x\bar{y} + \bar{x}\,\bar{y})}{n}$

$$= \frac{\sum xy - \sum \bar{x}y - \sum x\bar{y} + \sum \bar{x}\,\bar{y}}{n}$$

$$= \frac{n\,\overline{xy} - n\bar{y}\,\bar{x} - n\bar{x}\,\bar{y} + n\bar{x}\,\bar{y}}{n}$$

$$= \frac{n(\overline{xy} - \bar{x}\,\bar{y})}{n} = \overline{xy} - \bar{x}\,\bar{y}$$

式中的分母 $\sqrt{\dfrac{\sum (x - \bar{x})^2}{n}}\ \sqrt{\dfrac{\sum (y - \bar{y})^2}{n}}$

$$= \sqrt{\frac{\sum x^2 - 2\bar{x}\sum x + n(\bar{x})^2}{n}}\ \sqrt{\frac{\sum y^2 - 2\bar{y}\sum y + n(\bar{y})^2}{n}}$$

$$= \sqrt{\frac{n\,\overline{x^2}}{n} - \frac{2\bar{x}n\bar{x}}{n} + \frac{n(\bar{x})^2}{n}}\ \sqrt{\frac{n\,\overline{y^2}}{n} - \frac{2\bar{y}n\bar{y}}{n} + \frac{n(\bar{y})^2}{n}}$$

$$= \sqrt{\overline{x^2} - 2(\bar{x})^2 + (\bar{x})^2}\ \sqrt{\overline{y^2} - 2(\bar{y})^2 + (\bar{y})^2}$$

$$= \sqrt{\overline{x^2} - (\bar{x})^2}\ \sqrt{\overline{y^2} - (\bar{y})^2}$$

∴ 相关系数的简化式为：

$$r = \frac{\overline{xy} - \bar{x}\,\bar{y}}{\sqrt{\overline{x^2} - (\bar{x})^2}\ \sqrt{\overline{y^2} - (\bar{y})^2}}$$

例 9 - 2 - 2　根据表 9 - 2 - 1 的资料，用简化式计算如下：

表 9 - 2 - 3　某地区农民人均收入与自行车销售量
相关系数计算表

年份	人均收入 （千元）x	自行车销售量 （千辆）y	xy	x^2	y^2
1	1.0	10	10.0	1.00	100
2	1.1	10	11.0	1.21	100
3	1.2	14	16.8	1.44	196
4	1.3	17	22.1	1.69	289
5	1.6	15	24.0	2.56	225

续表

年份	人均收入（千元）x	自行车销售量（千辆）y	xy	x^2	y^2
6	1.8	18	32.4	3.24	324
7	1.8	21	37.8	3.24	441
8	2.2	23	50.6	4.84	529
合计	12.0	128	204.7	19.22	2 204

将表内资料代入相关系数的简化式：

$$r = \frac{\overline{xy} - \bar{x}\,\bar{y}}{\sqrt{\overline{x^2} - (\bar{x})^2}\sqrt{\overline{y^2} - (\bar{y})^2}}$$

$$= \frac{\dfrac{204.7}{8} - \dfrac{12}{8} \times \dfrac{128}{8}}{\sqrt{\dfrac{19.22}{8} - \left(\dfrac{12}{8}\right)^2}\sqrt{\dfrac{2\,204}{8} - \left(\dfrac{128}{8}\right)^2}}$$

$$= \frac{1.5875}{0.39 \times 4.42} = \frac{1.5875}{1.7238}$$

$$= 0.92$$

可以看出，简化式的计算结果与积差法的计算结果相同。

第三节

简单线性回归分析

一、简单线性回归方程的建立和求解

1. 配合直线回归方程的前提条件

相关系数可以说明两个变量 x 与 y 之间相关关系的方向和紧密程度，但不能说明一个变量的数值发生一定量的变化时，另一个有联系的变量的数值会相应产生多大的变化，因此，需要通过回归分析加以解决。进行回归分析的前提条件是：首先，要有两个变量 x 与 y 一一对应的数值；同时，两个变量 x 与 y 之间确实存在着数量上的相互依存关系，而且，其线性相关紧密程度必须是显著的，只有两个变量 x 与 y 的数量上显著相关，配合的回归直线的误差才会较小，如果两个变量 x 与 y 之间没有真正的相关关系，配合回归直线则毫无意义。

2. 线性回归方程的建立和求解

回归分析的数学表达式称为回归方程。在两个变量 x 与 y 数值之间线性相关的条件下，反映它们之间数量关系的平均线叫回归直线。当变量 x 的数值发生变动时，另一个变量 y 的数值随变量 x 的数值的变化而线性增减，变量 x 与 y 各组对应的数值在直角坐标系中分布在狭长带形区域内，并有形成直线的趋势，便可拟合一条回归直线，用来从量上反映这两个变量的相关关系。高等数学证明，利用最小平方法拟合的直线是最合理的直线，这条直线上的点和实际相关点的离差平方之和为最小。

配合回归直线相应的简单线性回归方程的一种形式是：

$$y_c = a + bx$$

即 y 对 x 的一元线性回归方程。式中，y_c 代表因变量的估计值；x 为自变量的数值；a 为直线的截距；b 为直线的斜率。

b 又称回归系数。它说明自变量 x 每增加（或减少）一定的数值，因变量 y 的平均增加（或减少）的数值。

a、b 两个参数确定后，表明两个变量 x 与 y 之间一般关系的回归直线就被惟一确定了。若变量 x 与 y 之间为正相关，则 $b > 0$；若变量 x 与 y 之间为负相关，则 $b < 0$。

参数 a、b 可根据第六章描述过的最小平方法来计算，其计算公式为：

$$b = \frac{n \sum xy - \sum x \sum y}{n \sum x^2 - (\sum x)^2}$$

$$a = \overline{y} - b\,\overline{x}$$

例 9 - 3 - 1 根据表 9 - 3 - 1 的资料计算因变量的估计值如下:

表 9 - 3 - 1 **某地区自行车销售量对农民人均收入的回归方程计算表**

年份	人均收入 （千元）x	自行车销售量 （千辆）y	xy	x^2	$y_c = a + bx$
1	1.0	10	10.0	1.00	10.795
2	1.1	10	11.0	1.21	11.836
3	1.2	14	16.8	1.44	12.877
4	1.3	17	22.1	1.69	13.918
5	1.6	15	24.0	2.56	17.041
6	1.8	18	32.4	3.24	19.123
7	1.8	21	37.8	3.24	19.123
8	2.2	23	50.6	4.84	23.287
合计	12.0	128	204.7	19.22	128.000

根据表内资料计算参数值 a、b 如下:

$$b = \frac{n\sum xy - \sum x \sum y}{n\sum x^2 - (\sum x)^2}$$

$$= \frac{8 \times 204.7 - 12 \times 128}{8 \times 19.22 - 12^2}$$

$$= \frac{101.6}{9.76} = 10.41$$

$$a = \overline{y} - b\,\overline{x} = 128/8 - 10.41 \times 12/8 = 0.385$$

将 a、b 参数值代入简单线性回归方程式，即得回归直线方程:

$$Y_c = 0.385 + 10.41x$$

计算结果表明，农民人均收入越高，自行车销售量越多，二者的具体变动关系是: 人均收入每增加 1 千元，自行车销售量平均增加 10.41 千辆。

　　将自变量 x 的 8 个数值顺序代入上式，可求得 8 个因变量 y 的估计值 y_c（见表 9 – 3 – 1）。根据 y_c 的数值，可在直角坐标系中绘制一条穿过 8 个相关点的直线（见图 9 – 3 – 1），用直线上的估计值代替因变量 y 值，可对未来进行预测。假设第 9 年居民人均收入为 2.5 千元，那么，自行车销售量的点估计值为：

$$y_c = 0.385 + 10.41 \times 2.5 = 26.41 \quad （千辆）$$

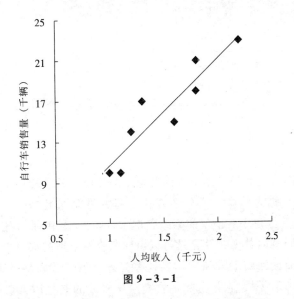

图 9 – 3 – 1

二、线性回归方程拟合优度的评价

　　具有线性相关关系的两个变量 x 与 y 各数值的相关点散布在回归直线周围的紧密程度，表示回归方程对各相关点的拟合程度。判定回归方程拟合程度的优劣，常用的指标是判定系数（亦称可决系数）和估计标准误差。

1. 判定系数

判定系数是说明自变量对因变量解释力的指标，它是指在因变量的总变差中，可以被自变量解释的部分所占的比例。下面以表 9 − 3 − 1 中第 7 年的数据为例绘图解释如下：

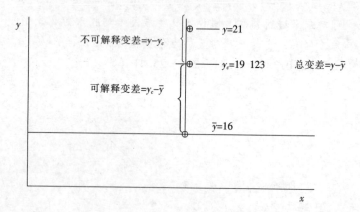

图 9 − 3 − 2

由图可以看出，第 7 年因变量 y 的数值与其平均值 $\bar{y}$ 的离差为 $y - \bar{y}$，称为总变差或总平方和。它由两部分组成：其一是回归估计值 y_c 与平均值 $\bar{y}$ 的离差，即 $y_c - \bar{y}$，这是由于自变量 x 的变化而影响的数值，并且是可以由回归直线解释的部分，称为可解释变差或回归平方和。其二是因变量 y 值与回归估计值 y_c 的离差，即 $y - y_c$，它是由除了自变量 x 以外的其他因素影响的数值，是不能由回归直线解释的部分，称为不可解释变差或剩余平方和。

上述内容的关系式为：总变差 = 可解释变差 + 不可解释变差。例中 8 个因变量 y 与其平均值 $\bar{y}$、估计值 y_c 之间均存在上述关系，用符号表示为：$\sum (y - \bar{y})^2 = \sum (y_c - \bar{y})^2 + \sum (y - y_c)^2$。在此基础上，可进一步计算可解释变差在总变差中所占的比例大小，

以反映两个变量 x 与 y 数值之间相关的密切程度，以及回归方程拟合的好坏。这一比例即判定系数，一般用 r^2 表示。公式为：

$$r^2 = \frac{\sum (y_c - \bar{y})^2}{\sum (y - \bar{y})^2}.$$

或　　$$r^2 = 1 - \frac{\sum (y - y_c)^2}{\sum (y - \bar{y})^2}$$

式中，$\sum (y - \bar{y})^2$ 为总变差或称总离差平方和；

$\qquad \sum (y_c - \bar{y})^2$ 为可解释变差或称回归平方和；

$\qquad \sum (y - y_c)^2$ 为不可解释变差或称剩余平方和。

从式中可以看出，如果可解释变差所占比例大，说明变量 x 与 y 数值之间相关程度高，回归方程拟合较好；如果可解释变差所占比例小，则说明变量 x 与 y 数值之间相关程度低，回归方程拟合较差。

例 9 – 3 – 2　根据表 9 – 3 – 1 的资料计算如下：

表 9 – 3 – 2　　总变差、可解释变差和不可解释变差计算表

年份	人均收入（千元）x	自行车销售量（千辆）y	y_C	$(y - \bar{y})^2$	$(y_c - \bar{y})^2$	$(y - y_c)^2$
1	1.0	10	10.795	36	27.092	0.632
2	1.1	10	11.836	36	17.339	3.371
3	1.2	14	12.877	4	9.753	1.261
4	1.3	17	13.918	1	4.335	9.498
5	1.6	15	17.041	1	1.084	4.166
6	1.8	18	19.123	4	9.753	1.261
7	1.8	21	19.123	25	9.753	3.523
8	2.2	23	23.287	49	53.100	0.082
合计	12.0	128	128.000	156	132.209	23.794

根据表内资料计算判定系数如下：

$$r^2 = \frac{\sum (y_c - \bar{y})^2}{\sum (y - \bar{y})^2} = 1 - \frac{\sum (y - y_c)^2}{\sum (y - \bar{y})^2}$$

$$= \frac{132.209}{156} = 1 - \frac{23.794}{156} = 0.85$$

若已知相关系数 r，可直接求判定系数 r^2。如前例已知相关系数 $r = 0.92$，其判定系数 $r^2 = 0.92^2 = 0.85$。

计算结果表明，在自行车销售量的总变差中，有 85% 可以用农民人均货币收入的变化加以解释，未能解释的部分只占 15%，即由于其他原因所致。

由公式 $r^2 = \dfrac{\sum (y_c - \bar{y})^2}{\sum (y - \bar{y})^2} = 1 - \dfrac{\sum (y - y_c)^2}{\sum (y - \bar{y})^2}$ 可以得出，判定系数的取值范围在 0 和 +1 之间，其平方根即为相关系数 r。

若 $y_c = y$，则 $\sum (y - y_c)^2 / \sum (y - \bar{y})^2 = 0$，$r^2 = 1$，即所有的 y 值都在回归直线上，两个变量 x 与 y 的数值之间为完全线性相关；

若 $y_c = \bar{y}$，则 $\sum (y - y_c)^2 / \sum (y - \bar{y})^2 = 1$，$r^2 = 0$，即两个变量 x 与 y 数值之间没有任何相关关系。

若 $y_c \neq y$，且 $y_c \neq \bar{y}$，则 $0 < \sum (y - y_c)^2 / \sum (y - \bar{y})^2 < 1$，即 $0 < r^2 < 1$，两变量 x 与 y 之间具有一定的线性相关关系，r^2 的值越接近于 1，则相关程度越高。

2. 估计标准误差

估计标准误差是反映以回归直线为中心的各因变量的数值与其估计值之间的平均离散程度的指标。其计算公式是：

$$s_{yx} = \sqrt{\frac{\sum (y - y_c)^2}{n - 2}}$$

式中，s_{yx} 代表估计标准误差，其下标表示 y 依 x 而回归的方程；

$n-2$ 为回归估计的自由度。

如前所述，不可解释变差或称剩余平方和为 $\sum (y - y_c)^2$，它反映变量 y 值与其估计值 y_c 之间总误差的大小，对其取平均值可得到剩余方差 $s^2 = \sum (y - y_c)^2 / n$，剩余方差的平方根即为估计标准误差 $s = \sqrt{\sum (y - y_c)^2 / n}$。$s^2$ 的无偏估计量的公式为 $s^2 = \dfrac{\sum (y - y_c)^2}{n-2}$，$S^2$ 的无偏估计量的平方根为 $s = \sqrt{\dfrac{\sum (y - y_c)^2}{n-2}}$。

若估计标准误差 s_{yx} 小，因变量 y 的实际值与估计值 y_c 之间的平均离差就小，则所有因变量的实际值 y 靠近回归直线 y_c，此回归直线对 y 的拟合优度就高，两个变量 x 与 y 的数值相关程度也高；反之，若估计标准误差 s_{yx} 大，因变量的实际值 y 与估计值 y_c 的平均离差就大，则所有因变量的实际值 y 远离回归直线 y_c，此回归直线对 y 的拟合优度低，两个变量 x 与 y 的数值相关程度也低。

此外，也可利用以下的简便式计算估计标准误差：

$$s_{yx} = \sqrt{\frac{\sum y^2 - a \sum y - b \sum xy}{n-2}}$$

以表 9-3-2 的资料为基础，计算估计标准误差如下：

表 9-3-3   估计标准误差计算表

年份	人均收入（千元）x	自行车销售量（千辆）y	$(y - y_c)^2$	y^2	xy
1	1.0	10	0.632	100	10
2	1.1	10	3.371	100	11
3	1.2	14	1.261	196	16.8
4	1.3	17	9.498	289	22.1

续表

年份	人均收入（千元）x	自行车销售量（千辆）y	$(y-y_c)^2$	y^2	xy
5	1.6	15	4.166	225	24
6	1.8	18	1.261	324	32.4
7	1.8	21	3.523	441	37.8
8	2.2	23	0.082	529	50.6
合计	12.0	128	23.794	2 204	204.7

将表内资料代入公式：

$$s_{yx} = \sqrt{\frac{\sum (y - y_c)^2}{n-2}} = \sqrt{\frac{23.794}{8-2}} = 1.99（千辆）$$

或

$$s_{yx} = \sqrt{\frac{\sum y^2 - a \sum y - b \sum xy}{n-2}}$$

$$= \sqrt{\frac{2\,204 - 0.385 \times 128 - 10.41 \times 204.7}{8-2}}$$

$$= 1.99（千辆）$$

计算结果表明，该地区连续 8 年自行车实际销售量 y 与回归估计值 y_c 之间的平均离差为 1.99（千辆）。

另外，根据方差分析，可求得估计标准误差与相关系数二者的关系式：

$$S_{YX}^2 = \sigma_y^2 (1 - r^2)$$

$$\therefore \quad r^2 = \frac{\sigma_y^2 - S_{YX}^2}{\sigma_y^2} = 1 - \frac{S_{YX}^2}{\sigma_y^2}$$

$$\therefore \quad r = \sqrt{1 - \frac{S_{YX}^2}{\sigma_y^2}}$$

从式中可以看出，如果 s_{yx} 的值大，则两变量 x 与 y 数值间的线性相关程度则低；反之，如果 s_{yx} 的值小，则两变量 x 与 y 数值间的线性相关程度则高；如果 s_{xy} 的值为 0，则 $r = 1$，即两变量 x

与 y 完全相关。又：

$$\because \quad s_{yx}^2 = \sigma_y^2 (1 - r^2) \qquad\qquad \therefore \quad s_{yx} = \sigma_y \sqrt{1 - r^2}$$

从式中可以看出，如果两变量 x 与 y 的数值间的线性相关程度高，则估计标准误差 s_{yx} 就小；反之，如果两变量 x 与 y 的数值间的线性相关程度低，则估计标准误差 s_{yx} 就大；如果两变量 x 与 y 完全线性相关，则 r^2 的值为 1，s_{yx} 值为 0，表示因变量实际值 y 与估计值 y_c 之间不存在任何误差。

根据相关系数 r 与回归系数 b 的计算公式，可求得二者的关系式：

$$\because \quad r = \frac{\overline{xy} - \overline{x}\ \overline{y}}{\sigma_x \sigma_y} = \frac{\overline{xy} - \overline{x}\ \overline{y}}{\sigma_x \cdot \sigma_y} \cdot \frac{\sigma_x}{\sigma_y} = \frac{\overline{xy} - \overline{x}\ \overline{y}}{\sigma_x^2} \cdot \frac{\sigma_x}{\sigma_y}$$

$$b = \frac{n \sum xy - \sum x \sum y}{n \sum x^2 - (\sum x)^2}$$

$$= \frac{nn\ \overline{xy} - n\ \overline{x} n\ \overline{y}}{nn\ \overline{x^2} - (n\ \overline{x})^2}$$

$$= \frac{n^2\ \overline{xy} - n^2 \overline{x}\ \overline{y}}{n^2\ \overline{x^2} - n^2 (\overline{x})^2}$$

$$= \frac{\overline{xy} - \overline{x}\ \overline{y}}{\sigma_x^2}$$

$$\therefore \quad r = b \cdot \frac{\sigma_x}{\sigma_y}$$

或 $\quad b = r \cdot \dfrac{\sigma_y}{\sigma_x}$

如前例：$b = 10.41$，$\sigma_x = 0.39$，$\sigma_y = 4.42$，

$$\therefore \quad r = 10.41 \times \frac{0.39}{4.42} = 0.92$$

或 $\quad b = 0.92 \times \dfrac{4.42}{0.39} = 10.42$

第四节

多元线性回归与非线性回归

一、多元线性回归

前述一元线性回归分析是以一元线性回归模型研究一个自变量与一个因变量数值之间的关系，并预测或推算因变量的未来值。而多元线性回归分析则是以多元线性回归模型研究多个自变量与一个因变量的数值之间的相互关系，进而预测或推算因变量的未来值。例如，商业企业的商品销售额受多个因素影响，其中，居民的人均收入和商品价格是主要影响因素，因为人均收入的增减和商品价格的涨跌都会影响到商品销售额。在这三个因素中，自变量有人均收入和商品价格两个因素，而商品销售额则为因变量。

根据上例的三个因素，可建立二元线性回归模型。设居民人均收入和商品价格分别为自变量 x_1 和 x_2，它们与因变量 y 即商品销售额呈线性相关关系，则可建立二元线性回归模型：

$$y_c = a + b_1 x_1 + b_2 x_2$$

如果自变量有三个，设为 x_1、x_2 和 x_3，与一个因变量 y 呈线性相关，则可建立三元线性回归模型：

$$y_c = a + b_1 x_1 + b_2 x_2 + b_3 x_3$$

如果自变量有 n 个，设为 x_1、$x_2 \cdots$，x_n，与一个因变量 Y 呈线性相关关系，则可建立 n 元线性回归模型：

$$y_c = a + b_1 x_1 + b_2 x_2 + \cdots + b_n x_n$$

式中，a 为常数，$b_1 \cdots$，b_n 是 y 对 $x_1 \cdots$，x_n 的回归系数，即

$x(x_1\cdots,\ x_n)$ 每变动一个单位，y 的平均增加值。

根据最小平方方法，可求解上述回归方程。例如，从二元线性回归方程 $y_c = a + b_1 x_1 + b_2 x_2$ 可求得以下正规方程组：

$$\begin{cases} \sum y = na + b_1 \sum x_1 + b_2 \sum x_2 \\ \sum x_1 y = a \sum x_1 + b_1 \sum x_1^2 + b_2 \sum x_1 x_2 \\ \sum x_2 y = a \sum x_2 + b_1 \sum x_1 x_2 + b_2 \sum x_2^2 \end{cases}$$

求解参数 b_1、b_2 和 a 的公式分别为：

$$b_1 = \frac{\sum x_1 y \sum x_2^2 - \sum x_2 y \sum x_1 x_2}{\sum x_1^2 \sum x_2^2 - (\sum x_1 x_2)^2}$$

$$b_2 = \frac{\sum x_2 y \sum x_1^2 - \sum x_1 y \sum x_1 x_2}{\sum x_1^2 \sum x_2^2 - (\sum x_1 x_2)^2}$$

$$a = \bar{y} - b_1 \bar{x}_1 - b_2 \bar{x}_2$$

例 9 - 4 - 1

表 9 - 4 - 1　　　某地自行车销售量与其影响因素相关表

年份	农民人均月收入（千元）x_1	自行车平均销售单价（元/辆）x_2	自行车销售量（千辆）y
1	1.0	100	10
2	1.1	140	10
3	1.2	200	14
4	1.3	250	17
5	1.6	300	15
6	1.8	340	18
7	1.8	390	21
8	2.2	470	23

农民人均月收入（x_1）与自行车销售量（y）的相关图见图 9 - 2 - 1；根据自行车平均销售单价（x_2）与其销售量（y）绘制的相关图如图 9 - 4 - 1：

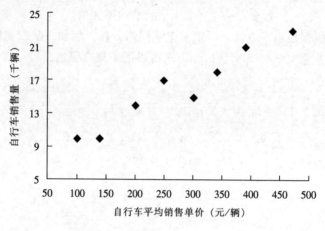

图 9 - 4 - 1

从相关表和相关图可做初步判断，即农民人均月收入与自行车销售量之间，以及自行车平均销售单价与自行车销售量之间均表现为线性相关关系。用二元线性回归方程计算分析如下：

表 9 - 4 - 2   二元线性回归方程计算表

年份	人均收入（千元）x_1	销售价格（元/辆）x_2	销售量（千辆）y	x_1y	x_2y	x_1y_2	x_1^2	x_2^2	y_c
1	1.0	100	10	10.0	1 000	100	1.00	10 000	9.7485
2	1.1	140	10	11.0	1 400	154	1.21	19 600	11.0618
3	1.2	200	14	16.8	2 800	240	1.44	40 000	12.6151
4	1.3	250	17	22.1	4 250	325	1.69	62 500	14.0484
5	1.6	300	15	24.0	4 500	480	2.56	90 000	17.1483
6	1.8	340	18	32.4	6 120	612	3.24	115 600	19.2949
7	1.8	390	21	37.8	8 190	702	3.24	152 100	19.8949
8	2.2	470	23	50.6	10 810	1 034	4.84	220 900	24.1881
合计	12.0	2 190	128	204.7	39 070	3 647	19.22	710 700	128.0000

将表内资料分别代入参数 b_1、b_2 和 a 的计算公式：

$$b_1 = \frac{\sum x_1 y \sum x_2^2 - \sum x_2 y \sum x_1 x_2}{\sum x_1^2 \sum x_2^2 - \left(\sum x_1 x_2\right)^2}$$

$$= \frac{204.7 \times 710\ 700 - 39\ 070 \times 3\ 647}{19.22 \times 710\ 700 - 3\ 647^2}$$

$$= \frac{2\ 992\ 000}{359\ 045} = 8.333$$

$$b_2 = \frac{\sum x_2 y \sum x_1^2 - \sum x_1 y \sum x_1 x_2}{\sum x_1^2 \sum x_2^2 - \left(\sum x_1 x_2\right)^2}$$

$$= \frac{39\ 070 \times 19.22 - 204.7 \times 3\ 647}{19.22 \times 710\ 700 - 3\ 647^2}$$

$$= \frac{4\ 384.5}{359\ 045} = 0.012$$

$$a = \bar{y} - b_1 \bar{x}_1 - b_2 \bar{x}_2$$

$$= 128/8 - 8.333 \times 12/8 - 0.012 \times 2\ 190/8$$

$$= 0.2155$$

则有　　$y_c = 0.2155 + 8.333 x_1 + 0.012 x_2$

计算结果表明，在价格不变的情况下，居民人均收入每增加 1 千元，自行车销售量平均增加 8.333 千辆；在居民人均收入不变的情况下，价格每增加 1 元，自行车销售量平均增加 0.012 千辆。

二、复相关系数的计算

复相关系数即二元或多元线性相关系数。由于判定系数

$$r^2 = \frac{\sum (y_c - \bar{y})^2}{\sum (y - \bar{y})^2} \quad \text{或} \quad r^2 = 1 - \frac{\sum (y - y_c)^2}{\sum (y - \bar{y})^2}$$

则有　$r = \sqrt{\dfrac{\sum (y_c - \bar{y})^2}{\sum (y - \bar{y})^2}} \quad \text{或} \quad r = \sqrt{1 - \dfrac{\sum (y - y_c)^2}{\sum (y - \bar{y})^2}}$

表 9 - 4 - 2 中，∵ $\sum y = 128$，$n = 8$，∴ $\bar{y} = 128/8 = 16$。

例 9 - 4 - 2 利用表 9 - 4 - 2 的资料计算二元线性相关系数如下：

表 9 - 4 - 3　　　　二元线性相关系数计算表

年份	人均收入（千元）x_1	销售价格（元/辆）x_2	销售量（千辆）y	y_c	$(y-\bar{y})^2$	$(y-y_c)^2$
1	1.0	100	10	9.7485	36	0.063
2	1.1	140	10	11.0618	36	1.127
3	1.2	200	14	12.6151	4	1.918
4	1.3	250	17	14.0484	1	8.712
5	1.6	300	15	17.1483	1	4.615
6	1.8	340	18	19.2949	4	1.677
7	1.8	390	21	19.8949	25	1.22
8	2.2	470	23	24.1881	49	1.412
合计	12.0	2 190	128	128.0000	156	20.745

将表内资料代入上式，则

$$r = \sqrt{1 - \frac{\sum (y-y_c)^2}{\sum (y-\bar{y})^2}} = \sqrt{1 - \frac{20.745}{156}}$$

$$= \sqrt{0.867} = 0.93$$

从以上计算结果可以看出，居民人均月收入、自行车销售价格与自行车销售量之间高度相关。

以上根号内的 0.867 即为判定系数 r^2 的值，它表明在自行车销售量的总变动中，有 86.7% 的变差可以用居民人均月收入、自行车销售价格加以解释，从而说明二元线性回归模型拟合得较好。

三、多元线性回归估计标准误差的计算

多元线性回归方程拟合的优劣，还可通过计算估计标准误差加以检验。二元线性回归方程估计标准误差的公式为：

$$s = \sqrt{\frac{\sum (y - y_c)^2}{n - 3}}$$

将表 9 - 4 - 3 的资料代入上式，可求得二元线性回归方程的估计标准误差，即：

$$s = \sqrt{\frac{\sum (y - y_c)^2}{n - 3}} = \sqrt{\frac{20.745}{8 - 3}}$$

$$= \sqrt{4.149} = 2.037 \ （千辆）$$

计算结果表明，居民人均月收入、自行车销售价格与自行车销售量的平均离差为 2.037 千辆。

四、非线性回归

在社会经济现象中，变量之间的相关关系除了线性相关之外，还有非线性的曲线关系，如双曲线、指数曲线和抛物线等。一般情况下，应根据曲线的不同类型，配合相应的曲线回归模型来研究变量之间的相互依存关系。同时，许多非线性回归问题还可通过变量的变换，化为线性回归模型来求解。

例如，双曲线函数的回归方程为：

$y_c = a + b \cdot 1/x$，将其线性化的方法是：令 $x' = 1/x$ 则有 $y_c = a + bx'$。根据最小平方法求解参数 a、b：

$$b = \frac{n \sum x'y - \sum x' \sum y}{n \sum x'^2 - (\sum x')^2}$$

$$a = \bar{y} - b \bar{x}'$$

例 9 - 4 - 3

表 9 - 4 - 4　　　　曲线回归方程计算表

月份	商品销售额（百万元）x	流通费用率（%）y	$x' = 1/x$	$x'y$	x'^2	$y_c = a + bx'$
1	4.0	6.6	0.25	1.650	0.0625	5.5775
2	4.5	4.8	0.22	1.056	0.0484	4.8830
3	5.2	3.6	0.19	0.684	0.0361	4.1885
4	6.0	3.2	0.17	0.544	0.0289	3.7255
5	6.9	2.6	0.14	0.364	0.0196	3.0310
6	7.5	2.4	0.13	0.312	0.0169	2.7995
7	8.2	2.3	0.12	0.276	0.0144	2.5680
8	9.1	2.4	0.11	0.264	0.0121	2.3365
9	10.0	2.3	0.10	0.230	0.0100	2.1050
10	11.2	2.1	0.09	0.189	0.0081	1.8735
11	12.0	2.0	0.08	0.160	0.0064	1.6420
12	12.5	2.1	0.08	0.168	0.0064	1.6420
合计	97.1	36.4	1.68	5.897	0.2698	36.3720

　　从表 9 - 4 - 4 可以看出，商品销售额（自变量 x）与流通费用率（因变量 y）之间存在着依存关系。表现为商品销售额逐月上升，而流通费用率相应地逐月下降，同时，前几个月下降速度较快，而后逐渐减慢并趋于稳定。这种情况一般可配合双曲线模型。

　　根据表内数值绘图如 9 - 4 - 2：

流通费用率%

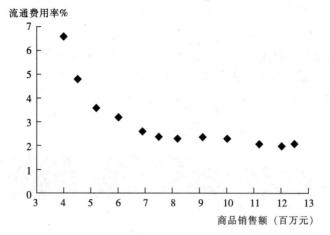

图 9 – 4 – 2

将表内资料代入公式：

$$b = \frac{n \sum x'y - \sum x' \sum y}{n \sum x'^2 - (\sum x')^2}$$

$$= \frac{12 \times 5.897 - 1.68 \times 36.4}{12 \times 0.2698 - 1.68^2}$$

$$= 9.612/0.4152 = 23.15$$

$a = \bar{y} - b\,\bar{x}' = 36.4/12 - 23.15 \times 1.68/12 = -0.21$

$\therefore \quad y_c = a + bx' = -0.21 + 23.15x'$

$\therefore \quad y_c = a + b \cdot 1/x = -0.21 + 23.15 \cdot 1/x$

将 12 个月商品销售额 x' 的数值分别代入上式，可得流通费用率的理论值 y_c。

经检验，所得 $r = 0.85$

$s_{qx} = 0.5023$ 表明 x 与 y 两变量间曲线相关程度很高，且回归方程拟合优度也较好。

又例，按指数函数配合曲线的回归方程为：

$$y_c = ab^x$$

将其线性化的方法是两边取对数，即：

$$lgy_c = lga + xlgb$$

令 $y_c' = lgy_c$，$a' = lga$，$b' = lgb$，则有 $y_c' = a' + b'x$。

根据最小平方法求解参数 a'、b'：

$$b' = \frac{n\sum xy' - \sum x \sum y'}{n\sum x^2 - (\sum x)^2}$$

$$a = \overline{y}' - b\,\overline{x}$$

式中，$y' = lgy$

$\because \quad a' = lga \qquad b' = lgb$

求其反对数，即得参数 a、b 的值。举例如下：

例 9 - 4 - 4

表 9 - 4 - 5　　　　曲线回归方程计算表

月份	月产量（千件）x	单位产品成本（元/件）y	x^2	$y' = lgy$	xy'	$y_c' = a' + b'x = 1.22 - 0.0104x$	$y_c = ab^x = 16.5959 \times 0.9763^x$
1	1	17	1	1.2304	1.2304	1.2096	16.2026
2	6	16	36	1.2041	7.2246	1.1576	14.3714
3	10	12	100	1.0792	10.7920	1.1160	13.0567
4	15	13	225	1.1139	16.7085	1.0640	11.5811
5	20	10	400	1.0000	20.0000	1.0120	10.2723
6	24	9	576	0.9542	22.9008	0.9704	9.3325
7	30	7	900	0.8451	25.3530	0.9080	8.0816
8	35	7	1 225	0.8451	29.5785	0.8560	7.1683
9	41	6	1 681	0.7782	31.9062	0.7936	6.2075
10	46	6	2 116	0.7782	35.7972	0.7416	5.5059
11	50	5	2 500	0.6990	34.9500	0.7000	5.0022
12	54	5	2 916	0.6990	37.7460	0.6584	4.5446
合计	332	113	12 676	11.2264	274.1872	11.1872	111.3267

从表 9 - 4 - 5 可以看出，月产量（自变量 x）与单位成本（因变量 y）之间存在着一定的依存关系。表现为月产量逐月上升，而单位成本随之逐月下降，但其年初降幅较大，而后几个月下降速度逐渐减慢。另外，月

产量的数值呈现等差变动，后一个值减前一个值之差数均接近于 5 或等于 5；单位成本的数值则呈现等比变动，后一个数值与前一个数值的比值均接近于 1。这种情况一般可按指数函数配合曲线。

根据表内数值绘图如 9 - 4 - 3：

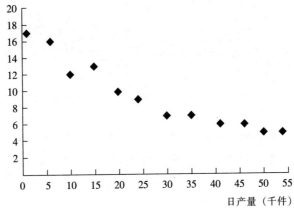

单位产品成本(元/件)

日产量（千件）

图 9 - 4 - 3

将表内资料代入公式：

$$b' = \frac{n \sum xy' - \sum x \sum y'}{n \sum x^2 - (\sum x)^2}$$

$$= \frac{12 \times 274.1872 - 332 \times 11.2264}{12 \times 12\,676 - 332^2}$$

$$= \frac{-436.9184}{41\,888}$$

$$= -0.0104$$

$$a' = \overline{y'} - b\,\overline{x} = 11.2264/12 - (-0.0104) \times 332/12$$

$$= 1.22$$

$$\therefore \quad y_c' = a' + b'x = 1.22 - 0.0104x$$

又 $\because \quad a' = \lg a \quad b' = \lg b$

$\therefore \quad$ 求反对数： $\quad a = 16.5959 \quad b = 0.9763$

$\therefore \quad y_c = ab^x = 16.5959 \times 0.9763^x$

将 12 个月的产量（自变量 x）分别代入上式即可得单位成本（因变量 y）的估计值 y_c。

思考与练习

一、思考题

1. 简述相关关系的概念及其特点。

2. 相关关系有哪些种类？

3. 什么叫回归分析？

4. 简述相关分析与回归分析的区别和联系。

5. 直线方程 $y_c = a + bx$ 中，b 值的含义是什么？

6. 一元线性回归分析中的总变差、可解释变差和不可解释变差各反映了什么问题？

二、练习题

1. 已知 $\overline{xy} = 3\,880$，$\bar{x} = 5$，$\bar{y} = 713$，$\overline{x^2} = 29$，$\overline{y^2} = 535\,733$，$a = 329.25$，求相关系数和直线回归方程。

2. 某产品产量与成本资料如下：

月　份	1	2	3	4	5	6
产量（千件）	2	3	3	4.5	6	7.1
总成本（千元）	7.2	11	9.9	12	12.5	14.2

要求：

（1）绘制散点图并说明两变量间存在何种相关关系；

（2）若两变量呈线性相关关系，则计算其相关系数并说明其相关的密切程度；

（3）用最小平方法拟合总成本对产量的直线回归方程，并说明回归系数的含义；

（4）若计划规定 7 月产量为 8 千件，总成本预计将达到多少？

（5）计算判定系数和估计标准误差，并据以对该直线回归方程的拟合优度做简要说明。

第十章

预测决策分析法

第一节

预测分析概述

一、预测分析的性质

预测分析，是人们对客观现象的一种预计和推测，目的在于综合研究事物内在联系延续与突变的过程及其未来发展变化的规律性。

预测分析的基本任务是根据已知的统计数据，运用科学的统计方法，对客观现象发展的规模、水平、速度、结构和比例的变动状况进行预测，并据以做出效益较大而风险较小的决策。

1. 预测分析的主要特点

（1）它是一种提前量的研究，即预测的对象是将要发生的事情；

（2）它是一种永远有误差的研究，即预测分析的结果与客观现象的真值总是不一致的；

（3）它是一种可预测性增量的研究，因为未来是在现实基础上发展变化的；

（4）它是一种艺术性色彩很浓的研究，经验和直觉的影响与作用很大，且不可取消。

2. 预测分析的客观基础

（1）同一事物具有的纵向历史传递联系或相对稳定性，使人们可以根据现在预知未来；

（2）不同事物之间的横向结构关系，使人们能从已知的事物推测未知的事物；

（3）人们的预测能力，由于基础科学、技术科学、思维科学的发展而不断提高；

（4）人们预测手段的科学性和现代化，由于电子计算机的发明与运用而得到了有力的推动和加强。

3. 预测分析的主要分类

（1）按预测对象的范围不同，可分为宏观预测和微观预测；

（2）按预测时期的长短不同，可分为短期预测、中期预测和长期预测；

（3）按预测性质的不同，可分为定性预测和定量预测。限于本课程的任务和特点，本章只着重介绍适合我国社会经济发展特点的定量预测法，并着重说明统计动态模型在社会经济预测中的应用。

二、预测分析的原则

1. 类比推断的原则

一般说来，事物都具有共同性和典型性，而共同性的东西又存在于典型性之中。因此，人们既可以采用"划类选典"的方法来类推一般规律，也可以采用类比推断的方法根据一个地区或局部的资料，去推断总体的变动趋势。

2. 连贯推断的原则

事物的变化，都有其发生、发展的过程，具有内在连贯性。这就是说，现在既是过去的终结，又是未来的起点，事物的变化发展总是以过去和现在的客观实际为基础的。因此，预测分析按照连贯推断的原则，就可以根据过去和现在推测未来。

3. 相关推断的原则

在社会经济领域中的各种事物或现象，彼此间都是相互联系的。这些联系反映到数量上来，就是相关变量之间存在着相连共变的关系。因此，人们通过对各种因素进行相关分析，采用相关推断的方法，就可以预测事物变化发展的数量表现。

三、预测分析的步骤

1. 确定预测目的

预测是为当前的行动决策服务的，因此，应把预测提供的未来信息，同最佳决策的选择相联系，为行动决策提供科学依据。

2. 搜集所需资料

预测要立足于资料。只有当资料系统、真实、可靠，才有可能形成正确的预见。在根据统计资料进行社会经济预测的过程中，为了达到预测的目的，消除或减少预测过程中的不确定性，预测人员必须广泛搜集和慎重选择有关资料。

3. 选择预测方法，建立数学模型

数学模型是指用来描述现象之间因果关系的数学公式。用数学模型来刻画社会经济现象之间的因果关系，并据以开展预测分析，是 20 世纪以来统计学界研究社会经济问题的一种常用方法。

4. 进行有效性检验

人们建立起来的模型能否反映客观规律，需要进行检验。检验主要是靠实践，即把统计数据代入模型，预测已发生的结果，再将预测值与实际值对比，以观察其预测优度的高低。此外，也可运用数学方法进行检验，以判别模型是否最佳地反映了社会经济发展过程固有的规律性。

5. 实施预测

经检验后的优化模型即可用于实际预测，求出预测值。预测值是未来社会经济发展前景的数量表现，不可能与未来的实际完全符合，因此产生误差是不可避免的。如果经检验发现预测误差超出了允许范围，就要查明原因，从失误中总结经验，修正模型，改进方法，以增强模型的预测功能。

6. 撰写评价报告

评价报告，应言简意赅，突出重点，既要有直接描述发展前景的数量指标，还要提供各种论据，围绕预测结果的科学性进行实事求是的评估。

第二节

预测分析方法与应用

一、回归模型预测法

回归模型预测法，就是利用回归分析技术进行因果预测的方法。运用回归模型预测法，首先要根据社会经济理论，从相互联系的若干个变量中，分解出因变量（被说明变量）和自变量（说明变量）；然后分析这些自变量与因变量之间的关系，从而建立起反映经济变量之间因果关系的回归模型，并对之进行检验，以判别其适用性；最后按照预测公式推算因变量的预测值和预测区间。

1. 一元线性回归模型预测法

一元线性回归预测模型的一般式为：

$$y_c = a + bx$$

由于在回归预测分析中，变量 x 与 y 之间并不存在确定性的函数关系，因此，根据一元线性回归模型的一般式求出的点预测值（y_c）与实际值（y）不可能正好相等。而比较可靠和可行的办法是：对于给定的 $x = x_0$，以由一元线性回归模型的一般式所得的点预测值为中心，并考虑一定的预测误差，确定 y_0 取值的区间范围，即对因变量 y 进行区间预测。区间预测值一般式为：

$$y_0 = y_{0c} \pm t_{\frac{\alpha}{2}} S_F$$

式中：y_{0c} 为 $x = x_0$ 时，y_0 的点预测值；

$$S_F = S_y \sqrt{1 + \frac{1}{n} + \frac{(x_0 - \bar{x})^2}{\sum (x - \bar{x})^2}} ，为预测标准误差。$$

尚需指出的是：

（1）区间预测值公式的含义是：对于给定的 $x = x_0$，在一定的置信水平（$1 - \alpha$）下，因变量的真值 y_0 将落入由本式确定的预测区间内。

（2）当样本容量 $n < 30$，且总体标准差 σ 未知时，对于给定的置信水平（$1 - \alpha$），可查 t 分布表（见附表 2）确定其临界值（$t_{\frac{\alpha}{2}}$）；当总体标准差 σ 已知时，则应查正态分布面积表（见附表 1）确定其临界值（$Z_{\frac{\alpha}{2}}$）。

（3）以 y_{0c} 为中心的 y_0 的预测区间宽度为 $2t_{\frac{\alpha}{2}} S_F$，它是 x_0 的函数。因此，对于不同的 x_0，y_0 的区间宽度是不同的。当 $x_0 = \bar{x}$ 时，其区间最窄；当 x_0 越是远离 $\bar{x}$ 时，则区间越宽。对所有可能的 x_0 而言，预测区间的上限和下限就形成了两条位于回归线两侧呈喇叭口状的曲线。这说明，预测效果的好坏与 x 的取值有关，x 的取值越是接近 $\bar{x}$，预测越精确；反之，越不精确。所以，利用动态回归模型对经济现象未来的发展前景进行预测时，不宜外推过远。若外推时间过远，y_0 的取值范围越大，预测的精度就越差。

（4）预测的效果与估计标准误差 S_y 的大小有关。在其他条件一定的情况下，S_y 越小，预测区间越窄，预测精度越高；反之，则区间越宽，精度越低。

（5）在进行回归预测之前，必须对回归方程和回归系数进行显著性检验。只有当回归系数具有显著性，回归方程的拟合优度也比较高时，才可据以进行回归预测。

例 10 − 2 − 1　某地区历年国内生产总值和社会商品零售总额的统计资料如表 10 − 2 − 1 所示。

表 10 − 2 − 1　某地区历年国内生产总值和社会商品零售总额统计表　　单位：百万元

年　份	国内生产总值（x）	社会商品零售总额（y）
1997	42	25
1998	47	28
1999	56	34
2000	70	40
2001	78	49
2002	93	58
2003	120	74
2004	140	81

又知该地区 2006 年国内生产总值计划要求达到 15 500 万元。试以 95% 的可靠程度（$\alpha = 0.05$），对该地区 2006 年的社会商品零售总额进行预测。

解：经计算得：

$n = 8$　　$\bar{x} = 80.75$　　$\sum x = 646$　　$\sum x^2 = 60\ 742$　　$\bar{y} = 48.625$　　$\sum y = 389$　　$\sum y^2 = 21\ 967$　　$\sum xy = 36\ 506$

由于该地区的社会商品零售总额与其国内生产总值具有同向变动的趋势，实际散点向着某一条上升直线集中的趋势也比较明显，因此，可采用直线回归模型预测该地区 2006 年社会商品零售总额。其步骤如下：

（1）设所求回归预测模型为：$y_c = a + bx$

（2）据公式确定参数 a、b：

$$b = \frac{n \sum xy - \sum x \sum y}{n \sum x^2 - (\sum x)^2}$$

$$= \frac{8 \times 36\,506 - 646 \times 389}{8 \times 60\,742 - 646^2} = 0.5939$$

$$a = \bar{y} - b\bar{x} = 48.625 - 0.5939 \times 80.75 = 0.6676$$

（3）将 $a = 0.6676$，$b = 0.5939$ 代入所设回归模型，得：

$$y_c = 0.6676 + 0.5939x$$

（4）将 2006 年该地区国内生产总值的计划数：$x = 155$ 代入所得回归模型，则该地区 2006 年社会商品零售额的点预测值为：

$$y_{0c} = 0.6676 + 0.5939 \times 155 = 92.72 \text{（百万元）}$$

（5）根据给定的显著性水平 $\alpha = 0.05$ 和自由度 $df = n - 1 = 8 - 1 = 7$，查 t 分布表得：

$$t_{\frac{\alpha}{2}} = 2.365$$

（6）根据估计标准误差的计算公式，得：

$$S_y = \sqrt{\frac{\sum y^2 - a \sum y - b \sum xy}{n - 2}}$$

$$= \sqrt{\frac{21\,967 - 0.6676 \times 389 - 0.5939 \times 36\,506}{8 - 2}}$$

$$= 2.0972$$

（7）计算预测标准误差：

$$S_F = S_y \sqrt{1 + \frac{1}{n} + \frac{(x_0 - \bar{x})^2}{\sum (x - \bar{x})^2}}$$

$$= 2.0972 \sqrt{1 + \frac{1}{8} + \frac{(155 - 80.75)^2}{261.9542}}$$

$$= 9.8749$$

（8）根据公式，得：

$$y_0 = y_{0c} \pm t_{\frac{\alpha}{2}} S_F = 92.72 \pm 2.365 \times 9.8749 = 92.72 \pm 23.35$$

或：$69.37 \leqslant y_0 \leqslant 116.07$

即：该地区 2006 年的社会商品零售额将在 69.37 （百万元）～116.07 （百万元）之间，可靠程度为 95%。

2. 可线性化回归模型预测法

采用可线性化曲线回归分析技术，一般是先通过适当的变换，将曲线模型转化成标准线性模型后，再利用上文介绍的方法进行预测分析。现以双曲线回归模型为例，说明可线性化模型在经济预测中的应用。

例 10 - 2 - 2 根据第九章表 9 - 3 - 3 的资料，以 95% 的可靠程度（$\alpha = 0.05$），确定当商品销售额 $x = 13$ （百万元）时，流通费用率的预测区间。

解： 1. 由表 9 - 3 - 3 可知：$y_c = -0.21 + 23.15 \times \frac{1}{x}$；$S_{yx} = 0.5023$。

2. 将 $x = 13$ 代入回归模型，得：

$$y_{0c} = -0.21 + 23.15 \times \frac{1}{13} = 1.5708$$

3. 根据给定的显著性水平 $\alpha = 0.05$ 和自由度 $df = n - 1 = 12 - 1 = 11$，查 t 分布表得：$t_{\frac{\alpha}{2}} = 2.201$。

4. 计算预测标准误差：

$$S_F = S_{yx} \sqrt{1 + \frac{1}{n} + \frac{(x'_0 - \bar{x}')^2}{\sum (x' - \bar{x}')^2}}$$

$$= 0.36 \sqrt{1 + \frac{1}{12} + \frac{\left(\frac{1}{13} - 0.14\right)^2}{0.0346}}$$

$$= 0.5499$$

5. 根据公式，得：

$$y_0 = y_{0c} \pm t_{\frac{\alpha}{2}} S_F$$

$$= 1.5708 \pm 2.201 \times 0.5499$$

$$= 1.5708 \pm 1.2103$$

或：$0.3605 \leqslant y_0 \leqslant 2.7811$

即当商品销售额 $x = 13$（百万元）时，流通费用率将在 $0.3605\% \sim 2.7811\%$ 之间，可靠程度为 95%。

二、趋势模型预测法

趋势模型预测法，是以时间数列为依据，按照历史资料的结构及其变化规律，建立数学模型，并据以对社会经济现象未来的发展趋势进行外推预测的方法。

社会经济现象在时间上的变化趋势，主要决定于社会、经济、技术、环境等多种因素的影响，其中有些是属于基本因素，有些是属于偶然因素。从长期观察，则是基本因素对各个时期的发展水平起着主要的、长期的作用。因此，尽管社会经济运行的过程是起伏波动的，但从长期观察却存在着规律性。趋势预测的目的，就是要从有波动的数据中找出潜在的规律性，并进而预测未来。

（一）直线趋势模型预测法

当时间数列大体上以每期相同的等量增减变化时，即可选用直线模型来揭示现象的变动趋势，进行预测分析。直线趋势预测模型的一般式为：

$$y_c = a + bt$$

式中：y_c 为变量在时间 t 的趋势值；

　　　t 为时间变量；

　　　a、b 为待定参数，其估计方法为最小平方法。

例 10 - 2 - 3　某商场历年商品销售额资料如表 10 - 2 - 2 所示。

表 10 - 2 - 2　某商场历年商品销售统计表　　单位：万元

年　份	时间代码（t）	总额（y）
1996	1	2 501
1997	2	2 662
1998	3	2 884
1999	4	3 247
2000	5	3 698
2001	6	4 081
2002	7	5 627
2003	8	7 343
2004	9	8 136
2005	10	8 358

试以 95% 的可靠程度（$\alpha = 0.05$），对 2006 年该商场商品销售额进行区间预测。

解： 1. 设定模型。由于该商场历年商品销售额具有直线上升的趋势，因此，决定采用直线 $y_c = a + bt$ 作为拟合趋势线。

2. 计算参数估计所需中间数据：

$$n = 10 \quad \bar{t} = 5.5 \quad \sum t^2 = 385 \quad \bar{y} = 4\,853.7$$

$$\sum y = 48\,537 \quad \sum y^2 = 284\,164\,913$$

$$\sum ty = 327\,378$$

3. 据公式确定 a、b 的值：

$$b = \frac{n \sum ty - \sum t \sum y}{n \sum t^2 - (\sum t)^2}$$

$$= \frac{10 \times 327\,378 - 55 \times 48\,537}{10 \times 385 - (55)^2} = 732.42$$

$$a = \bar{y} - b\bar{t} = 4\,853.7 - 732.42 \times 5.5 = 825.39$$

4. 将 $a = 825.39$、$b = 732.42$ 代入所设趋势直线方程，得：

$$y_c = 825.39 + 732.42t$$

5. 将 $t = 11$ 代入上式，可得 2006 年该商场商品销售额的点预测值为：

$$y_c = 825.39 + 732.42 \times 11 = 8\,882.01 \text{（万元）}$$

6. 根据给定的显著性水平 $\alpha = 0.05$ 和自由度 $df = n - 1 = 10 - 1 = 9$，查 t 分布表得：$t_{\frac{\alpha}{2}} = 2.262$。

7. 计算估计标准误差：

$$S_y = \sqrt{\frac{\sum y^2 - a \sum y - b \sum ty}{n - 2}}$$

$$= \sqrt{\frac{284\,164\,913 - 825.39 \times 48\,537 - 732.42 \times 327\,378}{10 - 2}}$$

$$= 735.2$$

8. 计算预测标准误差：

$$S_F = S_y \sqrt{1 + \frac{1}{n} + \frac{(t_0 - \bar{t})^2}{\sum (t - \bar{t})^2}}$$

$$= 735.2 \times \sqrt{1 + \frac{1}{10} + \frac{(11 - 5.5)^2}{82.5}}$$

$$= 890.38$$

9. 确定预测区间：

$$y_0 = y_{0c} \pm t_{\frac{\alpha}{2}} S_F$$

$$= 8\,882.01 \pm 2.262 \times 890.38$$

$$= 8\,882.01 \pm 2\,014.04$$

或：$6\,867.97 \leqslant y_0 \leqslant 10\,896.05$

即 2006 年该商场商品销售额将在 6 867.97（万元）~ 10 896.05（万元）之间，可靠程度为 95%。

直线趋势外推预测，不仅可用于市场营销预测，还可用于生产预测。但趋势外推有一个重要假定，即趋势模型所刻画的数列变化过程是按同一规律变化发展的，因此，趋势外推必须慎重。

（二）可线性化曲线趋势预测模型简介

我们研究直线模型，除有其独立的应用意义之外，还因为直线模型是曲线模型变换的基础。同样，最小平方法不仅可估计线性模型参数，还能估计可线性化的曲线模型参数。

常用的曲线趋势预测模型主要有：

1. 指数曲线模型：$\hat{y}_t = ab^t$

2. 双曲线模型：$\hat{y}_t = a + b\dfrac{1}{t}$

3. 幂函数曲线模型：$\hat{y}_t = at^b$

4. 对数曲线模型：$\hat{y}_t = a + b \cdot \ln t$

5. 二次曲线模型：$\hat{y}_t = a + bt + ct^2$

6. 三次曲线模型：$\hat{y}_t = a + bt + ct^2 + dt^3$

三、季节指数预测法

季节指数是进行季节预测的重要参数。现以实例说明利用季节指数进行预测分析的方法与步骤如下。

例 10 - 2 - 4 某商场成衣收购量资料如表 10 - 2 - 3 所示。

表 10 - 2 - 3　　　某商场成衣收购量统计表　　　单位：万件

年份 季度	2003	2004	2005
1	31	30	34
2	38	41	41
3	31	36	39
4	34	40	42

　　试采用季节指数法，对该商场 2006 年各季度成衣收购量进行预测。

　　商品收购预测，实际上是市场商品货源预测，可为商业部门组织货源，满足市场需要提供重要依据。这个由实际收购量构成的时间数列（Y）中，主要包含长期趋势（T 或 y_c）、季节变动（S）和不规则变动（I）等因素。所以，该时间数列可以一般地表示为：

$$Y = T \cdot S \cdot I$$

　　通过构造散点图（见图 10 - 2 - 1），就可清晰地显示出：该时间数列既有周期性季节变动，又有长期趋势，且呈线性增长。

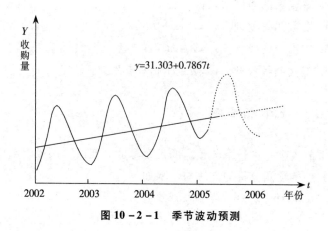

图 10 - 2 - 1　　季节波动预测

对具有上述特征的时间数列进行季节预测，大致可按以下四个步骤进行：

1. 根据已知数据，采用最小平方法拟合一条趋势直线，并据以计算各期趋势值。

（1）设所求趋势直线方程为：$y_c = a + bt$

表 10 - 2 - 4　　　趋势剔除法季节指数表

年份 （甲）	季度 （乙）	收购量 （万件） （1）	t （2）	ty （3）	t^2 （4）	趋势值 y_c （5）	$S \cdot I = \dfrac{y}{y_c}$ （%） （6）
2003	1	31	1	31	1	32.1	96.6
	2	38	2	76	4	32.9	115.5
	3	31	3	93	9	33.7	92.0
	4	34	4	136	16	34.4	98.8
2004	1	30	5	150	25	35.2	85.2
	2	41	6	246	36	36.0	113.9
	3	36	7	252	49	36.8	97.8
	4	40	8	320	64	37.6	106.4
2005	1	34	9	306	81	38.4	88.5
	2	41	10	410	100	39.2	104.6
	3	39	11	429	121	40.0	97.5
	4	42	12	504	144	40.7	103.2
$\sum$	—	437	78	2 953	650	437	—

（2）将根据表 10 - 2 - 3 编制的表 10 - 2 - 4 中的数据代入参数估计公式，得：

$$b = \frac{n \sum ty - \sum t \sum y}{n \sum t^2 - (\sum t)^2}$$

$$= \frac{12 \times 2\,953 - 78 \times 437}{12 \times 650 - 78^2}$$

$$= 0.7867$$

$$a = \bar{y} - b\bar{t} = \frac{\sum y}{n} - b\frac{\sum t}{n}$$

$$= \frac{437}{12} - 0.7867 \times \frac{78}{12}$$

$$= 31.3031$$

（3）将 $a = 0.7867$，$b = 31.3031$ 代入方程，得：

$$y_c = 31.3031 + 0.7867t$$

（4）将各个 t 值代入所得方程，即可求出各个相应的趋势值。如表 10 – 4 第（5）栏所列。

2. 从实际值（$Y \cdot S \cdot I$）中剔除趋势值（T 或 Y_c）。如表 10 – 4 第（6）栏所列。

3. 由表 10 – 4 第（6）栏的数据，计算各年同季平均数，从而剔除不规则变动（I）的影响，得出单纯反映季节变动的季节指数（S）：

$$S_1 = \frac{96.6 + 85.2 + 88.5}{3} = 90.1\%$$

$$S_2 = \frac{115.5 + 113.9 + 104.6}{3} = 111.3\%$$

$$S_3 = \frac{92 + 97.8 + 97.5}{3} = 95.8\%$$

$$S_4 = \frac{98.8 + 106.4 + 103.2}{3} = 102.8\%$$

4. 分别将 $t = 13$，14，15，16 代入所得趋势直线方程进行外推，即可求出 2006 年 1~4 季度的趋势值：

$$y_{c1} = 31.3031 + 0.7867 \times 13 = 41.5 \text{（万件）}$$

$$y_{c2} = 31.3031 + 0.7867 \times 14 = 42.3 \text{（万件）}$$

$$y_{c3} = 31.3031 + 0.7867 \times 15 = 43.1 \text{（万件）}$$

$$y_{c4} = 31.3031 + 0.7867 \times 16 = 43.9 \text{（万件）}$$

5. 编制该商场 2006 年各季度成衣收购量预测值计

算表。如表 10 - 2 - 5 所示。

表 10 - 2 - 5　　　　预测值计算表（2006 年）

季度	(t)	趋势值（万件） （1）	季节指数（%） （2）	预测值（万件） （3）=（1）×（2）
1	13	41.5	90.1	37.4
2	14	42.3	111.3	47.1
3	15	43.1	95.8	41.3
4	16	43.9	102.8	45.1

第三节

决策分析概述

一、决策分析的性质

决策分析，是指在若干种可能采取的行动或方案中，按照特定的目标，选择一种能够得到满意结果的行动或方案的过程。

一个完整的决策分析问题，通常包含三个基本要素：

1. 决策目标

这是决策者要达到的目的，是决策分析的出发点和归宿。一般说来，决策者的目的是要设法使其所控制的系统或实体（如一个企业、一个部门、一个地区甚至一个国家）的社会经济活动能够按照其设定的方式运行，以达到预期的结局，如利润最大、损失最小、投资最省等等。作为决策问题的目标，应当是能够通过一定方式化为可测的、能直接或间接量化的指标。在决策分析中，有的问题只有一个目标，有的则需要同时满足多个目标。

2. 自然状态

这是指不依决策者主观意志为转移的客观条件或外部环境。其主要特点是：它不以决策者的主观意志为转移，是决策过程中客观存在的；对同一个决策问题，几种自然状态不能并存，只能出现其中一种。如空调销售问题，天气热，销售快；天气凉，销售慢。天气状况就是自然状态，天气热与天气凉为天气状况的两种具体的自然状态，二者不可能同时出现。在实际决策中，通常不存在改变自然状态的问题，只涉及怎样对其进行数学表述或预测其出现的概率。

3. 备选方案

在决策分析中，可供选择的行动方案总是有两种或两种以上。如果在解决某个问题时，只有一种办法或一种方案，就无需进行决策，只需照办即可。因此，凡是需要决策的问题，总是存在至少两种备选方案。如可以经销空调，也可以不经销。这样，空调销售决策就有两种备选方案。

二、决策分析的种类

1. 根据决策目标的多少分类

根据决策目标的多少不同，决策可分为单目标决策和多目标决策。

单目标决策，是只围绕单一目标而进行的决策。如是否经销空调的决策，就只需要围绕获利是否最大这一目标来进行。

多目标决策，是指需要同时考虑两个或两个以上目标的决策。如某工业企业要在几种产品中选择生产一种产品，就既需要考虑获利是否最大，又需要考虑现有生产设备是否适应和原材料供应是否充足等因素。任何一种方案，只有使所有这些相互联系的目标都能得到不同程度的满足，才是最优的或最令人满意的方案。

2. 根据自然状态的类型分类

根据自然状态的类型不同，决策可分为确定型决策、不确定型决策和风险型决策。

确定型决策，是指在未来情况已知，或决策对象的自然状态完全确定的条件下，直接按照既定目标和评价准则选定方案的决策。例如，某企业用甲、乙两种原料生产 A、B、C 三种产品，当每种产品的原料消耗定额是固定的，而且每种产品所能获得的利润也是已知的，用一定数量的原料组织生产的方案很多，要从中选出获利最大的方案，就是一种确定型决策。

风险型决策，是指在未来情况未知，但各种自然状态出现的概率已知或能够预测出来的条件下所进行的决策。它是以概率或概率密度函数为基础的，具有随机性，因此，也称为随机型决策或统计型决策。如空调销售问题，当各种天气出现的概率已知，是否经销空调的决策就是风险型决策。

不确定型决策，是指在未来情况未知，而且各种自然状态出现的概率也一无所知的条件下所进行的决策。例如，某企业对于从未投放过市场，从而无法预测其销售状况的新产品，要决定是改装原有设备小批量生产，还是投资购进新设备大批量生产，就是一种不确定型决策。因为在这个决策问题中，虽然新产品的市场需求量可以大致估计为高、中、低三种状况，但这三种自然状态出现的概率却无从知道。

由于在各种自然状态出现的概率不确定的条件下，决策者总是能够凭借以往的经验或主观判断，对未来情况的发生指定某一概率，并据以进行决策。因此，从这个意义上讲，不确定型决策也可视为风险型决策，所以我们说统计决策的核心是风险型决策。

第四节

决策分析方法与应用

一、确定型决策的条件与方法

一般说来，进行确定型决策必须具备三个条件：第一具有一个确定的决策目标；第二存在一个确定的自然状态；第三每种方案只有惟一的一个结果，并且可以计算每种方案在确定条件下的损益值。

对于比较简单、直观的确定型决策，可采用单纯优选法，即根据已掌握的数据，直接进行比较，选出所需方案；对于较为复杂的决策问题，则需要建立一定的、与实际情况尽可能相符的数学模型，经过运算再优选出最令人满意的方案。

二、不确定型决策的准则及其选用

(一) 不确定型决策的准则

1. 乐观准则

这是决策者在决策时，对客观情况抱有一种乐观态度的准则。它假定未来是最理想的状态占优势，因此，先选出在未来各种自然状态下每种方案的最大收益值，再从这些最大收益值中选出最大者，与这个最后选中的最大值相对应的方案就是决策方案。

例 10-4-1 某厂拟对是否研制生产一种新产品进行决策，其有关资料如下：

决策目标：收益最大。

自然状态：根据该产品价格发生波动的情况而定，主要有：（1）低于现价，简称低价；（2）高于现价，简称高价；（3）与市价相同，简称现价；（4）价格发生暴涨，简称暴涨。

备选方案：该厂采取的行动方案主要有三种：（1）全力以赴搞研究，用字母 A_1 表示；（2）研究与开发相结合，用字母 A_2 表示；（3）全力发展生产，不做任何研究，用字母 A_3 表示。

不同的备选方案在不同价格状态下所产生的损益值如表 10 - 4 - 1 所示。

表 10 - 4 - 1　　　三种方案收益值统计表　　　单位：万元

收益值＼方案 ＼ 自然状态	低价	现价	高价	暴涨
A_1	- 50	0	50	55
A_2	- 150	- 50	100	150
A_3	- 500	- 200	0	500

解： 依照乐观准则，先从各方案中选取一个收益最大的值：A_1 中，最大收益值为 55 万元；A_2 中，最大收益值为 150 万元；A_3 中，最大收益值为 500 万元；再从选出的三个最大收益值 55 万元、150 万元、500 万元中选出最大者：500 万元。因此，根据乐观准则，应以 A_3 作为决策方案，即该厂应全力发展生产，不做任何研究。

乐观准则虽然没有考虑各种自然状态发生的可能性，但由于决策者认定最理想状态占优势，并以它必然发生为依据进行决策，因此，乐观准则实际隐含着最理想状态发生的概率为 1，即

理想状态必然发生，而其余自然状态发生的概率为 0，即不可能
发生。所以，只有当客观情况确实很乐观，决策者也感到能够做
出乐观决策时，才能选用这个准则。否则，其他某种自然状态稍
有发生，如该产品价格仅仅高于现价，采用方案 A_3，就会导致
决策失误，企业毫无收益；若出现价格不变，甚至低价，乐观准
则就会造成企业亏损。

运用乐观准则，通常风险很大，因而必须慎重选用。一般只
有在无损失或损失不大，或十分有把握的情况下，才可选择使用
这一准则。

2. 悲观准则

与乐观准则相反，悲观准则是决策者在决策时，对客观情况
抱有一种悲观态度的决策准则。它假定未来是最不理想的状态占
优势，因此，先在各种自然状态下选出每种方案的最小收益值，
再从其中选出最大者，与这个最后选出的最大收益值相对应的方
案就是决策方案。

例 10-4-2 根据表 10-4-1 的资料，如果该厂
决策者采用悲观准则决策，就应先选出各种自然状态下
每个方案的最小收益值：A_1 中，最小收益值为 -50 万
元；A_2 中，最小收益值为 -150 万元；A_3 中，最小收
益值为 -500 万元。再从选出的这三个最小收益值中，
选出最大者：-50 万元。因此，根据悲观准则，应以
A_1 作为决策方案，即该厂应全力以赴开展研究工作。

悲观准则虽然也没有考虑各种自然状态发生的概率，但由于
决策者抱悲观态度，并以最不理想状态必然发生为依据进行决
策，因此，隐含着最不理想状态发生的概率为 1，其他状态发生
的概率为 0。悲观准则是一种保守的准则，不用承担任何风险。
如本例中，无论什么样的自然状态发生，采用方案 A_1 总是比较
稳妥、保险的。它虽然在最理想的状态下不会获得最多的收益，
但在最坏的情况下也不至于亏损过多。因此，当决策问题需要保

守、安全,决策者也感到做保守的决策比较恰当时,采用这一准则也是有意义的。

如果决策目标不是收益值而是机会损失值,决策者也可以运用悲观准则。这时,应先选出每个方案在各种自然状态下的最大机会损失值,再从中选出最小者,与最后选出的最小者所对应的方案就是决策方案。

3. 乐观系数准则

这与乐观准则和悲观准则都不同,是决策者在决策时,对客观情况既不持极端保守态度,也不持风险极大的乐观态度的一种准则。它假定未来是介于最理想状态与最坏状态之间的一种状态。因此,对客观情况的估计可用一个系数表示,以代表决策者认为最大损益将会发生的可能性。这个系数一般称为乐观系数,用希腊字母 α 表示,α 的取值区间为 $[0,1]$。用乐观系数 α 为权数,对每一方案的最大损益值和最小损益值进行加权平均,可得到一个折中的期望损益值 $E(A_i)$:

$$E(A_i) = \alpha \times (方案\ i\ 的最大损益值) + (1-\alpha)$$
$$\times (方案\ i\ 的最小损益值)$$

将各个方案的折中损益值进行比较,选择其中最大者,与这个最大折中损益值相对应的方案就是决策方案。

例 10-4-3 根据表 10-4-1 的资料,如果决策者对未来情况持一定的乐观态度,认为该产品价格暴涨的可能性大于低于现价的可能性,就可以确定乐观系数 $\alpha = 0.6$。用 α 计算各种方案的折中损益值如下:

$$E(A_i) = 0.6 \times 55 + 0.4 \times (-50) = 13\ (万元)$$
$$E(A_i) = 0.6 \times 150 + 0.4 \times (-150) = 30\ (万元)$$
$$E(A_i) = 0.6 \times 500 + 0.4 \times (-500) = 100\ (万元)$$

比较各种方案的折中损益值(预期收益值),最大者为 100 万元。因此,根据乐观系数准则,当 $\alpha = 0.6$ 时,应以方案 A_3 作为决策方案。

乐观系数准则是介于乐观准则与悲观准则之间的一种折中准则。如果决策者偏于乐观态度，α 就取较大的值：$\alpha = 1$，乐观系数准则就转化成为了乐观准则。如果决策者偏于保守，α 就取较小的值：$\alpha = 0$，乐观系数准则就转化成为了悲观准则。所以，乐观准则、悲观准则也可以看做是乐观系数准则的两种极端情况。当乐观系数 α 的取值大于零而小于 1 时，虽然决策者对客观情况的估计不具有极端性，但实际上，采用乐观系数准则仍然是只考虑了两种极端情况，即最理想和最不理想状态的发生，这是因为，在计算折中损益值时，只平均了这两种状态下的损益值。

4. 等可能性准则

这是决策者在决策时，对客观情况同等看待的一种准则。它假定各种自然状态在未来出现的可能性相同，因此，给每种自然状态以相等的概率。如果有 n 种自然状态，那么，每种自然状态出现的可能性都为 $1/n$。把这个每种自然状态出现的概率记做 P，然后据以计算每种方案的预期损益值 $E(A_i)$：

$$E(A_i) = \sum_{j=1}^{n} p \cdot V_{ij} = P \cdot V_{ij} + P \cdot V_{ij} + \cdots + P \cdot V_{ij}$$

式中：V_{ij} 为采用第 i 种方案，出现 j 状态的损益值。

将计算得到的各种方案的预期损益值进行比较，选择其中最大者，与这个最大预期损益值相对应的方案就是决策方案。

例 10 - 4 - 4 根据表 10 - 4 - 1 的资料，当决策者对未来事件发生的可能性缺乏了解，没有理由认为哪一种状态发生的可能性大或小时，就应采用等可能性准则。假定该产品的价格变化的四种状态有同等可能性发生，即 $P = 0.25$，计算各个方案的预期损益值如下：

$$E(A_1) = 0.25 \times (-50) + 0.25 \times 0 + 0.25 \times 50$$
$$+ 0.25 \times 55 = 13.75 (万元)$$
$$E(A_2) = 0.25 \times (-150) + 0.25 \times (-50) + 0.25 \times 100$$
$$+ 0.25 \times 150 = 12.5 (万元)$$

$$E(A_3) = 0.25 \times (-500) + 0.25 \times (-200) + 0.25 \times 0$$
$$+ 0.25 \times 500 = -50(万元)$$

从以上三个预期损益值中选取最大者 13.75 万元，与其相对应的方案 A_1 就是决策方案。

等可能性准则不同于前面的三个准则，它不是只考虑极端情况的发生，而是顾及到了各种自然状态发生的可能性。但是，这个准则假定各种自然状态出现的可能性相等，并不具备充分的理由。因此，在实际决策中，应事先对客观情况做较为充分的了解，只有当确实无法认定哪种自然状态发生的可能性大些或小些时，才选用这一准则。

5. 后悔值准则

后悔值准则，亦称做遗憾准则。它是通过计算各种方案的后悔值来选择决策方案的一种准则。决策时，决策者先将每种自然状态下的最高收益值定为该状态的理想目标值，再把该状态下的其他收益值与这个最高值比较，并将计算得到的差值定为未达到理想目标的后悔值。从各种自然状态下的各种方案的后悔值中找出各种方案的最大后悔值，再从其中选出最小者，与这个最后确定的最小后悔值相对应的方案，就是决策方案。

例 10 - 4 - 5 根据表 10 - 4 - 1 中的数据，可以得到各种自然状态下的最高收益值，并列入表 10 - 4 - 2。利用表 10 - 4 - 1 和表 10 - 4 - 2 的资料，则可以计算出各种方案在每种自然状态下的后悔值，并列入表 10 - 4 - 3。

表 10 - 4 - 2 最高收益值统计表 单位：万元

自然状态	低价	现价	高价	暴涨
最高收益值	-50	0	100	500

表 10 - 4 - 3　　　　　　　后悔值统计表　　　　　　单位：万元

自然状态		低　价	现　价	高　价	暴　涨
方案	A_1	$-50-(-50)$ $=0$	$0-0=0$	$100-50=50$	$500-55=$ 445
	A_2	$-50-(-150)$ $=100$	$0-(-50)$ $=50$	$100-100=0$	$500-150$ $=350$
	A_3	$-50-(-500)$ $=450$	$0-(-200)$ $=200$	$100-0=100$	$500-500=0$

从表 10 - 4 - 3 可得：方案 A_1 的最大后悔值为 445 万元，方案 A_2 的最大后悔值为 350 万元，方案 A_3 的最大后悔值是 450 万元。从三种方案的三个最大后悔值中选取最小者：350 万元。依据后悔值准则，与这一数值相对应的方案 A_2 就是决策方案。

依据后悔值准则，决策时采用的后悔值，通常是在最大之中选最小，这就意味着最坏情况出现的可能性较大，因而与悲观准则类似。然而，采用后悔值准则决策所选择的方案往往与采用悲观准则所选择的方案并不相同，如前述实例中，采用悲观准则确定的决策方案为 A_1；而采用后悔值准则确定的决策方案是 A_2。由此可见，后悔值准则虽然具有保守、悲观的性质，但它并不像悲观准则那样过度保守、悲观。

（二）　不确定型决策准则的选用

在不确定型决策中，对于同一个决策问题，由于采用的决策准则不同；所得到的决策方案往往也不一样。上述根据表 10 - 4 - 1 的资料在各种准则下进行的决策可以归纳如下：

决　策　准　则	决　策　方　案
乐观准则	A_3
悲观准则	A_1
乐观系数准则	$A_3(\alpha=0.6)$
等可能性准则	A_3
后悔值准则	A_2

从这一比较可知：不同的决策准则的着眼点不同，所得到的决策结果，有的一致，有的不一致，三种方案按不同的准则都可能被作为决策方案。因此，在不确定型决策中，选择一个合适的准则是非常重要的。

在实际决策中，如何选用决策准则并无固定的标准，它常常与决策时的客观情况、方针政策等有关，也与决策者的性格及其对决策问题所抱的态度有关，还与决策问题本身的特性以及决策后会对各个方面带来什么影响有关。因此，对这类决策问题，在选择决策准则前，除要把各种准则的含义、特点和适用条件搞清楚之外，还要很好地分析研究与决策有关的各种情况。有时也可以将各种准则下的决策结果进行比较，权衡利弊，再选出最后的决策方案。

不确定型决策的这几个准则，在一定程度上都有局限性，只有当遇到的决策问题，确实无法估计未来各个自然状态发生的可能性时才采用。否则，就可以通过以往的经验或主观认识，给定各种自然状态发生的概率，将不确定型决策转化为风险型决策。

三、风险型决策的准则与方法

（一）风险型决策的准则

1. 期望值准则

利用各种自然状态出现的概率，无论是客观的还是主观的先验概率，分别求出每种方案的期望损益值，再从这些数值中选出最佳者，与这个最佳数值所对应的方案就是决策方案。这一决策准则就是期望值准则。如果决策目标是收入或效益，那么最佳者应该是收益期望值最高的；如果决策目标是机会损失或成本，最佳者则应该是亏损期望值最小的。各种方案的期望值的计算公式为：

$$E(A_i) = \sum_{j=1}^{n} P_{ij} \cdot V_{ij}$$

式中：$E(A_i)$ 为第 i 方案的期望值；

$\qquad n$ 为自然状态的数目；

$\qquad P_{ij}$ 为第 j 种自然状态出现的概率；

$\qquad V_{ij}$ 为第 j 种自然状态下第 i 方案所获得的损益值。

决策时，只要各种自然状态出现的概率是可以知道的，不管是通过客观数据计算得到，还是根据主观推测估计得到，并且决策者认为能够利用这些概率，那么，就可以运用期望值准则。

2. 最大可能性准则

这是指当各种自然状态出现的概率相差较大，而且有一种自然状态出现的概率显著地大于其他自然状态出现的概率时，在决策中只选择这个概率最大的自然状态，而将其他概率较小的自然状态予以忽略，然后比较各备选方案在这种概率最大的自然状态下的损益值而后做出决策的准则。需要指出的是：如果在一组自然状态中，某一自然状态出现的概率比其他自然状态出现的概率显著地大，而损益值的差别又不很大时，采用这一准则的效果就较好；但如果自然状态较多，各自出现的概率相差不大，而不同方案的损益值却差别较大时，采用这一准则的效果就不一定好，有时甚至会导致严重失误。

3. 效用准则

效用，是指在决策分析中，决策者对于收益或损失的独特兴趣、感觉或反应，它是某人对某事的价值的一种主观测度。效用值，则是反映不同的决策者对一种行动方案可能获得的结果的偏好程度的指标。一般地，将获得最好结果的效用值规定为 1，将最坏结果的效用值规定为 0。对某一决策者来说，效用值越大，与之相应的收益值所代表的方案越可取；反之，效用值越小，与之相应的收益值所代表的方案就越不可取。

极端效用值（即最好与最坏结果的效用值）确定之后，通常采用向决策者提问的方法，逐次获得在最好与最坏结果之间的任一收益对决策的效用值，然后据以计算各种方案的效用期望值，最后，从中选出与最大者相对应的方案作为决策的中选方案。由此可见，效用准则实际上是利用效用值替代期望值准则中的损益值的决策准则。

（二）风险型决策的方法

1. 决策树方法

（1）决策树的概念和结构。

决策树，亦称决策图，是进行风险型决策的重要工具之一。它是以方块"□"和圆圈"○"为结点，用直线连接而成的一种树形网状图。它由决策点、方案分枝、状态结点、概率分枝和结果点构成。如图 10-4-1 所示。

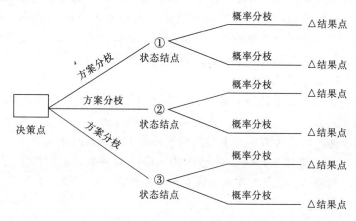

图 10-4-1 决策树结构图

图中：方块为决策点，由它引出若干条直线，每条直线代表一种方案，也称为方案分枝；在各方案分枝末端的圆点，为状态结点；由状态结点引出若干条直线，每条直线代表一种自然状态及其可能出现的概率，因此，也称为概率分枝；在各条概率分枝末端的三角形（有时也可省略），叫做结果点，在其后面应标出所对应的损益值（或效用值）。

（2）利用决策树进行决策分析的步骤。

首先，按书写的逻辑顺序，从左向右横向展开，画出决策树；其次，从右向左，根据最右端的损益值和概率分枝上的概率，计算出每种方案在各种自然状态下的损益期望值，并标于状态结点上；最后，比较各种方案损益期望值的大小，将其中期望收益值过小或期望损失值太大的方案分枝剪掉（即在落选的方案分枝上画上"//"），最终剩下的那条方案分枝所对应的方案即为决策中选方案。

由于利用决策树进行决策分析具有层次清楚、形象直观、计算简便的特点，因此，它是风险决策中非常有用的工具，特别是在多级决策或各种自然状态对不同方案出现的可能性不同的情况下，它能更清晰地表明方案与状态及其损益值之间的关系。所以，它不仅适用于单级决策，也可用于多级决策。其运用实例请分别参见后面单级决策法和多级决策法的两道例题。

2. 单级决策法

这是指决策者根据各种自然状态出现的概率及各种行动方案，只做一次决策就可完成决策过程的决策方法。它是一种较为简单的风险决策方法，主要适用于解决单级决策问题。

例 10 - 4 - 6 对于表 10 - 4 - 1 的资料，根据以往的经验，给出各种自然状态出现的概率，如表 10 - 4 - 4 所示。

表 10 - 4 - 4　　　各种方案的收益值与各种
自然状态的概率统计表　　　单位：万元

状　　态		低价 (Q_1)	现价 (Q_2)	高价 (Q_3)	暴涨 (Q_4)
概　　率		0.1	0.3	0.4	0.2
方案	A_1	- 50	0	50	55
	A_2	- 150	- 50	100	150
	A_3	- 500	- 200	0	500

要求：按照期望值准则，采用决策树方法进行风险型决策。

解：（1）画出决策树。如图 $10-4-2$ 所示。

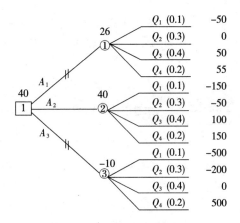

图 10-4-2 单级决策树图

（2）根据期望值的计算公式，计算各状态结点的收益期望值：

状态结点①：
$$E(A_1) = 0.1 \times (-50) + 0.3 \times 0 + 0.4 \times 50 + 0.2 \times 55 = 26 \text{（万元）}$$

状态结点②：
$$E(A_2) = 0.1 \times (-150) + 0.3 \times (-50) + 0.4 \times 100 + 0.2 \times 150 = 40 \text{（万元）}$$

状态结点③：
$$E(A_3) = 0.1 \times (-500) + 0.3 \times (-200) + 0.4 \times 0 + 0.2 \times 500 = -10 \text{（万元）}$$

（3）将计算结果标在图 $10-4-2$ 中的状态结点上。

（4）进行决策。比较各状态结点上的数值，将最大值标入决策点上，然后将各结点的值与决策点上的值比较，凡小者均应淘汰，从决策树中剪掉，用记号"//"表示。这样，最终剩下的方案分枝所对应的方案A_2，就是决策方案。

事实上，对于单级决策问题，也可以直接在表上进行决策。根据表10-4-4中的资料，可以编制出表10-4-5。

表10-4-5　　　　　　　期望值计算表

状态		低　价	现　价	高　价	暴　涨	收益期望值
概率		0.1	0.3	0.4	0.4	（万元）
方案	A_1	-50　　-5	0　　0	50　　20	55　　11	26
	A_2	-150　　-15	-50　　-15	100　　40	150　　30	40 中选
	A_3	-500　　-50	-200　　-60	0　　0	500　　100	-10

在表10-4-5中：斜线上半格是每种方案在各种自然状态下的经济结果，即损益值；下半格是损益值与该自然状态出现概率的乘积，即期望值计算公式中的$P_{ij}V_{ij}$，它表示在这种概率下将获得的经济结果。最右栏的收益期望值是下半格数值的和，也就是$E(A_i)$。根据这一栏数值的大小，可以做出决策，得到最后中选的方案。由表10-4-5可知：利用期望值准则，能获得最大收益40万元的方案A_2应该作为决策方案。

3. 多级决策法

这是指决策者根据各种自然状态出现的概率及各种行动方

案，需要经过两次或两次以上决策才可完成决策过程的决策方法。多级决策通常采用决策树进行决策分析，其步骤基本同单级决策，只是两次或两次以上的决策不是分开进行，而是在画出决策树（图）之后，先从右向左计算损益期望值，然后再从左向右完成各级决策。

例 10 - 4 - 7 在表 10 - 4 - 1 中，方案 A_1、A_2 都有研究工作，而研究工作都有一个是否有突破的问题。若在研制方法上有所突破，那么技术突破后，A_2 就面临着是转向 A_1，还是仍采用 A_2 的决策问题。根据对资料的分析和以往的经验估计，采用 A_1 方案，研究有所突破的可能性为 0.4；采用 A_2 方案，研究有所突破的可能性为 0.3。研究有所突破后，再进行决策所依据的有关资料如表 10 - 4 - 6 所示。

表 10 - 4 - 6   各方案的收益值统计表   单位：万元

状 态	低价（Q_1）	现价（Q_2）	高价（Q_3）	暴涨（Q_4）
概 率	0.1	0.5	0.3	0.1
$A_1 \to A_2$	-100	0	100	120
$A_1 \to A_3$	-150	-50	200	300
$A_2 \to A_2$	-50	50	150	200
$A_2 \to A_3$	-125	100	300	500

在表 10 - 4 - 6 中，$A_1 \to A_2$ 表示选用方案 A_1 后，研究技术有所突破，改用方案 A_2。其余，以此类推。

根据题意：这是一个二级决策问题。其决策步骤如下：

（1）根据表 10 - 4 - 4 和表 10 - 4 - 6 的资料，画出决策树，如图 10 - 4 - 3 所示。

（2）计算一级决策各状态结点的收益期望值：

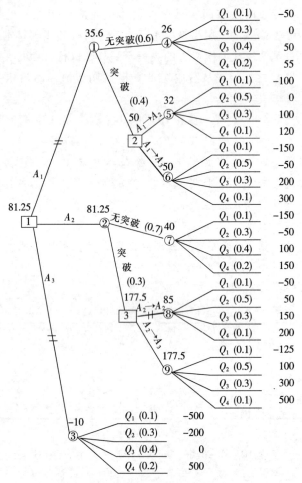

图 10 - 4 - 3 多级决策树图

结点④：$0.1 \times (-50) + 0.3 \times 0 + 0.4 \times 50 + 0.2 \times 55 = 26$（万元）

结点⑤：$0.1 \times (-100) + 0.5 \times 0 + 0.3 \times 100 + 0.1 \times 120 = 32$（万元）

结点⑥：$0.1 \times (-150) + 0.5 \times (-50) + 0.3 \times 200$

$+0.1 \times 300 = 50$（万元）

结点⑦：$0.1 \times (-150) + 0.3 \times (-50) + 0.4 \times 100$
$+0.2 \times 150 = 40$（万元）

结点⑧：$0.1 \times (-50) + 0.5 \times 50 + 0.3 \times 150 + 0.1$
$\times 200 = 85$（万元）

结点⑨：$0.1 \times (-125) + 0.5 \times 100 + 0.3 \times 300 +$
$0.1 \times 500 = 177.5$（万元）

（3）进行一级决策：

决策点②：$\max\{50, 32\} = 50$（万元）

决策点③：$\max\{85, 177.5\} = 177.5$（万元）

（4）计算二级决策各状态结点的收益期望值：

结点①：$0.6 \times 26 + 0.4 \times 50 = 35.6$（万元）

结点②：$0.7 \times 40 + 0.3 \times 177.5 = 81.25$（万元）

结点③：$0.1 \times (-500) + 0.3 \times (-200) + 0.4 \times 0$
$+0.2 \times 500 = -10$（万元）

（5）进行二级决策：

根据决策点①：$\max\{35.6, 81.25, -10\} = 81.25$（万元），从左向右，将各方案所对应的结点上的收益期望值与决策点上数值比较，凡小者均被剪去。这样，在与决策点①相连接的三个方案中 A_1、A_3 应被剪去，从而与 A_1 方案相对应的决策点②就不必再做决策。决策点③处 $A_2 \rightarrow A_2$ 的方案枝也应被剪去。因此，按照期望值准则，为获取最大利润，该厂应该采用研究与开发相结合的方案，若研究中技术有所突破，则转向全力发展生产，不做任何研究。

4. 敏感性分析法

敏感性，是指决策方案中一个或一个以上的因素发生改变，原选择的最优方案期望损益值发生变动的幅度。若变动幅度很大，则敏感性强；否则，就是不敏感。

在实际决策中，我们总是希望所选择的方案是不敏感的，也就是说，即使方案中的某种因素（如状态出现的概率）发生变化，最后获得的期望损益值也不会相差太大。这样，虽然收益不能增加太多，但损失也不会太大，所选择的方案也不至于承担太大的风险。有鉴于此，就很有必要对所选择的方案做进一步的分析。而对原选择方案所做的这方面的分析，就是所谓的敏感性分析或灵敏度分析。由于这一分析实际上是决策后的分析，从而也被称为优化后分析。它通过检验决策方案的敏感性，确定较为稳定的方案作为决策方案，以缩小决策所承担的风险。因此，它是风险型决策的一个重要环节。

例 10 – 4 – 8 在图 10 – 4 – 3 中，选择了方案 A_2 作为决策方案。现要进一步对这一方案作敏感性分析，以考察它对各种自然状态变化的敏感性。假设各种自然状态的概率发生了如下变化：

低于现价的概率为 0.1，即 $P_1 = 0.1$；

与现价相同的概率为 0.4，即 $P_2 = 0.4$；

高于现价的概率为 0.3，即 $P_3 = 0.3$；

价格暴涨的概率为 0.2，即 $P_4 = 0.2$。

若各种方案在各种自然状态下的损益值不变，那么，各方案的期望收益值 $E(A_i)$ 分别为：

$$E(A_1) = 0.1 \times (-50) + 0.4 \times 0 + 0.3 \times 50$$
$$+ 0.2 \times 55 = 21$$

$$E(A_2) = 0.1 \times (-150) + 0.4 \times (-50) + 0.3 \times 100$$
$$+ 0.2 \times 150 = 25$$

$$E(A_3) = 0.1 \times (-500) + 0.4 \times (-200) + 0.3 \times 0$$
$$+ 0.2 \times 500 = -30$$

从计算结果得知，最大期望收益值为 25 万元，与它相对应的方案是 A_2。这表明，方案 A_2 对未来无论是

价格不变还是高于现价的反应并不敏感。由于自然状态
发生概率的变化情况较为复杂，为此，可再一次进行敏
感性分析。

假设概率的变化是：$P_1 = 0.1$，$P_2 = 0.3$，$P_3 = 0.3$，
$P_4 = 0.3$，也就是后三种状态出现的可能性相等。若损益
值不变，根据期望值准则，各方案的期望收益值分别为：

$$E(A_1) = 0.1 \times (-50) + 0.3 \times 0 + 0.3 \times 50$$
$$+ 0.3 \times 55 = 26.5 \text{（万元）}$$
$$E(A_2) = 0.1 \times (-150) + 0.3 \times (-50) + 0.3 \times 100$$
$$+ 0.3 \times 150 = 45 \text{（万元）}$$
$$E(A_3) = 0.1 \times (-500) + 0.3 \times (-200) + 0.3 \times 0$$
$$+ 0.3 \times 500 = 40 \text{（万元）}$$

从计算结果看，方案 A_2 的期望收益值仍然最大。
这表明方案 A_2 对后三种自然状态发生概率的些微变化
并不敏感。因此，就可视之为最优决策方案。

通过敏感性分析，可以确定决策方案中各因素的变化对总的
经济结果产生影响的范围，估计各因素改变到什么程度会影响决
策方案的最优性。如果概率值或损益值稍有变动，所选的最优方
案仍为最优，就说明这个方案灵敏度不高，稳定性较好，决策者
所冒风险不会太大；如果概率值或损益值稍有变动，最优方案不
再是原选定的方案，而转为另一种方案，就说明原定的决策方案
灵敏度高，稳定性差，决策者所冒的风险会比较大。在这种情况
下，是否要推翻原选定的方案，则应视进一步分析研究的结果而定。

四、贝叶斯决策及其运用

（一）贝叶斯决策中的有关概念

一般说来，任何决策者都不愿意冒太大的风险去选择获取收

益期望值最大或损失期望值最小的方案，但也不愿轻易放弃获利最大或损失最小的机会，因此，总希望搜集更多的资料，以弄清各种自然状态在不久的将来可能发生的概率，从而缩小决策的风险。贝叶斯决策则是利用贝叶斯公式解决这类问题的有效方法。在贝叶斯决策中，常常要涉及到以下概念：

1. 先验概率

这是指决策时，根据历史资料或主观判断所确定的、没有经过试验证实的概率。其中，利用过去的历史资料计算得到的先验概率，称为客观先验概率；当历史资料无从取得或资料不全时，仅凭人们的主观经验来判断而得到的先验概率，称为主观先验概率。

2. 后验概率

这是指通过调查或其他方式获取新的附加信息，利用贝叶斯公式对先验概率进行修正后而得到的概率。由于它加进了现实的新获取的信息，因而它比先验概率更为准确。

3. 贝叶斯公式

设：先验概率为 $P(B_i)$；通过调查获取的附加信息为 $P(A_j|B_i)$；后验概率为 $P(B_i|A_j)$；$i = 1, 2, \cdots, n$；$j = 1, 2, \cdots, m$。则：

$$P(B_i|A_j) = \frac{P(B_i) \cdot P(A_j|B_i)}{\sum_{i=1}^{n} P(B_i) \cdot P(A_j|B_i)}$$

上式就是贝叶斯公式。在贝叶斯决策中，它常被用来计算后验概率。

（二）贝叶斯决策的程序

贝叶斯决策是采用贝叶斯准则进行的决策。它是先利用后验概率求得各种方案预期的损益期望值，再比较各种方案的数值，最后把与最大收益或最小损失相对应的方案作为决策方案的决策过程。

贝叶斯决策的过程大致可以分为两部分：一是利用抽样或试验所得到的样本资料，依据贝叶斯公式将先验概率进行修正，得到后验概率；二是用后验概率进行决策分析。贝叶斯决策是一个多级决策（至少是二级决策），无论是通过调查还是通过试验获取样本资料，都要发生一定的费用，因此，在考虑是否采用调查这一方案时，应将调查费用从预期收益中扣除。

（三）贝叶斯决策的应用实例

例 8 - 4 - 9 某厂拟生产一种新产品。决策前，销售人员对可能出现的市场状态及盈利做了一定的主观估计（结果见表 10 - 4 - 6），厂领导感到这一估计把握不大，正考虑是否进行市场调查，进一步弄清市场情况。如进行市场调查，则需支付调查费 1 200 元，而且调查结果的准确性也未知，但根据过去同类产品销售情况，其可能性如表 10 - 4 - 7 所示。试对是否生产这种新产品做出决策。

表 10 - 4 - 7　　各状态及收益值统计表

状　态	$P(Q_j)$	收益值（万元）
畅销（Q_1）	0.35	6
平销（Q_2）	0.35	1
滞销（Q_3）	0.30	-3

表 10 - 4 - 8　　市场调查获取的样本资料统计表

$P(X_i\mid Q_j)$		销售结果（市场状态）		
		Q_1	Q_2	Q_3
调查结论	畅销	0.65	0.25	0.10
	平销	0.25	0.50	0.20
	滞销	0.10	0.25	0.70

根据题意：这一问题实际上有两个决策问题，即有没有必要进行市场调查和应不应当生产这种产品。

根据表 10 - 4 - 7 和表 10 - 4 - 8 的资料，运用贝叶斯公式计算后验概率 $P(Q_j|X_i)$，它实际上也是条件概率。如 $P(Q_1|X_2)$ 表示当样本估计或调查结论为销路一般 (X_2) 时，实际为销路好 (Q_1) 的概率。为计算后验概率，需先求出联合概率和边缘概率，结果见表 10 - 4 - 9。

表 10 - 4 - 9　　　联合概率与边缘概率统计表

$P(Q_j) \cdot P(X_i\|Q_j)$		销售状态			$P(X_i)$
		Q_1	Q_2	Q_3	
调查结论	X_1	0.2275	0.0875	0.03	0.3450
	X_2	0.0875	0.1750	0.06	0.3225
	X_3	0.0350	0.0875	0.21	0.3325
$P(Q_j)$		0.3500	0.3500	0.30	1.0000

在表 10 - 4 - 9 中，$P(Q_j) \cdot P(X_i|Q_j)$ 为联合概率，$P(X_i)$ 为边缘概率，且 $P(X_i) = \sum_{j=1}^{3} P(Q_j) \cdot P(X_i|Q_j)$。

由表 10 - 4 - 7 和表 10 - 4 - 9 以及贝叶斯公式可以计算得到后验概率，如表 10 - 4 - 10 所示。

表 10 - 4 - 10　　　　　后验概率统计表

	Q_1	Q_2	Q_3	
$P(Q_j\|X_1)$	0.66	0.25	0.09	1.00
$P(Q_j\|X_2)$	0.27	0.54	0.19	1.00
$P(Q_j\|X_3)$	0.11	0.26	0.63	1.00

现采用决策树进行决策分析。其决策过程与多级决策法的例题相同，决策树如图 10 - 4 - 4 所示。

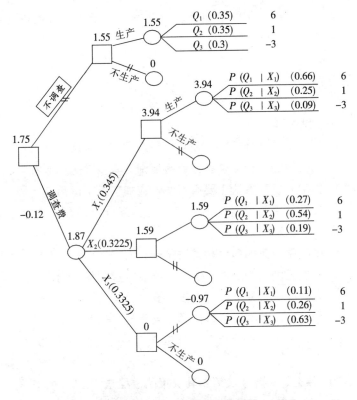

图 10 – 4 – 4　贝叶斯决策树图

从决策树上的结果看，调查的预期收益为 1.87 万元，比不调查的收益要高，即使扣除调查费用 0.12 万元，也还有 1.75 万元，仍比不调查能多获利，因而决定进行调查。调查结果若是畅销或平销，都可以生产该种产品；若调查结果为滞销，则不应生产该产品。

如果决策前，不知调查费用将为多少，则可用后验概率计算的预期收益减去先验概率计算的期望收益，即：1.87 – 1.55 = 0.32（万元）。它是在给定的情况下，为获得附加信息所能花费的最大金额。若为获取附加信息所花费用小于此，就可进行调查；否则，就不应进行调查。

思考与练习

一、思考题

1. 什么是预测分析？其任务、特点和客观基础是什么？

2. 进行预测分析必须遵循哪些原则？其步骤是什么？

3. 预测分析的方法主要有哪些？应如何正确运用？

4. 什么是决策分析？一个完整的决策分析问题，通常包含哪几个基本要素？

5. 确定型决策的条件与方法是什么？

6. 不确定型决策的准则主要有哪些？应如何正确选用？

7. 风险型决策的准则与方法主要有哪些？

8. 什么是决策树？它是由哪些要素构成的？

9. 什么是敏感性分析？为什么要对决策方案进行敏感性分析？

10. 什么是贝叶斯决策？其决策的过程是什么？

二、练习题

1. 某企业某年 1～11 月的产品产量和实现利润的统计资料如下：

指标 \ 月份	1	2	3	4	5	6	7	8	9	10	11
产量（千件）	5.5	5.0	6.1	6.2	6.8	7.0	8.0	7.5	8.2	8.1	8.5
利润（万元）	10.2	10.0	11.0	10.8	11.3	12.1	12.5	12.0	12.5	12.6	13.1

又知：该企业 12 月份的产品产量计划要求达到 9 000 件。

要求：以 95% 的可靠程度（ $\alpha=0.05$ ），对该企业 12 月份的实现利润进行区间预测。

2. 某公司对未来 5 年的市场需求做了预测，认为本公司生产的 A 产品市场需求高、中、低的概率分别为 0.3，0.5，0.2。公司可采取新建厂、扩建厂或对老厂设备进行改造三个方案进行生产。有关年收益及总投资额如下表。

方 案	需 求 状 况			投 资
	高需求 ($P_1=0.3$)	中需求 ($P_2=0.5$)	低需求 ($P_3=0.2$)	
新建（A_1）	120	40	-30	100
扩建（A_2）	100	50	0	50
改造（A_3）	40	30	20	20

试问：该公司应采取哪种方案组织生产？

|第十一章|

综合评价分析法

第一节
综合评价分析概述

一、综合评价分析的性质

评价分析，是指通过数量比较对评价对象做出明确的评定或判断，如排出名次顺序，分出等级高低，对经济运行是否正常，经济效益是好是差做出判定，等等。评价分析的结果，往往会涉及评价对象的荣誉和物质利益。

社会经济统计中的评价分析，按其评价对象内容的不同，有单项评价分析和综合评价分析两种。

单项评价分析，是指用一个指标评定评价对象某一侧面的情况。我国工农业主要产品产量的单项评价结果及居世界位次变化如表 11 - 1 和表 11 - 2 所示。

为了全面反映社会经济现象变化发展的总体状态，必须以社会经济现象为整体，对其进行定量描述和综合评价分析。所谓综合评价分析，就是遵循整体性原则，在分别使用各单项指标对社会经济活动的各个方面进行单因素反映和评价的基础上，对各单项指标的评价分析结果进行综合，将其各方面的特征用一个综合评价值表示出来，用以对评价对象做出全面、统一的判断。如对某个国家综合国力的评价分析，对某个国家或地区社会经济发展水平的评价分析，对某个部门或企业管理水平等级的评价分析，等等。此外，综合评价分析也可以是对评价对象某个领域的全面评价和分析，如对全国宏观经济动态的监测预警，对全国或某一地区生态环境的评价分析，对某个部门或企业经济效益的评价分析，等等。

表 11 - 1 - 1　我国工业主要产品产量的单项评价结果及居世界位次的变化

年　份 产品名称	1949	1957	1965	1978	1985	1990	1994	1998	2004
钢	26	9	8	5	4	4	2	1	1
煤	9	5	5	3	2	1	1	1	1
原油	27	23	12	8	6	5	5	5	5
发电量	25	13	9	7	4	4	2	2	2
水泥	—	8	8	4	1	1	1	1	1
化肥	—	33	8	3	3	3	2	1	1
化学纤维	—	26	—	7	4	2	2	2	2
棉布	—	3	3	1	1	1	1	2	2
糖	—		8	8	6	6	4	3	3
电视机	—			8	3	1	1	1	1

资料来源：《中国统计年鉴 2005》。

简单的综合评价分析，一般是以一个指标作为"代表"来进行判断和评定。例如，国际上流行的用国民生产总值来评价一国的经济实力，用它的增长速度来评价经济运行的状况，用全要素生产率评价经济效益等等。这种评价方法的优点是简明好懂、方便易行，其缺点是使用不当会产生认识上的片面性和副作用。为了克服这一局限性，从而提出了运用多个指标进行综合评价的方法。而要正确选定和合理运用综合评价方法，就必须首先解决和处理好以下几个问题：第一怎样选择和确定评价指标体系；第二怎样选择和确定评价标准；第三如何解决由于计量单位不同（又称量纲不同）而不能同度量的问题；第四如何按照各指标的重要程度不同确定权数和合成方法；等等。

表 11 – 1 –2　　　　　　我国农业主要产品产量的单项
评价结果及居世界位次的变化

产品名称＼年份	1949	1957	1965	1978	1985	1992	1994	1998	2004
谷物	—	3	2	2	2	1	1	1	1
肉类	3	2	3	3	2	1	1	1	1
棉花	4	2	2	3	1	1	1	1	1
大豆	2	2	2	3	3	4	3	4	4
花生	2	2	3	2	2	2	1	1	1
油菜籽	2	2	2	2	1	1	1	1	1
甘蔗	—	3	—	9	4	3	3	3	3
茶叶	—	3	3	2	2	2	2	2	2

资料来源：《中国统计年鉴 2005》。

事实上，国际上早已使用综合评价方法来分析研究重大社会经济问题。如宏观经济监测中的综合评价、联合国发展指数、生活质量指数和经济业绩指数等等。我国近年来为了综合评价经济效益和社会发展水平，监测和预警国民经济运行状况，已经开展了综合评价问题的研究。综合评价分析已经成为社会经济统计中尚待进一步研究的理论和实践并重的问题。

二、综合评价分析的步骤

1. 确定评价分析指标体系

选择评价分析指标，确定评价分析指标体系，这是综合评价分析的第一步，也是任何综合评价分析中首先要解决的重要问题。在实际工作中，如果是选择一个指标做全面评价，则要检查这个指标的代表性和可行性；如果是采用多指标进行综合评价分析，则要选择一套反映被评对象各个侧面的指标组成评价指标体系。评价指标的选择，一般应在对被评对象进行定性研究的基础上，按照科学性、目的性、全面性和可比性的原则，结合定量分析的要求加以确定。

2. 确定综合评价分析方法

这主要包括两方面的内容：一是确定使不能同度量的指标转化为同度量的方法，即无量纲化的处理方法；二是确定将各分项指标的评价值合成为总评价值的方法。

3. 确定有关标准值

根据综合评价分析方法的要求，确定有关的标准值，具体包括：（1）进行无量纲化处理时，使用的临界值和参数的确定；（2）将各分项指标的评价值合成为总评价值时，反映各项评价分析指标重要程度不同的权数的确定。

4. 将实际值转化为评价值

根据选定的评价分析标准，将各评价分析指标的实际值转化为单项评价值。

5. 合成总评价值

根据选定的综合评价分析方法，将各项评价分析指标的单项评价值合成为总评价值，并据以对被评对象做出综合评定和总体判断。

在上述综合评价分析的五个步骤中，前三步是做准备工作，后两步才是实际操作。而关键则在于评价分析指标体系的选择和综合方法的确定。

三、综合评价分析的规则

"没有规矩，无以成方圆"。开展综合评价分析，必须遵循以下基本规则：

1. 可比性规则

评价的前提是比较。要进行比较，就必须具有可比性。在对社会经济现象进行比较、评价时，可比性要求有很多方面，其中主要有：（1）比较的现象必须是同类的；（2）比较数据的内涵和外延必须是一致的；（3）比较数据的时空限制必须是统一的；（4）比较数据的计量单位、计算方法必须是相同的。

2. 定量评价与定性分析相结合的规则

定量评价的结果，并不是所研究问题的最后结论，它只表明现象的多或少、快或慢、高或低等等。要想得到反映实际、符合规律的判断和结论，还必须进一步研究事物的性质，把定量分析与定性分析结合起来。具体要求是：（1）判断问题要有正确的理论指导；（2）判断问题要掌握适当的度；（3）要把所判断的问题置于系统之中，从系统的整体观点出发加以认真的研究。

3. 慎重选择评价标准的规则

开展综合评价分析，可能选择的标准有许多。要做到认识清晰和判断正确，就必须按照以下要求，慎重选择评价标准：（1）根据被评对象的性质和特点选择评价标准；（2）根据评价分析的目的和要求选择评价标准；（3）根据考察指标的形成过程和计算方法选择评价标准。

第二节

综合评价分析的标准

评价，是为了比较优劣、判断好坏。而要比较，就必须要有标准；要判断，就必须要有准则。综合评价分析的标准，就是对评价对象进行综合评价分析时所依据的具体尺度，据以可将评价对象各方面的特征转化为具有可比性的、并易于进行数据处理的量度。在社会经济统计分析中，常用的评价标准主要有以下五种：

一、计划数据标准

这是以计划部门或业务主管部门制定的计划指标作为综合评价分析的标准，据以能够对评价对象的计划完成程度和执行情况进行综合的检查和监督。

计划指标，按其性质的不同，有指令性计划和指导性计划之分；按其期限的不同，有月度计划、季度计划、年度计划、五年计划之分；按其表现形式不同，则可以表述为：计划数、合同数、定额数、达标数等等。以上所有计划指标，都可以作为综合评价分析的标准，据以可从不同侧面、不同角度、不同时期对评价对象完成任务和实现计划的状况做出综合的评定和判断。

根据计划数据标准进行综合评价分析，一般可从两个方面进行：一是期中进度性的综合评价分析；二是期终总结性的综合评价分析。

二、空间数据标准

空间数据标准，又称社会标准。这是以同一时间内与评价对象不同空间（包括不同地区、不同部门、不同系统和不同单位）的数据作为评价分析的标准，将评价对象置于相似的或更广泛的空间范围内考察而建立起来的统一的评价尺度。根据评价分析目的的不同，空间数据标准可以进一步分为：

1. 平均水平标准

即以一定范围［如某一系统、某一部门、某一市（县）、某一省（区）、全国或全世界］内的平均实际水平作为综合评价分析的标准，据以可综合判定评价对象的水平是在中等水平以上或以下，相差多少。

2. 先进水平标准

即以一定范围内的最高水平作为评价分析的标准。其评价结果表明了评价对象与最高水平的差距，具有促后进赶先进的作用。

3. 相似空间标准

即以与评价对象条件大体相似的其他空间的数据作为评价分析的标准。例如，将两个规模、设备等条件大体相似的同类企业相比校进行综合评价分析；将北京市的某些统计指标数值与其他直辖市的同类指标数值相对比进行综合评价分析；等等。

4. 互为标准

即各地区、各部门、各单位相互对照，据以排出名次和大小顺序。

三、时间数据标准

时间数据标准，又称历史标准。这是以评价对象的考察指标的历史数据作为评价分析的尺度，将各项考察指标的报告期水平与相应的历史水平相对比，据以综合评价现象动态变化的状况和升降水平。根据评价分析任务的不同，时间数据标准可以细分为：

1. 前期水平标准

如本年与上年比较、本季与上季比较、本月与上月比较等等，据以可综合分析评价对象逐期变化发展的具体过程。

2. 历史最好时期水平标准

这是以较长一段时间内水平最高时期的数据作为评价分析的标准，据以可综合反映评价对象创新高、破纪录的历程。

3. 历史转折前期水平标准

这是以历史发展过程中阶段性变化开始前期的数据作为评价

分析的标准。如以 1952 年的数据为标准，因为这一年是我国第一个五年计划开始的前一年，而且其统计数据也比较完备、准确；又如以 1978 年的数据为标准，因为在这一年年底召开了中共十一届三中全会，从此开始了社会主义建设的新的历史时期，以此为标准，就可对改革开放以来评价对象变化发展的情况做出综合的评定和判断。

4. 过去若干年平均水平标准

这是以评价对象的考察指标在报告期以前若干年的平均值作为评价分析的标准。由于这一标准是过去若干年的平均数，在一定程度上消除了受偶然因素影响而产生的短期波动，因此，据以可综合反映在社会经济发展相对正常的条件下评价对象变化发展的实际水平。

四 、 经验数据标准

这是一种根据大量的或长期的资料总结计算出来的、在一定条件下具有相对稳定性的评价分析标准。例如，根据国际金融组织的测算：一个国家的负债率在 5% ~20% 之间较为适中；偿债率以 15% ~20% 为安全警戒线。负债率低于 5%，意味着外资利用不足；超过 20%，则规模过大，有可能发生债务危机。而偿债率超过 15%，就会使债务国偿债发生困难；超过 20%，则将导致债务危机。这类经验数据是很多的，以此作为综合评价分析的标准，有助于评定和判断事物发展是否正常。

五 、 理论数据标准

这也是以一定的正常值作为评价分析的标准。只不过这里的正常值不是根据经验总结出来的，而是依据一定的经济理论推导出来的。例如，在社会经济正常发展的条件下，职工货币工资的增长不能低于城镇居民消费价格指数的上涨；职工实际工资的增长速度不能高于社会劳动生产率的提高幅度；等等。诸如此类的理论原则，也都可以作为评价分析的标准。

以上介绍的是在对社会经济现象进行综合评价分析时可供选择的各种标准，在实际工作中，我们必须遵循前述原则，慎重选择和合理使用这些评价标准。

第三节
综合评价分析的方法

一、关键指标评价法

这是一种只选用一项重要指标为代表，对评价对象或某个领域做出综合评价的方法。这些指标的共同特点是具有综合性或关键性。

作为一种简单明了的综合评价分析方法，关键指标法在国内外都有过广泛的运用。例如，有的国家用"经济净福利"指标综合反映社会经济、环境保护和生态平衡的状况；用"平均预期寿命"指标全面说明在经济、科技、环境等诸多因素的影响下，一国社会发展的水平；用"全要素生产率"指标评价经济效益的好坏；用"ASHA 值"衡量发展中国家满足需求的程度。其中：

$$ASHA \text{ 值} = \frac{\text{就业率} \times \text{识字率} \times \text{平均预期寿命} \times \text{人均国民生产总值}}{\text{出生率} \times \text{婴儿死亡率}}$$

在我国，长期以来曾用"工业总产值发展速度"指标判断经济运行的业绩；1992 年初国家经贸委曾决定用"工业经济效益综合率"指标评价工业经济效益的状况。其中：

$$\text{工业经济效益综合率（％）} = \frac{\text{利税总额}}{\begin{array}{c}\text{固定资产年平均数 + 储备资金 + 销售成本 +}\\ \text{销售费用 + 技术转让费 + 技术开发费}\end{array}} \times 100\%$$

采用关键指标法进行综合评价分析的好处是：方便好用，重点突出；其缺点是：使用不当会产生认识上的片面性和副作用。例如，用"工业总产值发展速度"作为综合评价的关键指标，在我国曾导致单纯追求产值、攀比速度，而忽视经济效益和比例关系的问题；国外对"国民生产总值"指标也多有微词，说它没有包括闲暇时间，也没有考虑环境污染和生态平衡问题等等。

二、名次计分评价法

这是一种类似于体育竞赛中团体总分的计分方法，即先按各个评比指标的优劣排出评价对象的名次，名次在前得高分，名次在后得低分，然后相加得总分，并据以排定总名次。例如有 10 个单位作为评价对象，评价指标为 6 项，则先按 6 项指标值的大小排序，第一名得 10 分，第二名得 9 分，……，第十名得 1 分。然后将各单位的这 6 项指标的得分直接相加得出总分，最后再按总分排定各单位的名次顺序。

采用名次计分法进行综合评价分析的优点是简便易行，缺陷是将各项指标等同视之，并且无论差别大小，一律以相差 1 分为单位进行计算，因而不能具体反映评价指标的实际差异。

三、综合计分评价法

这是一种对被评对象的各个评价指标采用多项比较的计分方法。

例 11 - 3 - 1　以商业经济效益综合评价分析为例（见表 11 - 3 - 1），扼要说明其实施步骤。

表 11－3－1　　　　某商场经济效益综合计分评价分析表

项目	计量单位	本商场实际水平	本商场计划水平	本商场上期水平	同行业平均水平	记分标准				实际得分			
						合计	实际与计划比	实际与上期比	实际与同行业比	合计	实际与计划比	实际与上期比	实际与同行业比
（甲）	（乙）	(1)	(2)	(3)	(4)	(5)	(6)	(7)	(8)	(9)	(10)	(11)	(12)
资金盈利率	％	15	14	13.5	14	30	15	8	7	30	15	8	7
劳动生产率	万元/人	2.5	2.45	2.4	2.6	25	10	8	7	18	10	8	0
商品适销率	％	95	96	95	95.6	10	5	3	2	3	0	3	0
资金周转次数	次	5	4.5	4	5.2	15	7	5	3	12	7	5	0
商业增加值率	％	60	63	58	61	20	8	7	5	7	0	7	0
合　计	—	—	—	—	—	100	45	31	24	70	32	31	7

（1）按照各项商业经济效益指标的重要程度，分别确定其计分标准（一般采用百分制），对于重要的商业经济效益指标可以把分数确定得高一些，以利于促进该项指标的完成。如表 11 – 3 – 1 第（5）栏所示。

（2）以各商业经济效益指标的计分为基准，具体确定各项经济效益指标进行各种比较（如实际值与基期比、与计划比或与同行业平均水平比，等等）的计分标准。如表 11 – 3 中，资金盈利率的计分标准为 30 分，就可以此为基准确定：完成计划得 15 分；比上期改善得 8 分；超过同行业平均水平得 7 分。

（3）计算各项商业经济效益指标进行各种比较的实际得分。参见表 11 – 3 中（9）～（12）栏。

（4）将各项商业经济效益指标的得分相加，即为商业经济效益的综合评价分数。如上例中该商场的经济效益综合评价分数为 70 分。

采用综合计分法开展评价分析，具有简便易行的优点。但是，其计分标准（权数）的确定受主观因素影响较大，难以做到科学、合理，而且也不能具体反映各项指标的差异程度。如上例，实际的资金盈利率只要超过了计划水平（14%），不论超出多少，都为 15 分，这显然是不合理的。

四、综合指数评价法

这是根据指数分析的基本原理，采用加权算术平均数指数公式，对评价对象进行综合评价分析的一种方法。其应用步骤如例 11 – 3 – 2。

例 11 – 3 – 2

表 11 – 3 – 2　某商场经济效益综合指数评价分析表

项目	计量单位	本期实际水平 X_1	上期实际水平 X_0	个体评指数 $K=\dfrac{X_1}{X_0}$	权数（%）w	个体评价指数乘权数（%）kw
（甲）	（乙）	（1）	（2）	（3）=（1）÷（2）	（4）	（5）=（3）×（4）
资金盈利率	%	15	13.5	111.1	30	33.3
劳动生产率	万元/人	2.5	2.4	104.2	25	26.1
商品适销率	%	95	95	100.0	10	10.0
资金周转次数	次	5	4	125.0	15	18.8
商业增加值率	%	60	58	103.4	20	20.7
合　计	—	—	—	—	100	108.9

（1）将要综合评价的各项商业经济效益指标的实际水平与标准水平进行对比，得出各项指标的个体评价指数。如表 11 – 3 – 2 第（3）栏所示。

（2）根据各项商业经济效益指标在总体中的重要程度确定权数。如表 11 – 3 – 2 第（4）栏所示。

（3）采用加权算术平均数指数公式计算综合评价指数，即得综合评价数值。其计算公式为：

$$\overline{K} = \frac{\sum KW}{\sum W}$$

式中：$\overline{K}$ 代表综合评价指数；

　　　K 代表个体评价指数；

　　　W 代表权数。

根据上式，该商场的经济效益综合评价指数为108.9%，表明该商场本期的经济效益从总体上讲，比上期提高了8.9%。

1. 综合指数评价法的优点

（1）概念明确，方法简便易行；

（2）既能进行纵向比较，综合反映评价对象的变化趋势和升降幅度，又能进行横向比较，说明本单位在同行业中的状况；

（3）能够准确地反映各项评价指标的具体差异。

2. 综合指数评价法的缺点

其缺点是权数的确定受主观因素影响较大。

此外，采用综合指数评价法，还应注意以下两个问题：

第一，逆指标（即数值越小越好的指标）要转换为正指标（即数值越大越好的指标）后才能进行合成计算，方法是取其倒数。

第二，评价分析的标准决定着评价分析的内容。用计划数据做标准，评价的是评价对象的计划完成程度；采用时间数据标准，则评价的是评价对象的变化发展状况；采用空间数据标准，则是一种横向的评价比较，据以可排定评价对象的名次。

五、功效系数评价法

这是根据多目标规划的原理，把所要考评的各项指标，通过功效函数，转化为可以同度量的评价分数，然后依据各项指标的重要程度所确定的权数对各项指标的单项评价分数进行加权平均，求得一个总的综合评价分数，并据以评定被评对象的总体状况。其基本步骤为：

1. 选定若干评价指标

选定若干评价指标并按其重要程度分别确定其权数。

2. 计算功效函数

分别对每项评价指标确定其满意值和不允许值，然后，以不允许值为下限，采用改进的功效系数法，计算各项指标的单项评价分数，以反映各项指标实现满意值的程度。所使用的功效函数为：

$$\frac{\text{各项指标的}}{\text{单项评价分数}} = \frac{\text{某指标的实际值} - \text{该指标的不允许值}}{\text{该指标的满意值} - \text{该指标的不允许值}} \times 40 + 60$$

用符号表示：

$$d_i = \frac{x_i - x_i^{(s)}}{x_i^{(h)} - x_i^{(s)}} \times 40 + 60$$

式中：d_i 代表第 i 项指标的单项评价分数；

x_i 代表第 i 项指标的实际值；

$x_i^{(s)}$ 代表第 i 项指标的不允许值；

$x_i^{(h)}$ 代表第 i 项指标的满意值。

在式中，分母 $x_i^{(h)} - x_i^{(s)}$，即满意值与不允许值之差恒为正值；当 $x_i = x_i^{(s)}$，即实际值等于不允许值，分子 $x_i - x_i^{(s)}$ 为 0，则 d_i 等于基础分 60 分；当 $x_i > x_i^{(s)}$，分子为正数，则 d_i 大于基础分 60 分；当 $x_i < x_i^{(s)}$，分子为负数，则 d_i 小于基础分 60 分；当 $x_i = x_i^{(h)}$，即实际值等于满意值，则 d_i 等于满分 100 分。

3. 计算综合评价分数

对各指标的单项评价分数进行加权平均，可求得综合评价分数。其加权平均的方法主要有两种：

（1）加权几何平均法，其计算公式为：

$$D = \sqrt[\sum w_i]{d_1^{w_1} d_2^{w_2} \cdots \cdot d_n^{w_n}}$$

（2）加权算术平均法，其计算公式为：

$$D = \frac{\sum d_i W_i}{\sum W_i}$$

例 11-3-3 某商场某年主要商业经济效益指标及有关资料如表 11-3-3 所示。

表 11-3-3　某商场经济效益功效系数评价分析表

项目	计量单位	实际值 X_i	同行业最低水平 $X_i^{(s)}$	同行业最高水平 $X_i^{(h)}$	单项评价分数 d_i	权数（%）W_i	$d_i W_i$
（甲）	（乙）	(1)	(2)	(3)	(4)	(5)	(6)
资金盈利率	%	14.19	10.72	20.96	73.55	30	22.07
劳动生产率	元/人	16 000	15 500	18 500	66.67	25	16.67
商品适销率	%	95.05	90.23	98.04	84.69	10	8.47
资金周转次数	次	5.21	4.01	7.21	75.00	15	11.25
商业增加值率	%	75.12	50.32	78.31	95.44	20	19.09
合　计	—	—	—	—	—	100	77.55

　　根据加权算术平均公式，该商场经济效益的综合评价分数为 77.55 分。由于同行业最低水平为及格 60 分，因而计算结果表明，该商场的经济效益在同行业中处于中下游水平。

　　采用功效系数评价法进行综合评价分析，可以同时采用两种评价标准，以反映研究对象在评价标准范围内所处的位置。但各项指标的满意值和不允许值较难确定，有时为了适应不同情况，不得不把满意值与不允许值的间隔拉大，这样计算出的综合评价分数就会变化较小，从而会降低综合评价的灵敏度。

六、隶属函数评价法

　　这是根据模糊数学的原理，利用隶属函数进行综合评价分析的一种方法。其基本步骤为：

　　第一步，利用隶属函数给定各项指标在闭区间（0，1）内相应的数值，即单因素隶属度，对评价对象的各个方面做出单因素评价。其计算公式为：

　　（1）对于正指标：

$$\mu(x) = \begin{cases} 0 & x \leq a \\ \dfrac{1}{2}\left(\dfrac{x-a}{b-a}\right) & a < x \leq b \\ \dfrac{1}{2}\left(\dfrac{x-b}{c-b}\right) + 1 & b < x \leq c \\ 1 & c < x \end{cases}$$

式中：$\mu_{(x)}$ 代表各项指标的单因素隶属度；

　　　　x 代表某项指标的实际水平；

　　　　a 代表该项指标的最低水平；

　　　　b 代表该项指标的平均水平；

　　　　c 代表该项指标的最高水平。

（2）对于逆指标：

$$\mu_{(x)} = \begin{cases} 1 & x \leqslant a \\ \dfrac{1}{2}\left(\dfrac{x-b}{a-b}+1\right) & a < x \leqslant b \\ \dfrac{1}{2}\left(\dfrac{x-c}{b-c}\right) & b < x \leqslant c \\ c & c < x \end{cases}$$

式中：a 代表该项指标的最低水平；

　　　b 代表该项指标的平均水平；

　　　c 代表该项指标的最高水平。

第二步，对各单因素隶属度进行加权平均，计算综合隶属度，得出综合评价数值，其结果越接近于 0，经济效益越差；越接近于 1，经济效益越好。其综合隶属度的计算公式为：

$$\bar{\mu}_{(x)} = \frac{\sum \mu_{(x)} \cdot W}{\sum W}$$

例 11 - 3 - 4　某商场某年主要经济效益指标及有关资料如表 11 - 3 - 4 所示。试采用隶属函数评价法对该商场的经济效益进行综合评价分析。

表 11 - 3 - 4　某商场经济效益隶属函数评价分析表

项　目	计量单位	实际值 x	同行业最低水平 a	同行业最高水平 b	单项评价分数 c	隶属度 $\mu_{(x)}$	权数（%）W	$\mu_{(x)} \cdot W$
（甲）	（乙）	(1)	(2)	(3)	(4)	(5)	(6)	(7)
资金盈利率	%	18.65	12.95	17.67	19.65	0.747	30	22.4
劳动生产率	元/人	16 000	15 500	16 200	18 500	0.357	25	8.9
商品适销率	%	90.27	90.04	92.08	93.76	0.056	10	0.6
资金周转次数	次	5.21	4.01	6.53	7.21	0.238	15	3.6
商业增加值率	%	75.12	50.32	70.09	78.31	0.806	20	16.1
合　计	—	—	—	—	—	—	100	51.6

根据公式，综合隶属度为：

$$\overline{\mu}_{(x)} = \frac{\sum \mu_{(x)} \cdot W}{\sum W} = \frac{51.6}{100} = 0.516$$

计算结果表明：该商场的经济效益状况在同行业中处于中下游水平，与先进水平的差距较大。

隶属函数评价法的特点是：因它综合考虑了多种评价标准而能够较好地对被评对象的状况做出综合评价分析。

思考与练习

一、思考题

1. 什么是综合评价分析？开展综合评价分析应遵循哪些规则？
2. 综合评价分析的基本步骤是什么？
3. 综合评价分析的标准有哪些？应如何正确选用综合评价分析的标准？
4. 常见的综合评价分析方法有哪些？各有何特点？

二、练习题

1. 某企业有关经济效益统计资料如下：

项 目	单位	本年	上年	权数（%）
产品销售率	%	95.2	94.5	15
资金盈利率	%	18.3	18.6	35
成本利润率	%	32.6	30.1	25
资金周转次数	次	8.4	8.2	10
劳动生产率	万元/人	7.3	7.0	15

要求：根据上表资料，采用综合指数评价法对该企业的经济效益进行综合评价分析。

2. 某企业某年有关经济效益统计资料如下：

项　目	单位	该企业 实际值	同行业 最低水平	同行业 平均水产	同行业 最高水平	权数 （%）
产品销售率	%	95.2	82.3	94.3	98.7	15
资金盈利率	%	18.3	13.2	19.2	24.8	35
成本利润率	%	32.6	23.1	30.4	30.4	25
资金周转次数	次	8.4	5.7	8.8	8.8	10
劳动生产率	万元/人	7.3	4.8	7.2	7.2	15

要求：根据上表资料，分别采用功效系数评价法和隶属函数评价法对该企业的经济效益进行综合评价分析。

第十二章

国民经济核算体系

第一节
国民经济核算的基本概念和理论

一、国民经济核算的概念及意义

国民经济核算是对国民经济运行过程的系统描述，它以一定的经济理论为指导，综合运用统计、会计和数学等方法，对一个国家（地区）在一定时期内的经济活动及其结果的各重要总量及其组成部分进行测定，以便认识国民经济全貌。

国民经济核算是以国民经济为整体的核算，只有以国民经济为整体，组织对各环节、各部门的核算，才能使各种核算保持一致和协调，构成完整的国民经济核算体系。国民经济核算也是以社会再生产过程为对象的核算，包括社会再生产各个环节的核算，即生产核算、分配核算、流通核算和使用核算。而且各个环节的核算都要立足于国家整体，也就是从国民经济整体出发来进行核算，以求建立完整的国民经济核算体系。

国民经济核算是以企业核算为微观基础的。企业核算包括三种核算，即会计核算、统计核算和业务技术核算。国民经济核算在很大程度上依靠会计核算取得资料。业务技术核算是适应各种业务管理而建立的，不同业务部门有不同的业务技术核算。统一和协调三大核算，特别是统计核算和会计核算的关系，包括基层统计核算与综合统计核算的关系，在满足各自需要的前提下，统一计算口径，统一分类分组，统一指标解释，对构成以国民经济为主体，从微观到宏观的核算网络系统是非常重要的，也是搞好国民经济管理，协调宏观管理与微观管理的关系的重要方面。

二、国民经济核算体系的发展及两大核算体系

国民经济核算体系是指运用一套完整的统计指标体系和会计的账户体系对一个国家（地区）一定时期内的经济活动及结果各重要总量及其组成部分，以及整个国民经济运行过程进行系统的测定和描述，从而使统计数据完整地贯穿起来。

国民经济核算体系的建立始于 1947 年国际联盟统计委员会的国民收入统计分会公布的报告——《国民收入的计算和社会账户的建立》，以及由该分会主席 R·斯通撰写的附件"国民收入和相关总量的定义和计算"。该报告及其附件表明了如何通过选择和合并一个经济体的基本交易来获得国民收入和国民生产总值，以及如何展示这些交易的内在联系。1953～1967 年，是国民经济核算体系的初创时期。1953 年联合国统计委员会公布了《国民经济核算体系及其辅助表》（称为 1953 年的 SNA），标志着国民经济核算体系的正式诞生。1953 年的 SNA 提供了一套 6 个标准账户和 12 张标准表的具有普遍适用性的核算框架。这些账户以 3 个基本机构部门——企业、住户和私人非营利机构以及一般政府的生产账户、支出账户、资本调节账户及对外交易账户的基本结构为基础，对账户中的项目进行编排与合并。而且每个

账户中都涉及一个重要的经济总量。12 张标准表列示了这些账户中的详尽流量和替代分类。1953 年的 SNA 强调了将国际统计标准协调一致的重要性。1953 年以后，联合国又召集一个专家小组来扩展和修订 SNA。1968 年联合国统计委员会批准并公布了经过重大修订的国民经济核算体系（称 1968 年的 SNA）。可以认为，1968 年 SNA 的问世，标志着国民经济核算体系进入了一个成长时期。1968 年 SNA 的内容较 1953 年的 SNA 有了很大的扩展，包括 20 个账户和 26 张标准辅助表及补充表。另外，在结构上更加注重与物质产品平衡表体系（MPS）的融合，对账户及账户中的项目也进行了调整，使之更加适应市场经济的发展和国民经济管理的要求。1993 年联合国第 27 届统计委员会会议又通过了由联合国、世界银行、国际货币基金组织、经济合作和发展组织以及欧洲共同体委员会共同对 SNA 的修订案（称 1993 年的 SNA）。1993 年的 SNA 在总结各国 SNA 实践和应用的基础上进一步改进和完善了国民经济核算体系，使之较 1968 年的 SNA 更加简化、合理，并与其他国际统计标准协调一致，标志着国民经济核算体系走向了一个成熟的时期。

　　长期以来，国际间存在两种不同的国民经济核算体系，即东方体系和西方体系，简称 MPS 和 SNA。东方体系（MPS）是指过去中国、前苏联等中央计划经济国家采用的核算体系。西方体系（SNA）是指美国、英国、日本等市场经济国家采用的核算体系。MPS 与 SNA 这两大核算体系差别很大，主要表现在核算范围、核算方法和核算内容上的差异，其中最主要的或者说最根本的是核算范围上的差异，即对生产活动划分范围的不同。

　　MPS 即物质产品平衡表体系，采用限制性生产的观点，认为只有物质生产才是生产部门，才创造价值。从使用价值形成过程看，产品是由工业、农业、建筑业三大物质生产部门所提供；从价值形成过程看，产品还包括了经过商业、运输业等流通渠道进入消费领域所追加的价值。国民经济核算的主要任务之一是从价值上核算社会产品再生产的总成果，因而工业、农业、建筑业、商业和运输业被认为是五大物质生产部门，社会产品的总价值，是五大物质生产部门所创价值的总和。五大部门以外的文化教育、医疗卫生、生活旅游和城乡公用事业等，称为非物质生产部门。它们提供多种多样的服务，无论是为生产服务，还是为生活服务，统统不作为生产，也不计算产值。

SNA 即国民账户体系采用综合性生产的概念，认为凡创造"效用"并取得收入的活动，都算做生产性活动。在 SNA 中，对于生产范围的划分，除了五大物质生产部门外，还包括了各种各样的服务部门，并计算产值。因而，SNA 计算产值的范围，远远地超过 MPS。进入 20 世纪 80 年代，原实行计划经济的各国先后进行了经济体制改革，引入了市场经济机制，与此相适应，原应用 MPS 的各国先后开始运用 SNA 的核算原理和方法，联系本国经济运行实际，进行国民经济核算体系的改革。结果，1993 年世界各国国民经济核算在 SNA 基础上实现了一体化，MPS 作为现实应用的体系已不复存在。我国自 1984 年开始着手新国民经济核算体系的研制工作。在国务院领导下，由国家统计局会同当时的国家计委、国家经委、财政部、中国人民银行等有关部门和单位共同协作，经过理论研讨、方案设计和试点试算若干个阶段，于 1992 年推出了基本以 SNA 为目标的《中国国民经济核算体系（试行方案）》。其后，这一方案在全国逐步推行，开始实现国民经济核算体系的全面转轨。2000 年开始，国家统计局又对 1992 年颁布实施的《中国国民经济核算体系（实行方案）》做了重大修订，形成了《中国国民经济核算体系（2002）》。

三、国民经济核算的对象及基本分类

国民经济核算的对象是一国国民经济整体，既是各种经济主体的集合，又是各种经济活动的集合。但无论是哪一方面，在进行核算时，首先都要将其进行分类，才能进行核算和分析。在众多的分类中，最重要的是按经济主体所进行的两种部门分类，即产业部门分类和机构部门分类。

（一）国民经济核算中的主体分类

1. 产业部门分类

产业部门分类，是按生产经营决策主体，即掌握生产经营决策权的基层单位进行的分类。也就是国民经济各具体单位按其经济活动性质的同类性进行的分类。这种分类有着巨大的层次差别，可以粗也可以细。一般是大类以下分中类，中类以下分小类。产业部门分类对于研究部门之间的联系，有特别重要的意义。

产业部门分类的统计单位是基层单位。一个基层单位不一定是一个独立企业，一般是企业的一个分厂、车间或其他附属单位，其特点是生产某一种产品或提供某一种服务。目前我国的产业部门分类也叫行业分类，实际上是以企业为单位进行分类的，企业生产多种产品，以其主要产品作为代表，将其全部产品归到其主要产品所属的部门中。

我国的国民经济产业分类，曾经过多次的变动和改进，做过几次较大的调整。1985年，国家计委、经委、统计局和标准局发布的《国家经济行业分类和代码》分13个门类、76个大类、310个中类和667个小类。根据我国新的国民经济行业分类（GB/T4754—2002），目前的产业分类包括18个门类，即：（1）农林牧渔业；（2）工业；（3）建筑业（4）农林牧鱼服务业；

（5）交通运输、仓储及邮政业；（6）信息传输、计算机服务和软件业；（7）批发和零售业；（8）住宿和餐饮业；（9）金融业；（10）房地产业；（11）租赁和商务服务业；（12）科学研究、技术服务和地质勘查业；（13）水利、环境和公共设施管理业；（14）居民服务和其他服务业；（15）教育；（16）卫生、社会保障和社会福利业；（17）文化、体育和娱乐业；（18）公共管理和社会组织。在此基础上，统计部门在国民经济统计资料中列出了三次产业的分类分组。

第一产业，指农业，包括农林牧渔业在内。

第二产业，指采矿业、制造业、电力、燃气和水的生产和供应业、建筑业。

第三产业，除上述第一、第二产业以外的所有产业，第三产业包括的范围很广。

国民经济核算对产业部门分类的应用主要在于货物与服务的核算，尤其是货物与服务的生产核算。具体说来，是要从当期产出以及投入角度，以产业部门分类为基础，描述生产过程中的产业结构，进而描述生产过程中部门之间的生产技术联系，这在投入产出表中得到集中的体现。与生产活动相联系，在积累核算和资产负债核算中也要应用产业部门分类，因为资产总量的产业部门占有结构是决定当期生产结构的主要方面，当期积累在各产业部门间的分布则是改变下一时期产业结构的重要前提条件。

2. 机构部门分类

机构部门分类是国民经济活动单位按其在取得收入和支配收入、筹集资金和运用资金的财务决策权的同类性进行的分类。其统计单位称做机构单位，是财务上具有独立性的企业或公司组织，也可以是一个居民户。机构单位是一个具有独立财务决策权的经济单位，原则上，它应该能够编制完整的资产负债表。一般地，一个机构单位可以包括一个或多个基层单位。机构部门与产业部门都是对同一国民经济总体进行分类的，因为目的不同，角度不同，分类结果也就不同，使得国民经济分类具有更为丰富的意义和作用。

按照机构单位的经济行为性质，一般将其归纳为以下机构部门。

（1）非金融企业部门，由所有主要进行非金融活动的常住企业单位组成，包括国有企业单位、各种外资和合资合营企业单位、私营企业单位，它们所从事的一般是以营利为目的的市场性经济活动，提供各种货物和非金融性服务。

（2）金融机构部门，由所有主要从事金融活动的常住企业组成，包括中央银行、商业银行、保险公司以及投资公司等各种非银行性金融机构，其职能主要是为整个国民经济的资金活动提供金融中介服务。

（3）政府部门，由所有行使政府职能的各单位以及由政府资助的其他单位组成，其职能之一是为居民和公共消费生产非市场性服务，其职能之二是对收入和财富进行再分配。

（4）住户部门或称居民部门，由所有常住住户组成，还包括为住户拥有的个体经营者。该部门的职能主要是消费，同时也通过个体经营者直接从事生产活动，通过提供资产、劳动等生产要素间接参与企业的生产活动，并接受各种收入。

此外，与上述国内机构部门相对应，还有一个国外部门，它概括了所有与该国常住单位发生经济往来的国外单位。

机构部门分类在国民经济核算中具有广泛的应用。在收入分配核算中，应用机构部门分类核算可以反映政府、企业和个人对收入的占有关系；在资金流量核算中，应用机构部门分类可以反映资金在各部门间的流动。尤其可以反映金融机构在资金运动过程中所起的中介作用；在资产负债核算中，机构部门分类也是观察财产占有结构的前提，此外在消费和积累核算中也要运用机构部门分类。

（二）国民经济核算的客体分类

国民经济的客体分类主要是指对经济活动的分类。经济活动也可以称之为交易，因此，国民经济的客体分类就是对交易类型的分类。

1. 货物与服务交易

货物与服务交易表现货物与服务的来源与使用的对应关系，其中来源主要是国内生产和进口，使用则主要是指国内消费、积累和出口。

2. 分配交易

分配交易表现由生产新创价值到各单位收入形成的整个分配过程，包括收入初次分配和收入的再分配。

3. 金融交易

金融交易表现发生在各种金融资产和负债上的资金流动。一部门可以通过金融资产的获得而贷出资金，同时可以通过负债的发生而借入资金。

4. 其他交易

其他交易包括各单位的内部交易，如各种自产自用活动，还包括如自然资源的发现或耗减、战争及自然灾害所引起的资产毁坏、价格变化的影响等其他积累交易。

四、国民经济核算的基本原则和方法

（一）国民经济核算的基本原则

1. 三等价原则

所谓三等价原则是指国民经济运行过程中国民生产、国民（原始或可支配）收入、国民（最终）支出之间的总量是平衡的。就是说，一国常住机构单位所生产的全部增加值总量，与经过初次分配、再分配后的国民原始收入或国民可支配收入总量相等，也与最终使用在消费和积累上的国民最终支出总量相等。

2. 所有权原则

所有权原则是确定国民经济核算中资产和负债范围的基本原则，在市场经济活动中，资产和负债是进行生产活动，获取经济利益的根本条件，因此，它必须表现为企业等机构单位或机构部门的所有权，才可能在生产经营等经济活动中产生决定的作用，才便于核算范围的确定。

3. 国民经济核算的计量原则

在正常情况下，收支转换的数量应该是相等的，相互间保持平衡。但是要能够保持平衡，收付双方还必须保持相同的口径范围、计量单位和价格标准。这也是一般经济活动和经济核算必须遵守的基本原则。计量原则包括两个方面，一个是对生产经营成果的计算时间；一个是对不同生产经营活动的计价标准。

（1）计算时间原则。计算时间一般有两个原则：一个是权责发生制，一个是收付实现制。

①权责发生制原则。权责发生制是本期发生的生产经营活动（现在常称为交易活动）构成本期权益和债务的变化，不论其是否发生实际的收支行为，都作为本期的实际交易加以计算。权责发生制可以简称为应收制。

②收付实现制原则。收付实现制是指本期实际发生的收支行为或交易行为，不论其是否为本期生产经营的活动都作为本期的实际交易加以计算，收付实现制亦可以简称为实收制。

应收制与实收制中间存在着时间差。但要分别加以计算。国民经济核算采用权责发生制原则，即凡本期生产经营的活动成果，即使本期未出售取得收入，也要计算为本期的产值。相反，本期出售，取得收入，但不是本期生产的产品，就不能计算为本期产值。国民经济核算只有遵循权责发生制的原则，才能准确、全面反映本期生产经营的投入产出活动，以及资产负债的变化。

（2）计价标准原则。

在国民经济核算中，要求无论是生产、收入分配、消费、积累和资产负债等均要按照核算时期或时点当时的市场价格进行核算。市场价格有多种形式，一般要求与权责发生制相配合，即核算中应采用与生产经营活动相对应的价格，也就是生产的产品按生产者价格计算，出售的产品按销售价格计算，并且要求交易双方按同一时间和价格标准进行记录，从而保证生产核算、分配核算、消费核算、积累核算以及对外交易核算之间的内在一致性。

（二）国民经济核算中的核算方法

国民经济核算的方法是随着国民经济核算的发展不断变化和发展的。过去，两大体系并存的时期，MPS 和 SNA 所采用的方法有所不同。MPS 是采用平衡表的形式，即运用一套相互联系的平衡表来描述国民经济的运行过程。SNA 主要采用账户的形式来对国民经济运行过程进行描述。根据不同的研究目的，两大体系还发展了其他的核算方法，主要是矩阵方法、方程式方法和图解法。但随着国民经济核算新时期的开始，国民经济核算账户方法成为国民经济核算的根本方法。它以不同经济活动间的内在联系为基础，通过复式记账这种特定的方法，使整个中心框架具有严密的逻辑一致性，不同核算部门保持了严格的数量联系。

国民经济核算账户方法虽然是以会计中的复式计账为基础，但由于与会计的核算对象和核算目的的不同，与会计的复式计账方法有一定的区别，国民经济核算中的账户体系有以下几个特点：

（1）国民经济核算账户中所设科目均为统计指标；

（2）账户体系是根据国民经济运行过程的各个阶段分设账户并连为一体的；

（3）账户根据平衡关系设置平衡项，账户之间的联系主要

是通过平衡项连接的;

(4) 为反映经济运行中的相互联系,核算账户主要是建立在机构部门的基础上;

(5) 国民经济核算中实施的是四式计账。这是因为一笔经济活动的交易涉及两个机构单位,那么这笔经济交易要同时在这两个机构单位采用一致的复式计账核算,每个单位均复式计账,所以两个机构单位合起来就构成四式计账。

第二节

我国新国民经济核算体系的基本框架

随着我国市场经济体制的建立,1992 年 8 月,国务院发函《关于实施国民经济核算体系方案的通知》,决定从 1992 年起,分两步实施新国民经济核算体系。第一步,从 1992 ~ 1993 年建立国家和省市两级的新国民经济核算体系的基本框架,实现基本过渡;第二步,到 1995 年,基本完成向新国民经济核算体系的全面过渡。《中国新国民经济核算体系(试行方案)》是在国务院的领导下,由国家统计局、国家计委、财政部、银行等部门经过六七年的时间共同研究设计的,并在国务院组织的论证会上正式通过。2000 年以来,我国对 1992 年颁布实施的《中国国民经济核算体系(试行方案)》做了重大修订,形成了《中国国民经济核算体系(2002)》。新体系在结构上更加严谨,充分反映了国民经济活动的内在联系,在方法上更加科学,既考虑到需要,又考虑到可能,基本上与 1993 年 SNA 相一致。

我国新国民核算体系由基本核算表、经济循环账户和附属表三部分构成。基本核算表包括国内生产总值表、投入产出表、资金流量表、资产负债表和国际收支表,用以对社会再生产和国民经济总体运行情况进行全面、系统、综合的价值量核算。经济循环账户包括经济总体账户、国内机构部门账户和国外机构部门账户。附属表包括自然资源实物量核算表和人口资源与人力资本实物量核算表。基本核算表和国民经济账户是体系的中心内容，它通过不同的方式对经济运行过程进行全面的描述。附属表是对基本表和国民经济账户的补充，它对国民经济运行过程所涉及的自然资源实物量和人口资源与人力资本实物量进行描述。

（一）基本核算表

1. 国内生产总值表

国内生产总值表是用来对国内生产总值进行核算的，即对增加值的核算，或最终产值的核算。社会最终产品是可供消费积累用的产品，其价值表现即为社会最终产值。与社会最终产品相对应的产品称为中间产品。中间产品是在生产过程中出现，但以后又被加工的产品。最终产品的价值，等于所有参与最终产品生产的单位增加值的总和。社会所有生产单位增加值的总和，称为国内生产总值。它是按市场价格计算的一个国家所有常住单位在一定时期内生产活动的最终成果。也是分配核算、使用核算的基础，在整个国民经济核算体系中占有十分重要的地位。国内生产总值核算，既要核算国内生产总值的数量，还要了解其分配和使用去向。

国内生产总值表包括国内生产总值总表、生产法国内生产总值表、收入法国内生产总值表和支出法国内生产总值表。

表 12 - 2 - 1 为国内生产总值总表。该表以国内生产总值为核心，对某一时期国民经济最终产品生产、分配和使用的总量进行全面系统的核算，综合反映国民经济发展的规模和结构。表的左方反映生产和收入初次分配状况，右方反映使用状况。

表 12 - 2 - 1　　　　　　　　国内生产总值总表

生产	金额	使用	金额
一、生产法国内生产总值 　（一）总产出 　（二）中间投入（－） 二、收入法国内生产总值 　（一）劳动者报酬 　（二）生产税净额 　　　生产税 　　　生产补贴（－） 　（三）固定资产折旧 　（四）营业盈余		一、支出法国内生产总值 　（一）最终消费 　　　居民消费 　　　　农村居民消费 　　　　城镇居民消费 　　　政府消费 　（二）资本形成总额 　　　固定资本形成总额 　　　存货增加 　（三）净出口 　　　出口 　　　进口（－） 二、统计误差	

生产法国内生产总值表、收入法国内生产总值表和支出法国内生产总值表分别从价值构成、收入形式和使用去向角度，反映国内生产总值的形成过程。

生产法国内生产总值表的主栏为国民经济行业分类，由粗到细按三个层次划分，第一层为三次产业分组，第二层把三次产业进一步划分为21个次级产业部门，第三层又在第二层分类的基础上再细分出9个次级产业部门。宾栏为增加值、总产出、中间投入。

收入法国内生产总值表的主栏与生产法国内生产总值表一样，也是国民经济行业分类和相应的分组，宾栏则为增加值、劳动报酬、生产税净额、固定资产折旧和营业盈余。

支出法国内生产总值表的主栏为最终使用的构成项目，大类包括最终消费、资本形成总额、净出口三项支出。宾栏为支出金额。

2. 投入产出表

企业的生产成果，既有最终产品，又有中间产品。中间产品即生产资料，绝大部分供其他企业作为中间消耗。生产部门之间相互消耗被消耗的关系，包括直接消耗和间接消耗的关系，即投入产出的关系，体现在国民经济核算体系中，就是投入产出核算。投入产出表由供给表、使用表和产品×产品表组成。供给表又称产出表,主栏为 n 个产品部门,宾栏为 m 个产业部门,沿行方向看,反映属于某一产品部门的货物或服务是由哪些产业部门生产的,合计为属于该产品部门的货物或服务的总产出;沿列方向看,反映某一产业部门生产各产品部门货物或服务的价值量,合计为该产业部门总产出。全部产业部门总产出等于全部产品部门总产出。通常产品部门个数多于产业部门个数。按生产价格计算的总供给等于按生产者价格计算的总产出与进口之和;按购买者价格计算的总供给等于按生产者价格计算的总供给与商业和运输费用之和。

使用表又称投入表,通常由三部分组成,第一部分的主栏包括 n 个产品部门,宾栏为 m 个产业部门,沿行方向看,表明各产品部门生产的货物或服务提供给各个产业部门使用的价值量;沿列方向看,表明各产业部门从事生产活动所消耗的产品部门生产的货物或服务的价值量。第二部分是第一部分在水平方向上的延伸,其主栏与第一部分相同,也是 n 个产品部门,其宾栏是由最终消费、资本形成总额、出口等最终使用项组成,它反映各产品部门生产的货物或服务用于最终使用的价值量及其构成;第三部分是第一部分在垂直方向上的延伸,其主栏由劳动报酬、生产税净额、固定资产折旧和营业盈余等增加值项组成,宾栏与第一部分的宾栏一致,也是 m 个产业部门,它反映各产业部门增加值的构成情况。

产品部门×产品部门表,形式上与使用表相似,也是由三部分组成,第一部分是由名称相同、排列次序相同、数目一致的 n 个产品部门纵横交叉而成的,其主栏为中间投入、宾栏为中间使用,它充分揭示了国民经济各产品部门之间相互依存、相互制约的技术经济联系,反映了国民经济各部门之间相互依赖、相互提供劳动对象供生产和消耗的过程。沿行方向看,反映第 i 产品部门生产的货物或服务提供给第 j 部门使用的价值量;沿列方向看，反映第 j 产品部门在生产过程中消耗第 i 产品部门生产的货物或服务的价值量。第二部分是第一部分在水平方向上的延伸，其主栏与第一部分相同，也是 n 个产品部门，其宾栏是由最终消费、资本形成总额、出口等最终使用项组成，它反映各产品部门生产的货物或服务用于各种最终使用的价值量及其构成；第三部分是第一部分在垂直方向上的延伸，其主栏由劳动报酬、生产税净额、固定资产折旧和营业盈余等增加值项组成，宾栏与第一部分的宾栏一致，也是 n 个产品部门，它反映各产品部门增加值的构成情况。

表 12－2－2 为产品 × 产品表，表现了国民经济各产品部门之间的技术经济联系。

表 12－2－2 **投入产出表**

产出〔投入〕	中间产品			最终使用										总产出
				最终消费				资本形成总额						
				居民消费		政府消费	合计							
	产品部门1	…	产品部门n	中间使用合计	农村居民消费	城镇居民消费	小计		固定资本形成总额	存货增加	合计	出口	最终使用合计	进口	
中间投入 产品部门1 …… 产品部门n	第Ⅰ象限			第Ⅱ象限										
中间投入合计														
增加值 劳动者报酬 生产税净额 固定资产折旧 营业盈余 增加值合计	第Ⅲ象限													
总投入														

3. 资金流量表

产品生产出来以后有两种运动,即实物运动和价值运动,通过流通形成实物运动,通过分配再分配形成价值运动,即资金运动。产品生产出来一部分作为最终消费,另一部分作为中间消耗,二者均需要购买,亦即需要资金运动。资金流量核算就是把社会再生产中实物运动的形成过程,与价值运动即资金运动的形成过程,有机地结合起来,可以比较全面地反映一定时期内社会购买力在分配、再分配过程中的形成过程和规模,揭示社会总供需平衡的过程和全貌。

资金流量表包括两张表。资金流量表(一)是实物交易表(见表12-2-3),是对国民经济范围内收入分配过程的核算,来源方记录收入,使用方记录支出,由此表现各机构部门如何以增加值为起点而发生各种收入分配流量,形成可支配收入,以及在扣除消费与非金融投资之后最终形成的资金余缺(即各部门或正或负的金融投资);资金流量表(二)是金融交易表(见表12-2-4),它围绕资金余缺,主要反映各部门参与金融交易的状况,使用方记录因增加金融资产而贷出的资金,来源方记录通过增加负债而借入的资金,从而解释了各部门所余资金的去向和所缺资金的来源,同时表现了一时期的资金运动状况。

表 12-2-3　　　　　　　　资金流量表 (一)

(实物交易)

部门 交易项目	非金融企业部门		金融机构部门		政府部门		住户部门		国内合计		国外部门		合计	
	使用	来源	使用	来源	使用	来源	使用	来源	使用	来源	使用	来源	使用	来源
一、净出口														
二、增加值														
三、劳动者报酬														
（一）工资及工资性收入														

续表

部门 交易 项目	非金融企业部门		金融机构部门		政府部门		住户部门		国内合计		国外部门		合计	
	使用	来源	使用	来源	使用	来源	使用	来源	使用	来源	使用	来源	使用	来源
（二）单位社会保险付款														
四、生产税净额														
（一）生产税														
（二）生产补贴														
五、财产收入														
（一）利息														
（二）红利														
（三）土地租金														
（四）其他														
六、初次分配总收入														
七、经常转移														
（一）收入税														
（二）社会保险缴款														
（三）社会保险福利														
（四）社会补助														
（五）其他														
八、可支配总收入														
九、最终消费														
（一）居民消费														
（二）政府消费														
十、总储蓄														
十一、资本转移														
（一）投资性补助														
（二）其他														
十二、资本形成总额														
（一）固定资本形成总额														
（二）存货增加														
十三、其他非金融资产获得减处置														
十四、净金融投资														
十五、统计误差														

表 12 - 2 - 4　　　　　　　**资金流量表（二）**

（金融交易部分）

部门 交易项目	非金融企业部门		金融机构部门		政府部门		住户部门		国内合计		国外部门		合计	
	使用	来源	使用	来源	使用	来源	使用	来源	使用	来源	使用	来源	使用	来源
一、净金融投资														
二、资金运用合计														
三、资金来源合计														
（一）通货														
本币														
外币														
（二）存款														
活期存款														
定期存款														
住户储蓄存款														
财政存款														
外汇存款														
其他存款														
（三）贷款														
短期贷款														
中长期贷款														
财政贷款														
外汇贷款														
其他贷款														
（四）证券														
债券														
国债														
金融债券														
中央银行债券														
企业债券														
股票														
（五）保险准备金														
（六）结算资金														
（七）金融机构往来														
（八）准备金														
（九）库存现金														

续表

部门 交易项目	非金融企业部门		金融机构部门		政府部门		住户部门		国内合计		国外部门		合计	
	使用	来源	使用	来源	使用	来源	使用	来源	使用	来源	使用	来源	使用	来源
（十）中央银行贷款														
（十一）其他（净）														
（十二）国外直接投资														
（十三）其他对外债权债务														
（十四）储备资本														
（十五）国际收支净误差与遗漏														

4. 国际收支平衡表

一个国家不可能全封闭，国际间的借贷往来、投资往来（包括吸收外资和对外投资），以及相互援助等等，总的收支状况如何，就需要进行国际收支核算。国际收支表包括国际收支平衡表和国际投资头寸表。

表 12-5 为国际收支平衡表，该表反映了一定时期内常住单位（居民）和非常住单位（非居民）之间发生的交易。根据所运用的借贷记账法原理，贷方记录对外经济活动收入和资金流入，借方记录对外经济活动支出和资金流出，由此反映一国对外经济活动的规模和收支平衡状况。国际投资头寸表（表略）反映特定时点上常住单位对外金融资产和负债的存量状况，以及在一定时期内由交易、价格变化、汇率变化和其他调整引起的存量变化。

表 12 − 2 − 5　　　　　　　　国际收支平衡表

项　目	差额	贷方	借方	项目	差额	贷方	借方
一、经常项目				负债			
（一）货物与服务				股本证券			
1. 货物				债务证券			
2. 服务				（中）长期债券			
运输				货币市场工具			
旅游				3. 其他投资			
通信服务				资产			
建筑服务				贸易信贷			
保险服务				长期			
金融服务				短期			
计算机和信息服务				贷款			
专利权使用费和特许费				长期			
咨询				短期			
广告、宣传				货币和存款			
电影、音像				其他资产			
其他商业服务				长期			
别处未提及的政府服务				短期			
（二）收益				负债			
1. 职工报酬				贸易信贷			
2. 投资收益				长期			
（三）经常转移				短期			
1. 各级政府				贷款			
2. 其他部门				长期			
二、资本和金融项目				短期			
（一）资本项目				货币和存款			
（二）金融项目				其他负债			
1. 直接投资				长期			
我国在外直接投资				短期			
外国在华直接投资				三、储备资产			
2. 证券投资				（一）货币黄金			
资产				（二）特别提款权			
股本证券				（三）在基金组织的			
				储备头寸			
债务证券				（四）外汇			
（中）长期债券				（五）其他债权			
货币市场工具				四、净误差与遗漏			

5. 资产负债表

资产负债核算，实际上就是国民财富核算。国民经济核算不仅要核算消耗多少，生产多少，也要考察上期留下多少，本期增加多少，减少多少，本期期末留给下期使用多少，即资产存量多少，这就是国民财产的核算。资产负债核算不仅包括有形资产的核算，也包括金融资产的核算。

表 12 - 2 - 6 为资产负债表。该表反映了一国和各部门的经济存量，其中使用方记录非金融资产和金融资产，来源方记录负债和资产负债差额，资产负债差额表现了一部门的净资产和一国的国民财产。

上述五大核算表中，前四张表是关于经济流量的核算，反映核算期间实际发生的经济活动总量；后一张表是关于存量的核算，反映在特定核算时点上一国或一部门所拥有的经济资产总量。

(二) 经济循环账户

经济循环账户包括经济总体账户和机构部门账户两部分，它们建立在复式记账法的基础上，借用"T"形账户，左边记使用，右边记来源，把基本核算表中各种流量和存量的基本指标连接起来，形成一个结构严谨、逻辑严密的账户体系，用以反映国民经济的运行过程和全貌。经济循环账户是针对国民经济运行的各个环节分别设置账户的，即生产账户、收入分配及支出账户、资本账户、金融账户、资产负债账户和国外部门账户。国民经济账户的基本形式如下：

1. 生产账户

生产账户（见表 12 - 2 - 7）反映国内各个机构部门及国民经济总体在核算期内通过生产过程所创造的价值以及与此价值对应的收入形态。

表 12－2－6

资产负债表（期末）

	非金融企业部门 国有企业		金融机构部门 国有机构		政府部门		住户部门		国内部门合计 国有单位		国外部门		总计	
	使用	来源	使用	来源	使用	来源	使用	来源	使用	来源	使用	来源	使用	来源
一、非金融资产														
（一）固定资产														
其中：在建工程														
（二）存货														
其中：产成品和商品库存														
（三）其他非金融资产														
其中：无形资产														
二、金融资产与负债														
（一）国内金融资产与负债														
通货														
存款														
长期														
短期														
贷款														
长期														
短期														
证券（不含股票）														

续表

	非金融企业部门		国有企业		金融机构部门		国有机构		政府部门		住户部门		国内部门合计		国有单位		国外部门		总计	
	使用	来源	使用	来源	使用	来源	使用	来源	使用	来源	使用	来源	使用	来源	使用	来源	使用	来源	使用	来源
股票及其他股权																				
保险准备金																				
其他																				
（二）国外金融资产与负债																				
直接投资																				
证券投资																				
其他投资																				
（三）储备资产																				
其中：货币黄金																				
外汇储备																				
三、资产负债差额（资产净值）																				
四、资产、负债与差额总计																				

表 12 - 2 - 7 生产账户

使　用	来　源
1. 增加值	1. 总产出
（1）劳动者报酬	2. 减：中间投入
（2）生产税净额	
（3）固定资产折旧	
（4）营业盈余	
合　计	合　计

2. 收入分配及支出账户

收入分配及支出账户（见表 12 - 2 - 8）反映国内各个机构部门及国民经济总体在核算期内，通过生产过程形成的收入如何在拥有相应生产要素的机构部门之间进行分配，收入如何在不同机构部门之间进行转移，以及机构部门如何将它们的可支配收入在消费和储蓄之间进行分配的结果。

表 12 - 2 - 8 收入分配及支出账户

使　用	来　源
1. 财产收入支付	1. 营业盈余
2. 经常转移支出	2. 固定资产折旧
3. 可支配总收入	3. 财产收入
4. 最终消费	4. 劳动者报酬
5. 总储蓄	5. 生产税净额
	6. 经常转移收入
合　计	合　计

3. 资本账户

资本账户（见表 12 - 2 - 9）反映国内各机构部门及经济总体可用于资本形成的资金来源、资本形成的规模以及资金剩余或短缺的规模。

表 12 - 2 - 9　　　　　　　资本账户

使　用	来　源
1. 资本形成总额	1. 总储蓄
2. 其他非金融资产获得减处置	2. 资本转移收入净额
3. 资金余缺	
合　计	合　计

4. 金融账户

金融账户（见表 12 - 2 - 10）反映了国内机构部门通过各种金融工具所发生的各种金融交易，以及这些交易的净成果，即资金的净借入和净借出。同时也反映出经济总体与国外的金融交易关系。

表 12 - 2 - 10　　　　　　　金融账户

使　用	来　源
1. 通货	1. 通货
2. 存款	2. 存款
3. 贷款	3. 贷款
4. 证券（不含股票）	4. 证券（不含股票）
5. 股票及其他股权	5. 股票及其他股权
6. 保险准备金	6. 保险准备金
7. 其他金融资产	7. 其他负债
8. 国外直接投资	8. 国外直接投资
9. 其他对外债权	9. 其他对外债务
10. 储备资产	10. 国际收支净误差与遗漏小计
	11. 资金余缺
合　计	合　计

5. 资产负债账户

资产负债账户反映国内各机构部门及经济总体在核算期初或期末的资产负债存量。

表 12 - 2 - 11　　　　　　　　资产负债账户

使　　用	来　　源
1. 非金融资产	1. 国内金融负债
（1）固定资产	（1）通货
（2）存货	（2）存款
（3）其他非金融资产	（3）贷款
2. 金融资产	（4）证券（不含股票）
（1）国内金融资产	（5）股票及其他股权
通货	（6）保险准备金
存款	（7）其他负债
贷款	2. 国外金融负债
证券（不含股票）	（1）直接投资
股票及其他股权	（2）证券投资
保险准备金	（3）其他投资
其他金融资产	小计
（2）国外金融资产	3. 资产负债差额
直接投资	
证券投资	
其他投资	
3. 储备资产	
合　计	合　计

6. 国外部门账户

国外部门账户是从非常住者的角度，反映常住者与非常住者之间发生的各种交易活动以及相应的存量状况。国外部门账户包括经常账户、资本账户、金融账户和资产负债账户。

（三）附属表

附属表是对国民经济核算体系核心部分的补充，用于描述我国自然资源和资源资产、人口资源和人力资本的规模、结构变动以及经济、资源和人口之间的相互关系，为党和政府制定、实施社会经济可持续发展战略提供科学依据。

1. 自然资源实物量核算表

自然资源实物量核算表反映主要自然资源在核算期期初和期

末两个时点的实物存量及在核算期内的变动情况。

2. 人口资源和人力资本实物量核算表

人口资源和人力资本实物量核算表反映人口资源和人力资本在期初和期末两个时点的存量状况及在核算期内的变动情况。

国民经济核算基本表、经济循环账户和附属表构成了我国新国民经济核算体系的基本框架和逻辑体系，这是一个具备统一性和一致性的体系，核算结果可以给出一个统一的和分层次的数据体系，并广泛应用于经济活动监测、宏观经济分析、经济政策和决策制定，以及国际间比较。具体说来，核算的统一性与一致性体现在以下方面。第一，以货币作为统一的计量单位，从而使核算具有了一致的计量标准；第二，在核算范围、概念定义、分类设置上具有一致性，保证了核算内容的一致和衔接；第三，运用了统一的记账方法——复式记账法，即同一经济活动在不同的核算中做两次记录，这不仅使经济活动获得了更加丰富的表现，更重要的是使不同核算部分之间保持严密的数量联系成为可能；第四，具体核算中贯彻了统一的权责发生制和市场计价原则，即统一按照经济活动发生的时间而不是收支结算时间作为核算记录时间，并统一按照核算期当期的实际市场价格来估算各有关总量的价值，保证了对核算数据的衔接一致。

第三节

国内生产总值的核算

一、生产及生产核算范围

生产是指通过人类劳动将各种货物与服务投入转换为另一些

货物与服务产出的过程。

国民生产核算范围原则上既包括物质生产的活动成果，也包括非物质生产的活动成果。但不是所有物质和非物质性的生产经营活动都要加以计算。计入国民生产总量的国民生产活动成果应具备以下条件：

1. 生产性

即必须是生产成果，而且是有效的生产成果才能加以计算。未经加工而转售的原材料，或者虽经加工但却是无效的废品都不能作为生产成果加以计算。生产性服务和非生产性服务都必须是有效服务才能计入产值。

2. 社会性

生产成果是极其广泛的，如家务劳动等自我服务也是有效成果，但缺乏社会性故不作为社会产品统计。但如果家务劳动社会化，全部由饮食业、服装业等行业经营，尽管质量和数量与原来的相同，就要作为社会产品加以计算。因此，生产成果的数量多少，既决定于实际生产的品种和数量，也与生产的社会化程度有密切关系。另外，农民自产自用的粮食、蔬菜和鸡蛋等不向社会提供，但从生产的完整性考虑，它的数量大，容易计算，按规定要作为社会产品由农业部门加以计算。

3. 主体性

这是从国民经济整体的角度考虑的，从生产活动主体上看，纳入一国生产核算的应仅限于该国常住单位的生产活动。该国经济领土上的非常住单位所进行的生产活动、该国在其他国家经济领土上建立常住单位所进行的生产活动，都不能作为该国生产加以核算。

二、衡量生产总量的指标

（一）国内总产出

衡量一时期的生产总量，可以用当期生产的所有货物与服装数量以价格作为同度量因素加总到一起，这样得到的总量称为总产出。国内总产出是部门总产值的合计。

1. 工业总产值的计算

工业产品品种多，无法按具体产品计算产值，只能按工厂法计算。按工厂法计算的工业总产值包括：（1）成品价值、出售的半成品价值；（2）已完成的工业性作业价值；（3）在制品、半成品期末比期初的增加额。全国工业总产值，是各企业工业总产值的总和。由于企业间相互提供生产资料，总产值就会发生转移价值的重复计算。

2. 农业总产值的计算

农业总产值是农林牧渔业总产值的总和，用产品法计算。农业总产值不受计算范围的影响。目前我国按县计算农业总产值，根据全县农业实物量的统计资料，有成品量的直接按成品量乘以相应价格计算。

3. 建筑业总产值的计算

建筑业总产值包括房屋建筑工程价值和各种机械设备安装工程项目价值以及有关的勘察设计和地质勘探活动的价值。

建筑施工有两种方式：一是承包，二是自营，大的工程可能兼而有之。建筑业产值由实际担负建筑活动的单位计算。承包工程由承包单位按结算价格计算；自营工程由自营单位按成本价格计算。机械设备安装工程产值，不包括被安装的机械设备本身的价值。建筑安装工程除了基建投资中的建筑安装工程以外，还应包括利用挖潜、更新改造资金以及国防建设资金所进行的建筑安装工程。SNA 将全部勘探设计活动都归属于生产活动，并计算相应的产值。

农村建筑主要有房屋建筑、水利工程、荒地开垦、道路建筑等等。有建筑收支核算的单位，按新建工程逐项计算，用料按实际支出，用工按劳动天数和平均值计算，没有建筑核算的分散建筑，可利用各种调查材料进行匡算。

4. 商业总产值的计算

商业总产值的计算有两种方法，一种是根据已销售产品的买卖差价计算，另一种是将各部门的流通费和利润税收加总。为了避免在流通过程中重复计算，要把商品流通支付的装卸费从商业总产值中扣除。商业总产值应包括集市贸易直接对城镇的销售，由于缺乏商品流通费的材料，一般以实际发生的销售额减收购价格计算的销售额之差作为集市贸易总产值。

餐饮业包括饭店、食堂等，兼有生产和转售商品两方面职能。对于生产加工的部分，与工业生产一样，按产品的销售全价计算；对于转售产品的部分，和一般商业一样，按销售产品的买卖差价计算。

5. 货物运输业总产值的计算

货物运输业总产值是货运总产值与生产性邮电业总产值之和。

（1）货运总产值是完成货物运送、装卸和仓库业务追加到产品中的价值，也包括运输企业货运、装卸和仓库经营方面的收入和非运输机构对外承担货物运输所取得的收入。

（2）在计算总产出时，运输包括客运在内，是货运、客运收入的总和。

（3）邮电业的总产值等于邮电业为物质生产部门服务，以及投递报刊、杂志等所取得的收入。

6. 服务部门总产值的计算

服务部门包括众多的部门，如一般性服务企业单位、服务事业单位、金融保险、社会公共服务以及居民家庭服务等等。一般性服务企业，可以比照物质生产部门计算总产出，即按营业收入计算。非盈利性的服务事业单位，其总产出很难用市场价格来衡量，只能以成本价格作为它的估价标准。其计算公式为：

$$总产出 = 业务收入 + 财政拨款收入 + 其他收入 + (上年结余 - 本年结余) - 基本建设与设备购置支出 - 转移支出 + 虚拟折旧$$

$$= 总收入 - 设备购置和基建支出 - 转移支出 + 虚拟折旧$$

社会公共服务部门的总产出可依照上述公式计算。

家庭服务总产出根据从事家庭服务活动的人员总数和他们的平均工资进行匡算。

自有住房的虚拟计算，一般以各年应提的折旧费包括必要的修理费进行计算。

总产出指标的优点是直观，容易理解，但它包含了重复计算的成分，在社会分工越来越细的情况下，其重复计算的程度很大，以至于影响到该指标反映一时期产出总量的有效性。因此，衡量一时期国民经济生产总量的常用指标不是国内总产出，而是国内生产总值。

（二）国内生产总值

1. 国内生产总值的定义

国内生产总值（简称 GDP）是对一国经济在核算期内所有常住单位生产的最终产品总量的度量。在价值构成上，国内生产总值体现为当期生产过程中的新增价值，包括劳动者新创造的价值（$V + M$）和固定资产磨损价值（C_1），但不包括生产过程中作为中间投入的价值；在实物构成上，它是当期生产的最终产品，包括用于消费、积累以及净出口的产品，但不包括各种被其他生产部门消耗的中间产品。

2. 国内生产总值的核算方法

国民经济是一个周而复始的过程，一时期的生产成果必然要被分配和使用，由此形成各部门的收入和支出。因此，作为衡量一国在特定时期生产总量的国内生产总值，不仅可以在生产环节上加以计算，而且可以在分配和使用环节上通过相应的收入和支出加以计算，由此形成三种计算方法：第一是在生产部门，按照其产出量和投入量直接计算国内生产总值，通常称为生产法；第二是通常由初次分配过程产生的收入流量计算国内生产总值，通常称此为收入法或分配法；第三是对使用产品形成的支出流量计算国内生产总值，通常称此为支出法或最终使用法。一时期的生产成果在价值上必然通过分配形成各方面的收入，在使用价值上必然以一定方式投入使用，因此，从生产、分配、使用三方面计算的结果在总量上是应该相等，这就是国内生产总值核算中的生产、收入、支出三方等价原则。通过上述三个阶段上的计算，不仅可以在相互印证基础上计算出国内生产总值是多少，更重要的是可以通过国内生产总值在不同角度上的构成，反映出国民经济循环过程不同阶段上的基本状况和相互联系。下面简述各种核算方法。

（1）生产法计算国内生产总值。生产法计算的国内生产总值，是所有常住单位当期生产的新增价值总和。从价值形成角度入手，自当期生产的产品价值中剔除生产过程中所投入的中间产品转移价值，即可求得当期生产活动的增加值。其计算公式为：

增加值 = 总产出 − 中间投入

①总产出。总产出是反映核算期内各生产单位生产总成果的总量指标，体现为全部货物与服务产出的总价值。

总产出的计算主要按照产业部门进行，如工业总产出、农业总产出等。尽管不同部门具有不同的生产特点，由此计算总产出的具体方法有所区别，前面已经做过描述。从另一角度讲核算总产出应注意的是：

第一，对货物的生产，其总产出是指当期货物产量与货物价格的乘积；对服务产出，其总产出是当期服务产量与服务价格的乘积。对那些附着在货物之上的服务生产，计入服务总产出的仅是所追加的服务价值，不包括所附着的货物本身的价值，例如货物运输业的总产出是运量与其运价的乘积，不能包括所运输货物本身的价值。批零贸易业的总产出不能用其贸易额衡量，而是指贸易活动在货物原购买价上的追加额。

第二，无论是货物还是服务，只要是市场化的生产，其产品价格都是由市场所决定的，其总产出就是当期生产量的市场价值。对非市场化的生产，有些可以在市场上找到对应的价格，这时就按当期产量进行估算求得其总产出，如农民留做自用的农产品产量，自有住房提供的服务；对那些没有市场对应物的非市场性生产，如政府所提供的公共服务，无法找到相应的价格，计算总产出所采用的方法是以投入代替产出，用其生产中所花费的各种经常性费用和固定资产磨损额之和作为总产出。

②中间投入。中间投入称中间消耗，是指各生产单位为获得总产出而消耗或使用的非耐用性物品和服务的价值。计算中间投入必须注意：第一，计入中间投入的应仅限于生产过程中消耗的非耐用性物质产品和服务，对固定资产的消耗一般不包括在内；第二，中间投入的核算必须与总产出的计算方法及内容保持一致，所计入的应是当期消耗量，而且应是当期总产出中所包含的中间投入。确定这些原则的目的，是为了实现产出与中间投入的正确比较，计算出准确的增加值。

③增加值。增加值是总产出价值扣除中间投入价值后的余额。由于从总产出中扣除了中间投入，因而增加值是不包含重复计算的产出，它较准确地反映了各生产单位在核算期内的生产成果和对整个国民经济的贡献值。

在生产单位和产业部门层次上，增加值是一个余值，不能体现为任何一组实际的货物与服务，其数额大小既取决于核算期内的生产规模（用总产出表示），又取决于生产过程中的消耗水平（表现为单位产品总价值中中间投入价值所占比例）。这样，企业无论是增加产量还是降低消耗，其努力都可以在增加值上得到体现，所以增加值是衡量企业和部门生产成果、考察经济效益的较理想的指标。在国民经济层次上，将所有生产单位的增加值加总在一起，所得到的国内生产总值不再仅仅是一个余值，而是与体现为最终产品的货物与服务实体相对应的价值量。

增加值有总值与净值两种表示，以上所述是关于总值的计算。如果从总值中扣除固定资本消耗，就可得到净增加值。

（2）收入法计算国内生产总值。

收入法又称分配法，是从初次分配环节各单位增加值所形成的收入流量计算国内生产总值的方法。按照这种方法，国内生产总值是固定资本消耗、劳动者报酬、生产税净额和营业盈余的总和。

固定资本消耗，是各生产单位当期生产过程中对固定资产的耗费价值。由于固定资产的耐用性，固定资本消耗只能按照一定的预计使用年限对固定资产价值进行分摊，提取各年份的固定资本消耗额。在各种经营性企业单位，会计核算按期实际提取固定资产折旧，这时应按实际提取数值计入增加值中；在另外一些单位，包括那些经营性的行政事业单位、农村集体单位和居民户，并不实际提取固定资产折旧，这时应按照它们所拥有的固定资产价值和相应的折旧率虚拟估算出固定资本消耗，计入增加值。

劳动者报酬，是劳动者在生产过程中所创造的价值为自己所得部分，体现为生产单位以各种形式支付给劳动者的报酬。具体形式有：①货币性收入，包括生产单位对其职工支付的工资、薪金、奖金、各种津贴和补贴，还包括个体经营者和其他劳动者得到的货币纯收入。②实物收入，包括各生产单位免费提供给职工的各种物品和服务、农户从集体经营中分得的实物收入、居民户自产自用的实物收入。③各生产单位为其职工向政府和保险部门支付的社会保险金。

生产税净额，是各生产单位向政府财政缴纳的生产税与政府财政向生产单位支付的补贴相抵后的净额。其中生产税是指政府财政针对各生产单位生产、销售、购买，以及使用货物与服务所征收的税金、专项收入和其他规费，如产品税、营业税、增值税、农牧业税、车船使用税，等等。生产补贴相当于负税收，是指在特定情况下生产单位以低于生产成本的价格出售产品时，由财政给予生产单位的补贴。

营业盈余，是各生产单位增加值扣除上述三项后的余额，其主要构成部分是生产单位的盈利，体现各单位进行生产活动的收益。

（3）支出法计算国内生产总值。支出法又称最终使用法，是从产品最终使用角度核算国内生产总值的方法。一时期的最终产品要么被国内常住单位用于消费或积累，要么被出口到国外。同时，国内常住单位的消费与积累中会包括一部分进口产品，因此，国内生产总值应是下述各项目的总和，即：

$$国内生产总值 = 总消费 + 总投资 + （出口 - 进口）$$

如果去掉净出口项目，只就总消费和总投资相加，其结果是一国当期最终使用的货物与服务总量，通常称此为国内支出总值。

总消费是指国内常住单位在核算期内对货物与服务的最终消费支出。总消费的计算要区分居民消费和公共消费两部分进行。居民消费是由居民住户直接完成的消费，指核算期内为满足个人和家庭消费需求而花费的全部支出，其内容有以下三部分：

（1）居民实际用于购买生活消费品的货币支出。

（2）居民实际用于生活消费的各种服务支出，如交通费、房租、清理费、日用修理费、医疗保健费、教育费用、文化娱乐费用等等。

（3）以自产自用或实物分配方式获得的消费，如自有住房服务、农民自产自用的农产品，以及计入劳动报酬的其他货物与服务。公共消费支出是指各单位为满足其成员集体消费支出的部分。公共消费是指政府无偿提供给居民和社会公众的货物与服务所花费的支出，其中一部分是政府从市场上购买货物与服务直接提供给居民所形成的支出，如发放的救灾物资，另一部分则是政府为完成公共服务生产而花费的支出。

总投资是指国内常住单位用于非金融资产积累所花费的支出，具体包括固定资本形成与库存增加两部分。固定资本形成是各常住单位固定资产存量的增加，所涉及的固定资产包括各类房屋、建筑物、机器设备、役畜种畜、多年生经济林木和在建工程等。库存增加是指各单位库存物资增加的价值总和。具体包括各生产单位原材料、燃料、动力等储备物资的库存增加，各生产单位在制品和制成品库存的增加，各商业单位商品库存的增加，以及国家物资储备的增加。核算方法一般采用差额法，即用期末库存价值与期初库存价值相减求本期增加额。

净出口是出口减进口的净额。这里，进口和出口是指一国常住单位与国外之间所有的关于货物与服务的交换和无偿转让活动。对外提供货物与服务即为出口，自国外获得货物与服务即为进口。

上述核算方法及其结果最终由国内生产总值总表（见表12-2-1）来表现。应该说，不同方法的核算结果在理论上应该是一致的，但在实际工作中，由于要从不同方面搜集资料，而且有时需要对数据进行估算，因而不可避免地会导致出现统计误差。通常的处理方法是将统计误差控制在一定限度内，并列入表的相应位置上。

三、衡量收入总量的指标

收入是分配的结果。增加值代表各单位作为生产者当期所创造的价值,但价值生产者不一定是价值的最终占有者,这就是分配的作用。

分配表现为各单位之间错综复杂的收支活动。引起收入分配的原因有多种,由此产生了不同的分配收支。从分配手段看,分配所产生的收入流量包括劳动报酬、利息与红利、租金、纳税、财政拨款、为保险和社会保障目的的各种缴款、在保险和社会福利名义下的各种收支、社会性赞助与捐赠,以及各种罚没、抽彩、赌博所引起的收支等。

上述分配收支发生在经济过程中不同阶段上,对经济过程以及人们行为的影响也不相同。整个收入分配过程分为初次分配和再分配两个阶段。初次分配阶段产生的收入流量都与生产有关,是参与生产过程的结果,所得收入属于生产性收入,具体包括劳动报酬、生产税和财产收入;再分配阶段发生的收入分配则与价值创造无关,它们由各种转移性收支组成。

收入分配是在机构部门之间进行的,初次分配的结果形成原始收入,再分配的结果形成可支配收入。

1. 原始收入

原始收入是反映收入初次分配结果的收入总量。由于收入分配开始于增加值,因此计算原始收入的出发点是各机构部门的增加值,在此基础上,加减各部门在收入初次分配过程中所收入和支出的劳动报酬、财产收入和生产税,即:

原始收入 = 增加值 + 初次分配收入 − 初次分配支出

由于各种初次分配流量在各部门间具有特定的流向,因此不同部门原始收入的形成具有不同特点。如劳动报酬主要是居民部门的收入,其他部门的支出;生产税则是政府部门的收入,其他部门的支出；只有财产收入是在各部门之间交互发生的，但从数量上来看，企业部门所得到的财产收入会小于所支付的财产收入，而在居民和政府部门则恰恰相反，财产收入会大于财产收入支付。这样，和增加值的占有结果相比，企业部门对原始收入的占有比例会大大减少，居民和政府部门的占有比例则会提高。将各部门的原始收入相加总，其结果是该经济总体的国民总收入，既通常所说的国民生产总值，也就是 GNP。

从一国来说，原始收入也称国民总收入或国民生产总值（简称 GNP），用来反映一国常住单位以国内生产总值为基础参与国际间收入初次分配活动的结果，是测试该国常住单位在核算期内所得到的生产性收入总量的指标。由于国际间劳动和资本等生产要素的流动，产生了劳动和资本报酬等生产性收入在国际间的流动，该国支付给国外的劳动报酬或财产收入通常称为付给国外的要素收入，接受国外分配给该国的劳动报酬和财产收入，称为来自国外的要素收入。因此，国民总收入实际上是在国内生产总值基础上形成的，二者的关系可用下式表示：

国民总收入 = 国内生产总值 + 来自国外的要素收入
－ 付给国外的要素收入

与国内生产总值有关的另一总量是国内生产净值（简称 NDP），二者之间的差别只在于前者包括固定资本消耗，后者则扣除了这部分价值。

2. 可支配收入

可支配收入在经济分析中具有重要作用，其含义是指在收入分配过程之后各部门所有的可以用于消费和投资的收入总量。

可支配收入以原始收入为基础，同时汇集了收入再分配所产生的转移收支流量，其形成过程可用下述关系式表示：

可支配收入 = 原始收入 + 再分配收入 － 再分配支出
= 增加值 + 分配所得收入 － 分配所付支出

从整个国民经济的角度讲，称为国民可支配收入。国民可支配收入是经分配后由一国常住单位所拥有的收入总量，它既是国内各部门可支配收入的总和，又是在国内生产总值基础上加减对国外收入分配流量后求得的收入总量，其关系式为：

国民可支配收入 = 国内各部门可支配收入之和

= 国内生产总值 + （来自国外的要素收入

– 付给国外的要素收入）

+ （来自国外的转移收入 – 付给国外的转移收入）

= 国民总收入 + （来自国外的转移收入 – 付给国外的转移收入）

从去向上看，可支配收入反映一部门拥有的可能用于消费和积累的最大数额。从可支配收入中扣除实际用于消费的部分，其结余称为储蓄，它代表各部门可用于投资的自有资金。这样，可支配收入在去向上又可定义为总消费与总储蓄的总和。上述关系在国民经济层次上同样成立，即：

国民可支配收入 = 国内总消费 + 国内总储蓄

上述收入统计内容集中体现在资金流量表（一）——实物交易表（见表 12 – 2 – 3）上。该表纵列标题按机构部门分列，在每一部门之下分设使用和来源两栏，以反映该部门在收入和支出上的两类总流量；横行标题分列各相关项目。可支配收入是该表的中心，其形成过程由表的上半部分体现，其去向体现在表的下半部分。

思考与练习

一、思考题

1. 什么是国民经济核算？

2. 简述我国新国民经济核算体系的主要特点和基本构成。

3. 简述国民经济核算的基本分类有哪几种？各有什么作用？

4. 简述国内生产总值的三种计算方法？

5. 确定国民经济核算计量原则应注意哪些问题？

6. 计入国民经济生产总量的经济活动必须具备哪些基本条件？

7. 简述国内总产出、国内生产总值以及国民总收入的关系？

8. 国民可支配总收入是什么性质的指标？它与国民可支配净收入有何差异？

9. 国内生产总值表的作用主要反映在哪些方面？

10. 计算工业总产值和农业总产值分别采用哪种方法？各有什么特点？

二、计算题

1. 已知某国 1990 年和 2003 年国民经济的各部门增加值及来自国外收入资料如下表。要求按三次产业分类方法对上述资料进行再分类，计算各年份的国内生产总值和国民总收入，并观察三次产业结构的变化。

单位：10 亿美元

年　份 产业部门	1990	2003
农林牧业	28.6	72.7
采矿业	17.6	112.4
建筑业	48.9	130.7
制造业	252.2	685.2
运输通信业	62.5	207.3
电气水业	23.1	99.4
批零贸易	166.5	536.3
金融保险业	142.4	542.5
其他服务业	244.9	869.6
来自国外生产性收入净额	7.3	48.3

2. 已知某国当年国内生产总值 1 854 亿元，对国外支付劳动报酬 2 亿元，支付财产收入 38 亿元，支付经常性转移 39 亿元；来自国外的劳动报酬 6 亿元，财产收入 63 亿元，所得税收入 1

亿元，其他经常转移收入 9 亿元。要求：据此计算该时期的国民总收入和国民可支配总收入。

3. 已知某地区 2000 年固定资产折旧为 1 620 亿元，劳动报酬 3 480 亿元，生产税 1 900 亿元，生产性补贴 64 亿元，营业盈余 2 058 亿元，来自国外净要素收入 −10.8 亿元。要求：计算该地区当年的国内生产总值、国内生产净值和国民总收入。

4. 已知某国当年国内生产总值 3 440 亿元，对外支付雇员报酬 6.5 亿元，对外支付财产收入 59 亿元，对外支付经常性转移 43.2 亿元；来自国外的雇员报酬 26.3 亿元，来自国外的财产收入 112 亿元，来自国外的所得税收入 3 亿元，来自国外的其他经常转移收入 36 亿元。要求：计算该时期的国民总收入和国民可支配总收入。

|第十三章|

国民经济统计指标体系

国民经济是社会再生产各环节的总和，是一个周而复始、不断循环的宏观经济运行过程。在国民经济核算中，需要设置一系列专门的经济指标，反映国民经济的有关数量特征。总的来看，国民经济统计指标体系包括两大部分：一是反映国民经济运行过程的统计指标；一是反映国民经济运行条件及其结果的统计指标。前者属于经济流量的范畴，后者属于经济存量的范畴。本章就国民经济统计指标体系中的主要内容进行介绍。

第一节

国民经济生产指标

生产活动是国民经济中最基本的活动，是国民经济运行的首要环节。在进行生产核算时，首先要对核算主体进行分类。我国的生产核算主要是按照产业部门分类进行的。所谓产业部门分类，就是根据主产品的同质性原则对产业活动单位所进行的部门分类。产业活动单位是指在一个地点，从事一种或主要从事一种类型生产活动并具有收入和支出会计核算资料的生产单位。

我国现行的产业部门分类以最新的国家标准国民经济行业分

类（GB/T4754－2002）为基础，将国民经济的所有行业划分为
21个产业部门。它们是：农业，林业，畜牧业，渔业，工业，
建筑业，农林牧渔服务业，交通运输、仓储及邮政业，信息传
输、计算机服务和软件业，批发和零售业，住宿和餐饮业，金融
业，房地产业，租赁和商务服务业，科学研究、技术服务和地质
勘查业，水利、环境和公共设施管理业，居民服务和其他服务
业，教育，卫生、社会保障和社会福利业，文化、体育和娱乐
业，公共管理和社会组织。

　　反映国民经济生产总量的统计指标主要有：总产出、中间消
耗、增加值、国内生产总值、国内生产净值。

一、国内生产总值

　　国内生产总值是按市场价格计算的一个国家（或地区）所
有常住单位在一定时期内生产活动的最终成果。国内生产总值有
三种表现形态，即价值形态、收入形态和产品形态。从价值形态
看，它是所有常住单位在一定时期内生产的全部货物和服务的价
值超过同期投入的全部非固定资产货物和服务价值的差额；从收
入形态看，它是所有常住单位在一定时期内创造并分配给常住单
位和非常住单位的初次分配收入之和；从产品形态看，它等于最
终使用的货物和服务减去进口的货物和服务。

二、总产出

　　总产出是指常住单位在核算期内生产的货物和服务的价值总
和。总产出中既包括核算期内新增加的价值，也包括中间投入的
转移价值。它反映了国民经济各个部门生产活动的总规模。不同
产业部门总产出计算方法不同。

三、中间投入

中间投入是指常住单位在生产货物或提供服务的过程中，消耗和使用的所有原材料、燃料动力等货物和各种服务的价值。中间投入也称中间消耗，货物投入是生产过程中消耗或转换的有形的物质产品，不包括固定资产。服务投入是在生产过程中消耗的各种服务，包括金融保险、运输邮电、文化教育，等等。

四、增加值

增加值是指常住单位在生产过程中创造的新增价值和固定资产的转移价值。增加值可以按照生产法计算，也可以按照收入法计算。按生产法计算，等于总产出价值扣除中间投入价值后的余额；按收入法计算，等于劳动者报酬、生产税净额、固定资产折旧和营业盈余之和。增加值反映生产单位或部门在一定时期内生产经营活动的最终成果，也是本单位或部门对国内生产总值的贡献。

五、劳动者报酬

劳动者报酬是指劳动者从事生产活动而获得的各种形式的报酬，包括工资、奖金、福利费、实物报酬、各种补贴、津贴以及单位为劳动者缴纳的社会保险费等。个体劳动者通过生产经营获得的纯收入全部视为劳动者报酬，包括个人所得的劳动报酬和经营获得的利润。

六、生产税净额

生产税净额是生产税减生产补贴的差额。生产税是政府对生产单位从事生产、销售和经营活动，以及因从事这些活动使用某些生产要素所征收的各种税、附加费和规费。补贴是政府对生产单位在生产和经营活动中由于政策性的原因而产生的亏损所给予的财政补贴，通常有国家财政对企业的政策性亏损补贴等。与生产税相反，补贴作为负税处理。

七、固定资产折旧

固定资产折旧是指生产单位在核算期内因生产活动使用固定资产而耗损的固定资产的价值。它反映了固定资产在当期生产中的价值转移。

八、营业盈余

营业盈余是一个平衡项，等于总产出减去中间投入后，再减劳动者报酬、固定资产折旧和生产税净额后的余额。

第二节
国民经济收入分配指标

国民经济收入分配是社会再生产过程中的一个重要环节。通过分配，使生产过程所创造的社会生产成果，通过各种渠道形成各部门、各单位以及各个社会成员的货币收入，为实现国民经济生产成果的最终使用提供条件。根据核算的角度不同，可以从国民经济各部门和国民经济整体两个层次对收入分配过程加以反映。

一、反映国民经济各部门收入分配的统计指标

与生产核算中的产业部门分类不同，本节与下一节的部门分类是指按照经济活动种类和财务收支性质划分的机构部门。值得提出的是，机构部门分类与产业部门分类是我国国民经济核算体系对核算主体所做的两大基本分类，它们是根据不同分析需要而分别设置的。机构部门分类是根据机构单位所具有的基本特征进行的分类。所谓机构单位是指有权拥有资产和承担负债，能够独立地从事经济活动和与其他实体进行交易的经济实体。我国国民经济核算体系把所有常住机构单位划分为四个机构部门，即非金融企业部门、金融机构部门、住户部门和政府部门。由非常住单位组成的国外部门也视为机构部门。

国民经济收入分配具体表现为上述部门之间错综复杂的收支活动。根据这些收支活动的性质和方式的不同，收入分配一般被区分为初次分配和再分配两个阶段。

（一）反映国民经济各部门收入初次分配的统计指标

收入初次分配是指在生产过程中创造的增加值在参与生产活动的生产要素的所有者及政府之间进行的分配。也就是说，收入初次分配的对象是生产成果——增加值，参与初次分配的主体是生产要素的所有者（劳动者、资本所有者）和作为社会管理者的政府，以这些身份出现的各机构单位或各机构部门在这种分配中获取了收入。

收入初次分配是在生产领域内部进行的直接分配，因此这一阶段产生的收支流量都与生产有关，具体包括劳动者报酬、财产收入、生产税净额。通过初次分配各机构部门之间的一系列收支活动，结果形成各机构部门的原始收入，也称为初次分配总收入。

收入初次分配阶段的基本指标有：增加值、劳动者报酬、财

产收入、生产税净额、初次分配总收入。

1. 增加值

该指标的基本含义与上一节生产核算中的增加值指标一致。不同的是，在生产核算中，增加值是按产业部门计算的，在收入分配核算中，则是按机构部门计算的，两者在总量上是一致的，但在部门构成上没有直接的一一对应关系。（下面的劳动者报酬和生产税净额也如此）。

2. 劳动者报酬

该指标的基本含义与上一节生产核算中的劳动者报酬指标一致。在国内四个机构部门中，非金融企业部门、金融机构部门和政府部门是劳动要素的使用部门，因此是劳动者报酬的支出部门。住户部门是劳动要素的提供者，因此是劳动者报酬的收入部门；同时，住户部门包括个体经济，所以它又是劳动要素的使用者，因而又是劳动者报酬的支出部门。总起来看，这一流量表现为住户部门的收入，国内各机构部门的支出。联系对外经济往来，我国既对外提供劳动要素，也使用外国劳动要素，因此，既有来自国外的劳动者报酬收入，也有对国外的劳动者报酬支出。

3. 生产税净额

该指标的基本含义与上一节生产核算中的生产税净额指标一致。在国内四个机构部门中，非金融企业部门、金融机构部门和住户部门是生产税的支出部门和生产补贴的收入部门。政府部门主要是生产税的收入部门和生产补贴的支出部门，但是属于政府部门的行政单位和非营利性事业单位也支付生产税和享受生产补贴，因此，政府部门也是生产税的支出部门和生产补贴的收入部门。总起来看，生产税净额这一流量表现为政府部门的收入，国内各机构部门的支出。联系对外经济往来，我国既可能对外支付生产税和获得生产补贴，也可能从国外获得生产税和支付生产补贴，因此，既可能有来自国外的生产税净额收入，也可能有对国外的生产税净额支出。

4. 财产收入

财产收入是指金融资产或有形非生产资产的所有者向其他机构单位提供资金，或将有形非生产资产供他们支配，作为回报，从中获得的收入，其主要形式有利息、红利、地租等。在初次分配过程中，财产收入的具体流向表现得最为错综复杂，每一机构部门常常既接受来自其他部门的财产收入，又对其他部门支付财产收入。每个机构部门的财产收入净额，是该机构部门的财产收入减去财产收入支付后的差额。国内各机构部门之间的财产收入净额是相互抵消的，并不增加一国的原始收入总量。

5. 初次分配总收入

初次分配总收入是反映各机构部门在初次分配过程中所获得的总成果的指标。具体计算公式如下：

$$\text{非金融企业部门初次分配总收入} = \text{增加值} + \text{获得的财产收入} - \text{支付的劳动者报酬、生产税净额和财产收入}$$

$$\text{金融机构部门初次分配总收入} = \text{增加值} + \text{获得的财产收入} - \text{支付的劳动者报酬、生产税净额和财产收入}$$

$$\text{住户部门初次分配总收入} = \text{增加值} + \text{获得的劳动者报酬和财产收入} - \text{支付的劳动者报酬、生产税净额和财产收入}$$

$$\text{政府部门初次分配总收入} = \text{增加值} + \text{获得的生产税净额和财产收入} - \text{支付的劳动者报酬、生产税净额和财产收入}$$

（二）反映国民经济各部门收入再分配的统计指标

收入再分配是指在收入初次分配的基础上，通过经常转移所实现的收入分配，其结果形成国内各机构部门的可支配总收入。

1. 经常转移

转移是一个机构单位向另一个机构单位提供货物、服务或资产，而同时并没有从后一机构单位获得任何货物、服务或资产作为回报的一种交易。转移包括现金转移和实物转移。现金转移即一机构单位向另一机构单位支付现金，而没有从后者获得任何回报的交易；实物转移即一机构单位向另一机构单位提供货物、服务或资产（现金除外）的所有权，而没有从后者获得任何回报的交易。

现金转移和实物转移均分为经常转移和资本转移。现金转移，如果与交易一方或双方资产（存货除外）的获得与处置有关，或以此为条件，就是资本转移；实物转移，如果是资产（存货除外）所有权的转移，就是资本转移。

经常转移包括除资本转移外的所有转移，它直接影响可支配收入。其形式有收入税、社会保险付款、社会补助和其他经常转移四项。

2. 可支配总收入

可支配总收入，是指各机构部门在收入再分配过程中所获得的总成果，它反映了各部门参与收入初次分配和再分配的最终结果。某机构部门的可支配总收入等于该部门的初次分配总收入加上该部门经常转移收入减去该部门经常转移支付。

$$\text{某机构部门可支配总收入} = \text{该部门初次分配总收入} + \text{该部门经常转移收入} - \text{该部门经常转移支出}$$

二、反映国民经济总体收入分配的统计指标

（一）反映国民经济总体收入初次分配的统计指标

1. 国民总收入

国民总收入，等于国内各机构部门初次分配总收入之和。其计算公式为：

$$\text{国民总收入} = \text{非金融企业部门初次分配总收入} + \text{金融机构部门初次分配总收入} + \text{政府部门初次分配总收入} + \text{住户部门初次分配总收入}$$

如前所述，一国常住单位（国内各机构部门）从事生产活动所创造的增加值在初次分配中主要分配给该国的常住单位，但也有一部分以劳动者报酬、生产税净额和财产收入的形式分配给非常住单位（国外部门），同时非常住单位创造的增加值也有一

部分以上述形式分配给该国的常住单位。在汇总初次分配总收入有关资料的过程中可以看到，国内各个机构部门之间的初次分配收、支流量总是相互抵消的，只有发生在常住单位与非常住单位（国内与国外）之间的初次分配收、支流量才会影响到整个国民经济的原始收入总量。因此，国民总收入的核算公式可以表示为：

$$\begin{aligned}\text{国民总收入} = &\text{国内生产总值} + \left(\begin{array}{c}\text{来自国外的}\\\text{劳动者报酬}\end{array} - \begin{array}{c}\text{支付国外的}\\\text{劳动者报酬}\end{array}\right)\\&+ \left(\begin{array}{c}\text{来自国外的}\\\text{生产税净额}\end{array} - \begin{array}{c}\text{支付国外的}\\\text{生产税净额}\end{array}\right)\\&+ \left(\begin{array}{c}\text{来自国外的}\\\text{财产收入}\end{array} - \begin{array}{c}\text{支付国外的}\\\text{财产收入}\end{array}\right)\end{aligned}$$

$$\text{或} = \text{国内生产总值} + \text{来自国外的要素收入净额}$$

从上面的公式可以看出，国民总收入与国内生产总值是两个不同的概念。国内生产总值是个生产概念，反映所有常住单位在一定时期内生产活动的最终成果；国民总收入则是收入概念，反映了所有常住单位在一定时期内初次分配的总成果。

2. 国民净收入

国民净收入，等于国民总收入减去国民经济所有部门的固定资产折旧。国民净收入与国民总收入都是核算初次分配的指标。不同的是，国民总收入核算的是包括折旧在内的各部门的原始总收入，国民净收入核算的是不包括折旧的原始净收入，可表示为：

$$\text{国民净收入} = \text{国民总收入} - \text{固定资产折旧}$$
$$= \text{国内生产净值} + \text{来自国外的要素收入净额}$$

（二）反映国民经济总体收入再分配的统计指标

1. 国民可支配总收入：等于国内各机构部门可支配总收入之和。其计算公式为：

$$\begin{aligned}\text{国民可支配总收入} = &\begin{array}{c}\text{非金融企业部门}\\\text{可支配总收入}\end{array} + \begin{array}{c}\text{金融机构部门}\\\text{可支配总收入}\end{array}\\&+ \begin{array}{c}\text{政府部门可}\\\text{支配总收入}\end{array} + \begin{array}{c}\text{住户部门可}\\\text{支配总收入}\end{array}\end{aligned}$$

在再分配过程中，经常转移除了在国内各机构部门（常住单位）之间发生外，还可能在国内各机构部门与国外部门（常住单位与非常住单位）之间发生。也就是说，国内各机构部门的经常转移收入除了从国内部门获得外，还可能从国外部门获得；同时，国内各机构部门的经常转移支出除了向国内部门支付外，也可能向国外部门支付。将国内各机构部门的可支配收入加总后，彼此之间的经常转移收支将相互抵消，只有发生在国内部门与国外部门之间的经常转移收、支才会影响到国民经济总体的可支配收入数量。因此，国民可支配总收入的核算公式可以表示为：

$$\frac{\text{国民可支}}{\text{配总收入}} = \frac{\text{国民}}{\text{总收入}} + \frac{\text{来自国外的}}{\text{经常转移收入}} - \frac{\text{支付国外的}}{\text{经常转移收入}}$$

$$\text{或} = \text{国民总收入} + \text{来自国外的经常转移收入净额}$$

$$= \frac{\text{国内生}}{\text{产总值}} + \frac{\text{来自国外的}}{\text{要素收入净额}} + \frac{\text{来自国外的经常}}{\text{转移收入净额}}$$

国民可支配总收入反映了国内所有常住单位再分配的最终成果，从使用去向看，它又反映了一国可以用于最终消费和总储蓄的最大数额。

2. 国民可支配净收入：等于国民可支配总收入减去国民经济所有部门的固定资产折旧，可表示为：

$$\text{国民可支配净收入} = \text{国民可支配总收入} - \text{固定资产折旧}$$

$$\text{或} = \text{国民净收入} + \text{来自国外的经常转移收入净额}$$

第三节

国民经济收入使用指标

在社会再生产的运动中，生产创造的价值，经过收入的初次分配和再分配后，便进入最终使用阶段。如前所述，国内各机构部门参与收入分配的最终结果是形成了各部门的可支配总收入。

从可支配总收入的使用来看，一部分用于最终消费，另一部分则用于储蓄，储蓄的进一步使用去向主要是非金融投资。本节主要介绍最终消费和非金融投资两大领域的有关统计指标。

一、反映最终消费的统计指标

生产活动的最终目的是为居民个人和社会公众提供各种最终消费的货物和服务。参与最终消费的主体是具有消费功能的各机构单位或部门。在国内四大机构部门中，只有住户部门和政府部门参与最终消费核算。

根据考察消费的标准不同，最终消费有最终消费支出和实际最终消费两种含义。最终消费支出是遵循最终承担支出的原则定义的，而实际最终消费是以消费对象的实际获得为标准定义的。前者是指由购买者向出售者购买货物和服务所支付的价值，后者是指消费者实际获取的货物与服务的价值。在实际核算中，多数情况下货物与服务的购买者也即是获得者，但在有些情况下，承担支出者不一定就是货物与服务的获得者。比如，政府向居民提供免费教育服务而承担的支出，支出者是政府，获得者却是居民。因此，在进行最终消费统计时有必要同时核算最终消费支出和实际最终消费。概括起来看，反映最终消费的指标主要有：居民最终消费支出、政府最终消费支出、居民实际最终消费、政府实际最终消费。

1. 居民最终消费支出

居民最终消费支出，是指常住居民在核算期内直接购买消费性货物和服务所发生的支出。

从消费对象的性质来看，居民消费支出包括以下内容：（1）耐用消费品支出，耐用消费品是指那些在生活过程中长期存在反复使用的消费性货物，如家用电器、汽车等；（2）非耐用消费品支出，非耐用消费品是指那些一次性地或短期用于消费的物品，如食品、服装、药品、化妆用品等；（3）消费性服务支出，是指满足个人文化、卫生、交通等方面需要的服务支出，如学杂费、医疗保健费、文化娱乐费、交通邮电通讯费、修理费等。

从消费构成范围来看包括：（1）商品性消费，即居民购买的用于生活消费的各种货物；（2）文化生活服务性消费，即居民用于生活消费的各种文化服务性支出；（3）住房及房租水电煤气消费（包括私人自有住房服务）；（4）居民自给性消费，即居民核算期内自产自用的货物；（5）居民实物收入，即居民从工作单位以劳动报酬或免费或低于市场价格得到的生活消费品（按差价计算）和以其他各种形式得到的各种货物；（6）公费医疗的消费；（7）居民对集体福利的消费；（8）居民对金融媒介服务和保险服务的消费等。

2. 政府最终消费支出

政府最终消费支出是指由政府部门承担费用，对社会公众提供的消费性货物和服务的价值。按照职能划分，政府最终消费支出包括教育、卫生保健、社会保险和福利、体育和娱乐、文化教育等方面。从受益对象考虑，政府最终消费支出要区分为用于居民的和用于公共服务的两部分。用于居民的货物与服务消费支出是指政府部门为向居民家庭和个人提供货物和服务而承担的支出，其受益者是特定的居民家庭或某类（个）人，如接受政府救济的受灾居民，接受免费教育的受教育者等；用于公共服务的消费支出是指政府部门为向整个社会提供公共性服务而承担的支出，如政府在安全和防务方面的支出、立法和维护社会秩序方面的支出、环境保护方面的支出等，社会所有成员都会从这类服务中受益。

3. 居民实际最终消费

居民实际最终消费是指居民个人通过支出和实物社会转移从政府部门实际获得的所有消费性货物与服务的价值。由于居民的真实消费水平不仅取决于居民本身承担消费支出的货物和服务数量，还取决于政府部门提供的个人消费货物和服务数量。因此，居民最终消费支出指标不能准确地反映居民的真实消费水平，必须在此基础上加上政府以实物社会转移形式向居民个人提供的消费性货物和服务。居民实际最终消费与居民最终消费支出之间的关系可以表示为：

$$\begin{matrix}\text{居民实际} \\ \text{最终消费}\end{matrix} = \begin{matrix}\text{居民最终} \\ \text{消费支出}\end{matrix} + \begin{matrix}\text{政府对居民个人的} \\ \text{实物社会转移}\end{matrix}$$

由于各个国家或同一国家在不同时期实行的社会福利政策不同，政府以实物社会转移形式向个人提供的货物和服务的价值也不同，如果国际间仅以居民最终消费支出对居民的生活水平进行比较，可比性不强，而居民实际最终消费则具有较高的可比性。

4. 政府实际最终消费

政府实际最终消费等于政府最终消费支出减去政府以实物社会转移提供给居民个人的货物和服务支出。如前所述，政府最终消费支出包括两部分：一部分是政府用于居民的货物与服务消费支出，这部分支出即为政府对居民的实物社会转移，应计入居民实际最终消费；另一部分则是政府用于公共服务的消费支出，这部分支出即为政府部门的实际最终消费。政府实际最终消费与政府最终消费支出之间的关系可以表示为：

$$\begin{matrix}\text{政府实际} \\ \text{最终消费}\end{matrix} = \begin{matrix}\text{政府最终} \\ \text{消费支出}\end{matrix} - \begin{matrix}\text{政府对居民的} \\ \text{实物社会转移}\end{matrix}$$

上述指标是从机构部门角度加以反映的，若从国民经济总体的角度看则有：

最终消费支出 = 居民最终消费支出 + 政府最终消费支出

实际最终消费 = 居民实际最终消费 + 政府实际最终消费

并且，国民经济总体的最终消费支出与实际最终消费总是相等的。

二、反映非金融投资的统计指标

非金融投资又叫非金融资产投资，是指核算期内发生的各种非金融资产的净积累。我国国民经济核算把非金融资产划分为三类，即固定资产、存货和其他非金融资产。相应地，非金融投资就包括固定资本形成、存货增加和其他非金融资产获得减处置。其中，固定资本形成和存货增加又合称为资本形成。从非金融投资的资金来源看，主要包括两个方面，一个是储蓄，一个是资本转移。

（一）反映非金融投资资金来源的统计指标

1. 储蓄

按是否包括固定资本消耗，储蓄可分为总储蓄和净储蓄两个项目。从各机构部门看，总储蓄是指各机构部门可支配总收入扣除最终消费后的剩余部分，是各机构部门进行投资活动的主要资金来源。由于非金融企业部门和金融机构部门没有最终消费，这两个部门的总储蓄等于它们的可支配总收入。政府部门和住户部门总储蓄的计算公式为：

政府部门总储蓄＝政府部门可支配总收入－政府最终消费支出

住户部门总储蓄＝住户部门可支配总收入－居民最终消费支出

从国民经济总体看，国内各机构部门总储蓄之和即为国民总储蓄，也可表示为国民可支配总收入扣除最终消费后的余额。国民净储蓄等于国民总储蓄减去固定资产折旧，也等于国民可支配净收入减去最终消费支出。计算公式为：

$$\frac{\text{国民}}{\text{总储蓄}} = \frac{\text{非金融企业}}{\text{部门总储蓄}} + \frac{\text{金融机构}}{\text{部门总储蓄}} + \frac{\text{政府部门}}{\text{总储蓄}} + \frac{\text{住户部门}}{\text{总储蓄}}$$

或＝国民可支配总收入－最终消费支出

国民净储蓄＝国民总储蓄－固定资本折旧

或 = 国民可支配净收入 - 最终消费支出

2. 资本转移

资本转移是指一个部门无偿地向另一个部门支付用于非金融投资的资金，是一种不从对方获取任何对应物作为回报的交易。资本转移具有不同于经常转移的两个特征，一是转移的目的用于投资，而不是用于消费；二是资本转移其实物形式往往涉及除存货和现金以外资产所有权的转移；其现金形式往往涉及除存货以外的资产的处置。资本转移包括投资性补助和其他资本转移。

从各机构部门来看，获取的资本转移记为该部门的资本转移应收额，出让的资本转移记为该部门的资本转移应付额。各部门应收资本转移与应付资本转移相减的差额，形成该部门的资本转移收入净额，它也是各部门非金融投资的资金来源。从国民经济总体来看，其资本转移收入净额，应该等于来自国外的资本转移与付给国外的资本转移的差额。因为从一国来看，国内各机构部门之间的资本转移会作为内部流量收支相抵，扣除这些内部流量后，对一国起作用的就是来自国外的资本转移和付给国外的资本转移，两者相减的差额又称为来自国外的资本转移收入净额。

（二）反映非金融投资的统计指标

1. 固定资本形成总额

固定资本形成总额是指常住单位在一定时期内购置、转入和建造的固定资产，扣除旧固定资产的销售和转让后的价值。固定资产是通过生产活动生产出来的、使用期限在一年以上、单位价值在固定标准以上的资产，不包括自然资产。固定资本形成总额可分为有形固定资本形成总额和无形固定资本形成总额。有形固定资本形成总额包括在一定时期内完成的建筑工程、设备安装工程和设备购置（减处置）的价值，以及土地改良、新增役、种、奶、毛、娱乐用牲畜和新增经济林木的价值。无形固定资本形成总额包括矿藏勘探的支出、计算机软件等的获得减处置的价值。

2. 存货增加

存货增加是指常住单位存货实物量变动的市场价值，等于存货的期末价值减期初价值，再扣除由于当期价格变动而产生的持有收益。存货增加可以是正值，也可以是负值，正值表示存货增加，负值表示存货减少。存货包括生产单位从其他单位购买的原材料、燃料和储备物资，以及生产单位生产的产成品、半成品和在制品等。

在我国核算体系中，上述固定资本形成总额和存货增加之和即为资本形成总额，它是各机构部门非金融投资的主要部分。各机构部门的非金融投资除了资本形成外，还包括其他非金融资产的获得减处置。

3. 其他非金融资产的获得减处置

其他非金融资产指非金融资产中除固定资产和存货以外的部分，它包括土地、地下资产等有形非生产资产和专利、商誉等无形非生产资产。其他非金融资产的获得减处置指通过购买、易货交易、实物资本转移获得的上述非生产资产减去通过出售、易货交易、实物资本转移处置的上述非生产资产的差额。

（三）净金融投资

净金融投资反映机构部门或经济总体资金富余或短缺的状况。它等于各机构部门的总储蓄、资本转移收入净额之和与非金融投资之间的差额。其中，非金融投资为资本形成总额与其他非金融资产的获得减处置之和。净金融投资的计算公式为：

净金融投资 =（总储蓄 + 资本转移收入净额）- 非金融投资

　　　　　 =（总储蓄 + 资本转移收入 - 资本转移支出）

　　　　　　 -（资本形成总额 + 其他非金融资产的获得减处置）

由于受资料来源的限制，我国目前暂不对其他非金融资产的获得减处置进行测算，所以上述公式可简化为：

净金融投资 = 总储蓄 + 资本转移收入净额 - 资本形成总额

从各机构部门来看，如果一部门的净金融投资大于0，表明该部门当期资金来源大于非金融投资，形成资金盈余。相反，如果一部门净金融投资小于0，则表明资金来源小于非金融投资，形成资金缺口。资金盈余的部门要在金融市场上出借资金，资金不足的部门则要在金融市场上借入资金。从国民经济总体来看，国内各机构部门之间的借入和贷出会相互抵消，整个经济总体的资金盈余或资金不足一定要到国外金融市场上去寻找解决办法。因此，经济总体的净金融投资应该等于国外部门的净借出或净贷入。

第四节

国民经济运行条件指标

国民经济运行条件指标包括人口与劳动力资源统计指标、自然资源统计指标、资产负债统计指标。

一、人口与劳动力资源统计指标

(一) 人口统计指标

1. 人口数量统计指标

（1）人口总数：是指一定时点、一定地区范围内的有生命的个人的总和。它是一个时点指标，说明特定时点上的人口规模。我国年度统计的年末人口数，是指每年12月31日24时的人口数。

（2）平均人口数：是指某一时期内的各个时点人口的平均数。它是一个时期指标，可以代表计算期内任一时点的人口数，是计算人口出生率、死亡率、迁入率、迁出率等指标的基础数据。

（3）现有人口：是指在一定的统计时点上居住在该地域范围内的全部人口，包括外来暂住人口，不包括本地暂时外出的人口。

（4）常住人口：是指在常住地公安机关有户籍登记的人口，包括居住本地暂时外出的人口，不包括外地人在本地暂时居住的人口。

研究人口总数必须区别现有人口和常住人口两个指标。在全国，由于临时进出国境人数有限，常住人口与现有人口常常出入不大；在地区，二者可能有很大出入。两个指标的数量关系如下：

$$现有人口 = 常住人口 + 外来暂住人口 - \frac{常住人口中}{临时外出人口}$$

（5）人口密度：是指一定地区的人口数与该地区的面积数之比，是用每平方公里的人口数来表示的，它是反映一个国家或地区人口稠密程度的指标。其计算公式为：

$$人口密度（人/平方公里） = \frac{某地区人口数（人）}{该地区土地面积（平方公里）}$$

2. 人口变动统计指标

引起人口数量变动的原因可归为两类：一是由于出生和死亡引起的人口数量的增加或减少，即人口的自然变动；二是由于人口的迁移引起人口数量的增加或减少，即人口的机械变动。

（1）出生人数：是指在一定时期内出生后有生命现象的婴儿总数，是一个反映人口出生绝对数量的时期指标。

（2）出生率：是指一定时期内（通常为 1 年）出生人数与同期平均人数的比率，通常用千分数表示。其计算公式为：

$$出生率（‰） = \frac{年出生人数}{年平均人口数} \times 1\,000‰$$

（3）死亡人数：是指一定时期内由于疾病、事故等原因，失去生命的全部人数，是一个反映人口死亡绝对数量的时期指标。

（4）死亡率：是指一定时期内（通常为 1 年）死亡人数与同期平均人数的比率，通常用千分数表示。其计算公式为：

$$死亡率（‰）= \frac{年死亡人数}{年平均人口数} \times 1\,000‰$$

（5）人口自然增长量：是指在一定时期内出生人数与死亡人数之差，也称净增（减）人数。

（6）人口自然增长率：是指一定时期内（通常指 1 年）人口自然增长量与年平均人数的比率，通常用千分数表示。其计算公式为：

$$人口自然增长率（‰）= \frac{全年出生人数 - 全年死亡人数}{年平均人数} \times 1\,000‰$$

$$= 年出生率（‰） - 年死亡率（‰）$$

（7）迁入人口数：是指在一定时期内已在新住地的户口管理机关办妥了户籍迁入手续的人口数。

（8）迁出人口数：是指在一定时期内已在原常住地户口管理机关办理了迁出手续的人口数。

（9）净迁入人数：是指在一定时期内迁入人数与迁出人数之差。

（10）人口迁入率：是指在一定时期内迁入人口数与该时期平均人口数的比率，通常用千分数表示。其计算公式为：

$$人口迁入率（‰）= \frac{一定时期迁入人口数}{该时期平均人口数} \times 1\,000‰$$

（11）人口迁出率：是指在一定时期内迁出人口数与该时期平均人口数的比率，通常用千分数表示。其计算公式为：

$$人口迁出率（‰）= \frac{一定时期迁出人口数}{该时期平均人口数} \times 1\,000‰$$

（12）净迁移率：是指在一定时期内迁入人口数与迁出人口数相抵后的差额与该时期平均人口数的比率，也称人口机械变动率或人口迁移变动系数。其计算公式为：

$$净迁移率（‰）=\frac{一定时期的迁入迁出人口差额}{该时期平均人口数}×1\,000‰$$

$$=人口迁入率-人口迁出率$$

（13）总迁移率：是指在一定时期内迁移的总人数与该时期平均人口数的比率，是反映人口迁移变动总规模的相对指标。其计算公式为：

$$总迁移率（‰）=\frac{一定时期的迁入迁出总人口数}{该时期平均人口数}×1\,000‰$$

$$=人口迁入率+人口迁出率$$

（14）人口增长量：是指人口自然增长量与净迁入人数之和，反映了人口在一定时期增长的总规模，包括人口的出生、死亡所引起的自然增长的规模，以及由于迁出、迁入引起的机械增长的规模。

（15）人口增长率：是指人口自然增长率与净迁移率之和，反映在一定时期内人口增长程度，它受到人口自然变动和人口机械变动两方面因素的影响。

3. 人口构成统计指标

研究人口规律，制定人口政策必须分析研究人口的各种构成。人口构成就是在人口总数指标的基础上，根据不同标志进行分组考察的结果，其基本表达方式有两种，一种是用各组数据与整体数据相比而求得的结构相对指标，一种是用各组数据之间相比而求得的比例相对指标。常用的人口构成指标包括以下几个方面：

（1）人口性别构成：是指男性人口数与女性人口数的比例。一般有两种表示方法。一种是以女性人口数为分母，计算相对于每百名女性的男性人口数；另一种是以全部人口数为分母，分别计算男性人口数和女性人口数所占的百分比。

（2）人口年龄构成：是指各个年龄段上的人口数占人口总数的比重。

（3）人口地区构成：是指各地区人口数占人口总数的比重。

人口城乡构成是一种特殊的人口地区构成，是指按居住地分组的城镇人口和非城镇人口的比例或分别占人口总数的比重。

（4）人口民族构成：是指各个民族的人口数占人口总数的比重。有关人口民族构成的统计数据，对于国家制定民族政策、规划各民族地区人口和经济发展具有重要意义。

（5）人口文化教育构成：可从两个角度加以表现，一是用全部人口中受教育人数所占的比重来表示，同时还可按受教育层次分别观察，例如，每万人中的大学生数；二是用文盲率来表示，即在15岁以上人口中没有读写能力的文盲人数所占的比重。这些数据对于分析一国经济前景、国际竞争力，以及社会发展程度具有重要意义。

（二）劳动力统计指标

1. 劳动适龄人口

劳动适龄人口是指在法定的劳动年龄范围内的人口数。我国目前规定的劳动年龄界限为男性16~60岁，女性16~55岁。劳动适龄人口是计算劳动力资源最基本的指标，但它只考虑了年龄界限，在实际统计中还要考虑能力界限。

2. 劳动力资源总数

劳动力资源总数是指在劳动年龄内具有劳动能力的人口数，以及不足或超过劳动年龄而实际经常参加社会劳动并取得劳动报酬或经营收入的人口数，它能反映一个国家或地区可供利用的劳动力资源总规模。其计算公式为：

$$\text{劳动力资源总数} = \text{劳动适龄人口（未包括现役军人和服刑犯人）} - \text{劳动适龄人口内丧失劳动能力的人数} + \text{不足或超过劳动年龄常年参加社会劳动的人口数}$$

劳动力资源的构成见图 13-4-1。

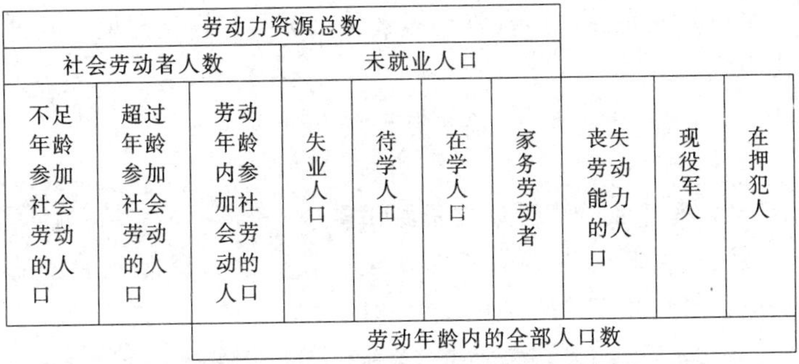

劳动力资源总数									
社会劳动者人数			未就业人口						
不足年龄参加社会劳动的人口	超过年龄参加社会劳动的人口	劳动年龄内参加社会劳动的人口	失业人口	待学人口	在学人口	家务劳动者	丧失劳动能力的人口	现役军人	在押犯人
		劳动年龄内的全部人口数							

图 13 - 4 - 1　劳动力资源结构图

3. 社会劳动者人数

社会劳动者人数又称在业人口，指劳动力资源中实际参加社会劳动并取得劳动报酬或经营收入的人口，反映一个国家或地区实际在使用的劳动力的总规模。

4. 劳动力资源利用率

劳动力资源利用率是指实际参加社会劳动人数占劳动力资源总数的比率，反映社会劳动力资源的利用状况。其计算公式为：

$$劳动力资源利用率 = \frac{社会劳动者人数}{劳动力资源总数} \times 100\%$$

5. 劳动力资源平均受教育年限

劳动力资源平均受教育年限是指一个国家或地区劳动力资源受教育年限的一般水平。按一般学制，受教育年限分为：小学6年，初中9年，高中12年，大专15年，大学16年。劳动力资源平均受教育年限数值越大，表明该地区或国家劳动力平均文化程度越高。其计算公式为：

$$劳动力资源平均受教育年限 = \frac{\sum(某一受教育年限 \times 该年限人数)}{劳动力资源总数}$$

6. 劳动力资源平均年龄

劳动力资源平均年龄是指一个国家或地区劳动力资源年龄的

一般水平，反映劳动力资源整体素质状况及年轻化程度。其计算公式为：

$$\frac{劳动力资源}{平均年龄} = \frac{\sum (各年龄组中值 \times 该年龄组人口数)}{劳动力资源总数}$$

7. 城镇（乡村）劳动力资源比重

城镇（乡村）劳动力资源比重表明劳动力资源在城乡的分布状况，可反映国家或地区城镇化的进程。其计算公式为：

$$\frac{城镇（乡村）劳}{动力资源比重} = \frac{城镇（乡村）劳动力资源数}{劳动力资源总数} \times 100\%$$

二、自然资源统计指标

自然资源是指人类可以直接从自然界获得，并用于生产和生活的物质资源。由于自然资源是自然界赋予的天然财富，不是人类劳动的产物，难以用价值估量，因此，自然资源统计多采用实物指标。自然资源按照属性和经济用途不同，主要可分为土地资源、森林资源、矿产资源和水资源。

（一）土地资源统计指标

土地是人们生存和发展的基本条件，是一个国家的重要物质财富。土地的数量、质量、开发利用状况对一个国家的社会经济发展具有重大影响。土地资源统计主要反映土地资源的数量、构成及开发利用等状况。

1. 土地资源总量指标

土地总面积：是指一个国家或地区的领土主权范围内的全部土地面积，包括陆地面积和水域面积，计量单位可用平方公里、公顷、亩等。土地面积可根据不同的需要进行分类，最基本的分类是按其用途分为农业用地和非农业用地两部分。其中，农业用地包括耕地、园地、林地、牧草地、可养殖水面及其他农业用地；非农业用地包括工厂矿山和运输用地、城镇用地、各种特殊用地（如国防用地、疗养地、自然保护区等）和国家掌握目前尚未利用的土地等。

2. 土地资源的构成及利用指标

土地资源构成指标是指各类土地面积占土地总面积的比重，常用的指标有：

（1）土地利用率：是指已被利用的土地面积占土地总面积的比重，表明土地已被利用的程度和土地利用的潜力。

（2）土地垦殖率：是指耕地面积占土地总面积的比重，反映土地资源与种植业发展的关系。

（3）农业用地比重：是指农业用地面积占土地总面积的比重，表明农业生产在国民经济中的相对规模。

（4）草原覆盖率：是指草原面积占土地总面积的比重，反映一个国家或地区草原资源的丰富程度。

（二）森林资源统计指标

森林资源是指一国领土范围内自然生长和人工营造的森林的总称。森林资源数量可以用面积表示，也可以用材量来表示。

1. 从面积角度分析森林资源的统计指标

（1）森林总面积：包括林木覆盖的面积和无林地面积。无林地面积是指森林中沼泽地、草原、湖泊等无树木覆盖的土地面积。因此，森林总面积指标仅能粗略地反映森林资源数量。

（2）森林覆盖面积：又称森林面积或实有森林面积、郁闭林面积，是指拥有的郁闭度在 0.3 以上，或生长稳定、每亩成活保存株数大于或等于合理造林株数 85% 的自然林和人工林面积，是说明森林资源数量的基本指标。

（3）森林密度：是指森林覆盖面积和森林总面积之比，它可粗略地反映林区内森林生长的质量情况。更精确的森林密度指标用单位面积的树木棵数表示。

（4）森林覆盖率：是指森林覆盖面积占土地总面积的比重，反映一个国家或地区森林资源的丰富程度。

2. 从材量角度分析森林资源的统计指标

（1）木材蓄积量：又称林木蓄积量，是指一定森林面积上生长着的林木树干可能出材的材积总量，是反映一个国家或地区森林资源总规模和水平的重要指标。木材蓄积量一般采用抽样调查的方法进行推算，其计算公式为：

$$木材蓄积量（立方米）= \frac{平均每株}{的材积量} \times \frac{单位面积上}{的平均株数} \times 森林面积$$

（2）林木生长量：是指每年材积依树龄增加的数量，通常用年末的林木蓄积量减去年初的林木蓄积量来求得。

（3）森林采伐量：是指一定时期内实际采伐林木的数量。

（4）木材蓄积利用系数：是采伐量和蓄积量之比，反映森林资源利用和保有情况。

（5）林木采伐生长比例：是采伐量和生长量之比，反映森林资源的材量增减趋势。

（三）矿产资源统计指标

1. 矿产资源

矿产资源是指已探明的，埋藏在地下或分布在地表，在经济上有开采和利用价值的矿物原料和能源。矿产资源包括金属矿产资源和非金属矿产资源，按矿种又可分为：（1）黑色金属；（2）有色金属；（3）贵金属；（4）稀有、分散及放射性矿产；（5）燃料资源（如煤、油页岩、石油、天然气、泥煤）；（6）特种非金属矿产；（7）冶金辅助原料非金属矿产；（8）化工原料非金属矿产；（9）建工原料非金属矿产；（10）其他非金属矿产。

2. 矿产储量

矿产储量是指经过地质普查和勘探工作，用一定方法计算出来的，埋藏在地质体内呈自然状态的有用矿产数量。矿产储量按勘探和研究程度可分为四级。

A 级：是指矿山编制开采计划依据的储量。

B 级：是指矿山建设前期开采地段设计依据的储量。

C 级：是指矿山建设设计依据的主要储量。

D 级：是指作为进一步布置地质勘探工作和矿山建设远景规划的储量。

矿产储量的主要统计指标有：

（1）探明储量：是指在一定区域内已经全部探明的储量，包括上述 A、B、C、D 各级储量之和，是反映矿产资源原始储量的指标。

（2）矿产的开采量：是指已经完成采矿最后生产过程，从采矿掌子爆破（或冲采、挖掘）下采的全部矿石量，它是反映已开采规模的主要指标。

（3）矿产的损失量：是在矿山开采过程中因矿下作业的各种原因，以及因自然灾害等原因未能取得产量而损失的矿产储量，不包括地面运输及选矿过程中造成的损失。

（4）保有储量：是指矿产资源的已有探明储量，扣除矿藏的已开采量和损失量后的剩余的矿藏储量，它是表明国家矿产资源现状的重要指标，一般统计上有期初保有储量和期末保有储量。其计算公式为：

$$\text{年末保有储量} = \text{年初保有储量} \pm \text{年内因普查勘探重算等原因增减量} - \text{年内开采量} - \text{年内损失量} - \text{其他原因减少量}$$

（5）矿产储量动态指标：是年末保有储量和年初保有储量之比，反映矿产储量的变动趋势和程度。其计算公式为：

$$\text{矿产储量动态指标} = \frac{\text{年末保有储量}}{\text{年初保有储量}}$$

（四）水资源统计指标

水资源是指一个国家或地区的地表水、地下水及其他水系的储量，主要包括水域资源和水力资源。水域资源包括海洋、江河、湖泊、地下水等资源；水力资源是指被查明的河流水能的储量，它是从自然界取得电力和机械动力的重要来源。

1. 水域资源统计指标

水域资源总量通常用年降水量和年径流量表示。

（1）年降水量：是指一年内自然降落的雨、雪等水量，可以用积存的体积（立方米）计量，也可以用降水的深度（毫米）计量。

（2）年径流量：是指 1 年内在内陆土地上降水后，从地表或地下排泄的水流量，以立方米作为计量单位，表示可供应的用水量。把径流量与人口数或土地面积相比所得的人均径流量或平均每亩土地的径流量指标，可以反映水域资源的供应水平。

2. 水力资源统计指标

（1）水力资源蕴藏量：又称为理论水力资源或潜在水力资源量，是指江、河、湖、海、水库等水资源中可供发电的水力蕴藏数量，是用于反映一个国家或地区水力资源总规模的指标。

（2）水力资源有效利用量：又称可开发水力资源量，是指水力资源蕴藏量中可以被开发利用的水利能力，可从水力蕴藏量中扣除可能的损失来求得。

（3）水力资源有效利用系数：是指水力有效利用量与水力蕴藏量的比值，反映水力资源的利用程度。其计算公式为：

$$水力有效利用系数 = \frac{水力有效利用量}{水力蕴藏量}$$

三、资产负债统计指标

资产负债统计中的资产指的是经济资产。经济资产是指同时具备以下条件的资产：（1）资产所有权已经确定；（2）资产所有者能够在一定时期内持有、使用或处置，即能对所拥有的资产进行有效地控制，并能够在现在或可预见的将来获得经济利益。中国国民经济核算体系（2002）在资产负债核算中把资产分为非金融资产和金融资产两大类。

（一）非金融资产

非金融资产是除金融资产以外的经济资产。按联合国1993年 SNA 的分类法，将非金融资产划分为生产资产和非生产资产两种类型。生产资产是作为生产过程的产出而形成的非金融资产，包括固定资产、存货和珍贵物品；非生产资产是通过生产过程以外的方式形成的非金融资产，包括有形非生产资产，如土地、地下资产、非培育森林等，还包括无形非生产资产，如专利权、商标权、商誉等。

我国资产负债核算将非金融资产划分为固定资产、存货和其他非金融资产三类，分述如下。

1. 固定资产

固定资产是指在生产过程中被重复或连续使用一年以上、单位价值在规定标准以上的生产资产，由有形生产资产和无形生产资产组成。有形生产资产主要包括住宅、非住宅建筑物、机器设备、培育资产和大牲畜等；无形生产资产主要包括矿藏勘探、计算机软件、娱乐和文学艺术品原件等。固定资产是净值的含义，它等于固定资产原值减去累计折旧，再加上在建工程。

2. 存货

存货是指用于生产耗用、经营销售、行政管理而储存的各种产品。包括原材料、在制品、半成品和产成品、商品库存、其他库存（如物资储备等）。

3. 其他非金融资产

其他非金融资产是指生产过程以外的方式产生的非金融资产，包括有形资产和无形资产。有形资产包括土地、森林、水、地下矿藏等自然资源，无形资产主要指专利权、商标权、商誉等。

（二）金融资产与负债

1. 国内金融资产与负债

国内金融资产与负债是指所有常住机构单位之间除非金融资产以外的各种资产和负债。具体包括以下类别：

（1）通货：是指以现金形式存在于市场流通领域中的货币，包括本币和外币。通货是持有者的资产，是发行货币机构（通常为中央银行）的负债。对于外币现钞，则是国外部门的负债。

（2）存款：是指机构单位把货币资金存入银行或其他金融机构，在一定时期内收回本金并取得一定利息收入的一种信用活动形式。存款主要包括活期存款、定期存款、城乡居民储蓄存款、企业存款、财政存款、外汇存款和其他存款等。存款是存款方的资产，是金融机构的负债。

（3）贷款：是指银行或其他金融机构在一定时期内为各机构单位提供货币资金，并按期限收回本金、收取一定利息的一种信用活动。贷款主要包括短期贷款、中长期贷款、企业贷款、财政借款、外汇贷款和其他贷款。贷款是金融机构的资产，是受款方的负债。

（4）股票及其他股权：是指股票购买者及直接投资者对其投资企业净资产所拥有的权益。股票是股份公司签发的证明股东投资并按其所持股份享有权益和承担义务的权益性证券。其他股权是机构单位以直接投资方式用除股票、债权性证券以外的土地、房屋及建筑物、机器设备、存货、资源资产等实物资产，以及以商标、专利权、土地使用权、特许使用权、商誉等无形资产及货币资金直接向其他单位或部门的投资。通常以股权证、出资证明书、参与证或类似的单据为凭证。股票是购买者的资产，是发行机构的负债；股权是投资方的资产，是接受投资方的负债。

（5）证券（不含股票）：是指由债券购买者承购的或因销售产品而拥有的可在金融市场上交易的代表一定债权的书面证明。

包括政府债券、金融债券、企业债券、商业票据、支付固定收入但不提供法人企业残余价值分享权的优先股等。证券是承购者或持有者的资产，是发行机构或承兑机构的负债。

（6）保险准备金：是指对人寿保险准备金和抚恤金的净权益、保险费预付款和未结索赔准备金。主要包括未决赔款准备金、未到期责任准备金、长期责任准备金、寿险责任准备金和长期健康险责任准备金。保险准备金是投保人或机构的资产，是保险机构的负债。

（7）其他金融资产与负债：是指没有归入上述国内金融资产与负债项目中的所有金融债权债务，主要包括商业信用和预付款及其他应收应付款项。应收应付款项是应收和预付者的资产，是应付和预收者的负债。

值得注意的是，国内金融资产与负债只是存在于国内各机构部门之间，就一国国民经济总体层次看，其国内金融资产与负债是相互对应等量的，二者相抵为零。

2. 国外金融资产与负债

国外金融资产与负债是指常住机构单位与非常住机构单位之间的债权和债务。具体包括：

（1）直接投资：是指外国、港澳台地区在我国和我国在外国、港澳台地区以独资、合资、合作及合作勘探开发方式进行的投资。

（2）证券投资：是指我国（包括地方政府和企业）对外国、港澳台地区发行的股票、债券等有价证券和我国政府、企业、私人购买外国、港澳台地区发行的股票、债券等有价证券。主要包括股本证券和债务证券两类证券投资形式。

（3）其他投资：是指除直接投资、证券投资以外的所有对外金融资产与负债项目，主要包括外国、港澳台地区提供给我国和我国提供给外国的贸易信贷、贷款、货币、存款及其他资产与负债。

3. 储备资产

储备资产是指我国中央银行拥有的可以随时动用并有效控制的对外资产，包括货币、黄金、特别提款权、外汇储备、在基金组织的储备头寸和其他债权。

思考与练习

1. 反映国民经济生产的统计指标主要有哪些？

2. 反映国民经济各机构部门收入初次分配和再分配的统计指标主要有哪些？

3. 反映国民经济总体收入初次分配和再分配的统计指标主要有哪些？

4. 什么是国民经济产业部门分类？

5. 什么是国民经济机构部门分类？

6. 反映国民经济收入使用的统计指标主要有哪些？

7. 反映国民经济运行条件的统计指标主要有哪些？

第十四章

国民经济主要行业
统计指标体系

第一节
农林牧渔业主要统计指标

一、农业基本情况统计指标

1. 乡（镇）：指经省、自治区、直辖市人民政府批准设立乡、镇人民政府的乡和建制镇。不包括城关镇、工矿区等。

2. 乡村户数：指户口在农村的常住户数，包括参加乡村各级举办和各种行业的合作经济组织，并从中直接取得实物或货币收入的家庭户数。

3. 乡村人口：指乡村户数内的常住人口。包括常住人口中外出的民工、工厂合同工及户口在家的在外学生，但不包括户口在家领取工资的国家职工。

4. 乡村劳动力：指乡村人口中经常参加合作经济组织（包括乡村办企业、事业单位）和从事家庭经营生产劳动的整、半劳动力。

二、农业生产条件统计指标

1. 耕地面积：指种植农作物并经常进行耕锄的田地。包括熟地、当年新开荒地、连续撂荒未满三年的耕地和当年的休闲地（轮歇地）；也包括以种植农作物为主并附带种植桑树、茶树、果树和其他林木的土地，以及沿海、沿湖地区已围垦利用的"海涂"、"湖田"等。

2. 年内增加耕地面积：指调查年度内因新开荒、基建占地还耕、开边展堰、河水淤积、平整土地和治山、治水等原因而增加的耕地面积。

3. 新开荒面积：指调查年度内已种上农作物的新开垦荒地面积。已开垦但尚未耕种的土地不统计为耕地面积。

4. 年内减少耕地面积：指在调查年度内因兴修水利，修筑公路和铁路，修建工矿企业、建筑房屋、永久性晒场（场基地）和退耕还林、还草、还湖，在耕地上挖建永久性鱼塘等原因所占用的耕地面积和因灾废弃而实际减少的耕地面积。

5. 水田：指筑有田埂（坎），可以经常蓄水，用来种植水稻或莲藕、席草等水生作物的耕地。因天旱暂时没有蓄水而改种旱地作物的，或实行水稻和旱地作物轮种的（如水稻和小麦、油菜、蚕豆等轮种），仍应计算为水田。

6. 旱地：指除水田以外的耕地。不管是否有灌溉设施，均应包括在内。

7. 农业机械总动力：指主要用于农、林、牧、渔业生产经营活动的各种动力机械的动力总和。具体包括耕作机械、农用排灌机械、收获机械、植保机械、林业机械、畜牧机械、渔业机械、农产品加工机械、农用运输机械、其他农业机械。

8. 有效灌溉面积：指具有一定的水源，地块比较平整，灌溉工程或设备已经配套，在一般年景下当年能够进行正常灌溉的耕地面积。

9. 旱涝保收面积：指在有效灌溉面积中，灌溉设施齐全，抗灾能力较强，土地肥力较高，能保证遇旱能灌、遇涝能排的耕地面积。抗旱能力南方在 50～100 天，北方在 30～50 天；排涝能力达到 5～10 年一遇的标准，防洪能力达到 20 年一遇的标准。

10. 机电排灌面积：指由固定站、流动站、机电井、喷灌机械等所有机电动力设备进行排水、灌溉的耕地面积。包括单纯灌溉、单纯排水、排灌结合的面积。一块耕地又排又灌只统计一块，不得重复。

11. 农村用电量：指本年度内农村范围内所有企业、事业、行政单位和住户从事生产经营活动、工作和日常生活用电总量。

12. 农用化肥施用量：指在本年度内实际用于农业生产的化肥数量，包括氮肥、磷肥和复合肥。施用量要求按折纯量计算数量，即各类化肥的实际施用数量按其含氮、含五氧化二磷、含氧化钾的比例折成 100% 计算。其计算公式为：

$$折纯量 = 实物量 \times 某种化肥有效成分含量的百分比$$

三、农林牧渔业生产统计指标

（一）种植业生产统计指标

1. 农作物总播种面积：指本年度内收获农产品的作物播种面积之和，包括实际播种或移植农作物面积。凡是实际种植农作物面积，不论种植在耕地上还是种植在非耕地上，均包括在农作物播种面积中。在播种季节基本结束后，因遭受灾害而重新改种和补种的农作物面积也包括在内。其计算公式为：

$$\frac{本年农作物}{总播种面积} = \frac{上年秋冬}{播种面积} + \frac{本年春播}{作物面积} + \frac{本年夏播}{作物面积}$$

$$= \frac{本年夏收作}{物播种面积} + \frac{本年秋收作}{物播种面积}$$

2. 主要农作物产品产量：指本年度内全社会范围内生产的农产品的产量，不论耕地上与非耕地上的农作物产量，都应统计在内。各种主要作物产量按国家的统一规定计算。

3. 粮食产量：指全社会的产量。包括国有经济经营的、集体统一经营的和农民家庭经营的粮食产量，还包括工矿企业办的农场和其他生产单位的产量。粮食除包括稻谷、小麦、玉米、高粱、谷子及其他杂粮外，还包括薯类和豆类。其产量计算方法，豆类按去豆荚后的干豆计算；薯类（包括甘薯和马铃薯，不包括芋头和木薯）按5公斤鲜薯折1公斤粮食计算。其他粮食一律按脱粒后的原粮计算。

4. 油料产量：包括花生、油菜籽、芝麻、向日葵籽、胡麻籽、亚麻籽和其他油料作物产量。不包括大豆，也不包括木本油料和野生油料产量。花生以带壳干花生计算。

5. 棉花产量：棉花按去籽后的皮棉计算产量。

6. 麻类产量：麻类除亚麻以麻秆计算，苎麻以刮皮后的干麻计算，苘麻和线麻以熟麻皮计算外，其余一律以生麻皮计算产量。

7. 糖料产量：甘蔗以蔗秆计算产量，甜菜以根块计算产量。

8. 烟叶产量：烤烟和晒烟均以干烟叶计算产量。

9. 药材产量：人工栽培的各种药材作物产量，不包括野生药材产量。

10. 菜、瓜类产量：蔬菜、瓜类按鲜品计算产量。

11. 茶叶产量：指本年度内生产的全部茶叶产量。包括从成片茶园和零星种植的茶树以及从荒芜未垦复的土地上栽种的茶树上采摘的全部产量，不论自食的或出售的，都应统计在内。茶叶的产量按经过初步加工的干毛茶的重量计算。由于加工毛茶的方法不同，又分为红毛茶、绿毛茶、乌龙茶、紧压茶和其他茶。

12. 水果产量：指本年度内从果树上收获的全部水果产量。不论自食的或出售的，都应统计在内。水果的产量按鲜果计算，干枣、葡萄干、柿饼等应统一折算成鲜果统计。

（二）林业生产统计指标

1. 造林面积：指报告期内在荒山、荒地、沙丘等一切可以造林的土地上采用人工播种、植苗和飞机播种等方法新植的成片乔木林和灌木林，经过检查验收符合"造林技术规程"要求株数，成活率达85%以上的面积。

2. 退耕还林面积：指在坡度25°以上的耕地上，停止种植农作物，进行植树造林，并经过检查验收，成活率达85%以上的面积。

3. 迹地更新面积：森林经过采伐或遭受火灾损毁后，达不到疏林地标准，且尚未更新的面积，称为迹地。在迹地上进行人工更新或人工促进天然更新的禁地面积称为迹地更新面积。

4. 封山育林面积：指为达到恢复森林的目的，对荒山、疏林地、采伐迹地、火烧迹地等采取划界封禁、禁止或限制开荒、砍柴等其他有害于林木生长的人畜活动，通过人工辅助措施植树、育林的面积。

5. 育苗面积：指为造林和迹地更新等培育苗木所实际利用的苗圃面积，包括新育苗面积、留床面积、移植面积三部分，以及用于育苗的临时性的灌溉排水设施和苗床间步道占用的面积。

6. 成林抚育面积：指为了合理地调整林木之间的相互关系（组成、密度、分布空间等），提高林木质量，促进林木生长，对郁闭度已达0.3以上（不含0.3）的天然林或人工林进行抚育间伐、修枝、松土等抚育工作的面积。

7. 林产品产量：指从人工栽培的竹木上，不经砍伐竹木的根而取得的各种林产品数量。关于各种林产品产量的计算方法，国家统一规定如下：（1）油茶籽、油桐籽、乌桕籽、核桃、文冠果按去掉果皮、外壳的干籽计算产量；（2）五倍子以干籽计算产量；（3）生漆、松脂按从树上割下来的生漆、松脂计算产量；（4）棕片和竹笋按干片和笋干计算产量；（5）板栗按去毛莢的果实计算产量；（6）油橄榄按果实计算产量；（7）紫胶按原胶计算产量。

（三）畜牧业生产统计指标

1. 当年出栏畜禽数：指当年乡村各种合作经济和农民、国有农场、机关、团体、学校、工矿企业、部队等单位及城镇居民饲养的，已屠宰或出售的全部畜禽数，包括交售给国家的、集市上出售的和农民自食的部分。但不包括个别地区习惯吃的"烤小猪"或出口的"乳猪"。

2. 期初（末）畜禽存栏头（只数）：指本期期初（末），农村与城市的全部畜禽存栏头（只）数。除科学研究单位专门用于试验研究的牲畜和军马以外，农村各种合作经济组织和国营农场、农民个人、机关、团体、学校、工矿企业、部队等单位以及城镇居民饲养的各种畜禽，不分大小、用途，一律包括在内。但商业部门库存的和运输途中的活牲畜不进行统计。

3. 肉类总产量：指当年出栏并已屠宰的畜禽肉产量，即屠宰后除去头蹄下水后带骨肉的重量。

4. 牛奶、羊奶产量：指全社会的牛奶、羊奶的产量。包括出售给国家的、农贸市场上交易的和农牧民自食的部分。

5. 细羊毛：指细毛羊及其改良羊所产的羊毛量。

6. 蚕茧产量：指本年度内生产的全部蚕茧产量，无论自用的或出售的，都应计算在内。在计算产量时，要把土茧、改良茧和种蚕茧都包括在内。桑蚕茧、柞蚕茧的产量均按鲜茧的重量计算；木薯蚕茧和蓖麻蚕茧的产量，均按茧壳的重量计算。

7. 禽蛋产量：指鸡、鸭、鹅三种家禽的禽蛋产量，包括出售的和农民自食的以及用于种蛋的禽蛋产量。

（四）　渔业生产统计指标

1. 水产品产量：指本年度内捕捞的水产品（包括人工养殖并捕获的水产品和捕捞天然生长的水产品）产量。鱼苗不作为产量统计，出售前已变质的水产品不作为产量统计。水产品产量按属地原则统计。

2. 海水产品产量：指从海洋和海水养殖水域内捕捞的海水产品产量。具体包括鱼类、虾蟹类、贝类和藻类。

3. 内陆水域水产品产量：指淡（咸）水湖泊、水库、河沟、池塘以及其他内陆水域内捕捞的水产品产量。具体包括鱼类、虾蟹类和贝类的产量，但不包括淡水水生植物。

4. 养殖产量：指从海水养殖面积和内陆水域养殖面积中捕捞的产量。

5. 捕捞产量：指捕捞天然生长的水产品产量。

四、农林牧渔业产值统计指标

1. 农林牧渔业总产值：指以货币表现的农、林、牧、渔业的全部产品和对农林牧渔业生产活动进行的各种支持性服务活动的价值总量。它反映了一定时期内农、林、牧、渔业生产的总规模和总成果。该指标的计算方法通常是按农林牧渔业产品及其副产品的产量分别乘以各自单位产品价格求得的；少数生产周期较长，当年没有产品或产品产量不易统计的，则采用间接方法匡算其产值；然后将四业产品产值相加即为农业总产值。

2. 农业产值：包括种植业和其他农业的主产品与副产品产值。

3. 种植业产值：指从事农作物栽培取得的产品的产值。

4. 其他农业产值：包括采集野生植物产品产值和农民家庭兼营的商品性工业产值，前者按产品产量乘价格计算，后者按销售收入计算。

5. 林业产值：包括营林产值、林产品产值和村及村以下竹木采伐产值三部分。

6. 牧业产值：包括牲畜饲养产值、家禽饲养产值、活的畜禽产品产值、捕猎产值和其他动物饲养产值。

7. 渔业产值：按报告期水产品产量乘单价计算。

8. 农林牧渔业增加值：指在农业生产过程中附加在劳动对象上的价值，以反映农业生产经营活动为社会提供的最终产品的价值总量。通常采用生产法计算，即用农林牧渔业总产值扣除各项中间投入后的余额。

9. 农林牧渔业中间消耗价值：指在农业生产经营过程中投入的各种物质产品和劳务价值的总和，包括中间物质消耗和中间劳务消耗两个部分。计入中间消耗必须具备两个条件：一是与总产出相对应的生产过程中消耗的物质产品和劳务活动；二是本期投入并一次性消耗的不属于固定资产的非耐用品。

第二节

工 业 主 要 统 计 指 标

一、工业产出统计指标

(一) 工业产品实物量统计指标

1. 工业产品产量：指工业企业在一定时期内生产的，并符合产品质量要求的实物数量。

2. 工业产品销售量：指报告期内工业企业实际销售的由本企业生产（包括上期生产和本期生产）的符合质量要求或订货

合同规定的技术条件的工业产品的实物数量，但不包括用订货者来料加工生产的成品和半成品实物量。它反映在工业企业生产成果已经实现销售的数量。工业产品销售量以产品销售实现为核算原则，即在产品已发出，货款已经收到或者得到了收取货款的凭据时作为销售实现，统计产品销售量。

3. 工业产品库存量：指报告期初或期末某一时点上，尚存在企业产品仓库中暂未售出的产品实物数量。

产品库存量的核算原则为：（1）产品库存必须是处于"实际库存"状态的产品；（2）计入产品库存的产品必须是本企业有权销售的；（3）产品库存不能出现负数。

（二）工业产值统计指标

1. 工业总产值：工业总产值是以货币形式表现的，工业企业在一定时期内生产的工业最终产品或提供工业性劳务活动的总价值量。它反映一定时间内工业生产的总规模和总水平。

计算工业总产值应遵循三条基本原则：

（1）工业生产的原则，即凡是企业在报告期生产的经检验合格的产品，不管是否在报告期销售，均应包括在内。

（2）最终产品原则，即凡是计入工业总产值的产品必须是本企业生产的经检验合格，不需再进行任何加工的最终产品。

（3）工厂法原则，即工业总产值是以工业企业作为基本计算单位，即按企业的最终产品计算工业总产值。

工业总产值包括三部分内容：

（1）本期生产成品价值：指企业本期生产，并在报告期内不再进行加工，经检验、包装入库的全部工业成品（半成品）价值合计，包括企业生产的自制设备及提供给本企业的在建工程、其他非工业部门和生活福利部门等单位使用的成品价值。

（2）对外加工费收入：指企业在报告期内完成的对外承做的工业品加工（包括用订货者来料加工产品）的加工费收入和

对外工业修理作业所取得的加工费收入。

（3）自制半成品、在制品的期末期初差额价值：指企业报告期自制半成品、在制品期末减期初的差额价值。

2. 工业增加值：指工业企业在报告期内以货币表现的工业生产活动的最终成果，是企业全部生产活动的总成果扣除了在生产过程中消耗或转移的物质产品和劳务价值后的余额，是企业生产过程中新增加的价值。该指标有两种计算方法：一是生产法，即从工业总产出中减去工业中间投入价值求得；二是收入法，即从收入的角度出发，根据生产要素在生产过程中应得到的收入份额计算，其具体构成项目有：固定资产折旧、劳动者报酬、生产税净额、营业盈余。

3. 工业销售产值：指以货币表现的工业企业在一定时期内销售的本企业生产的工业产品总量。它包括以下内容：

（1）成品销售价值：指工业企业在报告期内实际销售（包括本企业本期生产和上期生产）的全部成品、半成品的总金额。它包括为本企业基本建设部门、生活福利部门等提供的成品及自制设备价值，但不包括用定货者来料加工的成品和半成品价值。

（2）对外提供的工业性作业销售价值：指企业按合同对外提供的工业性劳务，包括为企业基本建设部门、生活福利部门等提供的工业性劳务，其价值按实际结算的劳务费计算。

二、工业财务状况统计指标

1. 实收资本
实收资本指工业企业实际收到投资者的可作为长期周转使用的经营资金。根据现行会计制度规定，实收资本按投资主体分为：国家资本、集体资本、法人资本、个人资本、港澳台资本和外商资本。

2. 资产总计
资产总计指企业拥有或控制的能以货币计量的经济资源，包括各种财产、债权和其他权利。按其流动性可分为：流动资产、长期投资、固定资产、无形资产、递延资产和其他资产。

3. 流动资产合计

流动资产合计指可在一年或超过一年的一个营业周期内变现或耗用的资产。其特点是在企业的生产经营或者业务活动中不断地在生产循环中周转，不断改变其形态，其价值一次性消耗、转移或者实现。包括现金及各种存款、短期投资、应收和预付款、存货等。

4. 流动资产平均余额

流动资产平均余额指企业在报告期内全部流动资产的平均余额。其计算公式为：

$$\text{流动资产月平均余额} = \left(\text{月初流动资产余额} + \text{月末流动资产余额} \right) \div 2$$

$$\text{流动资产年平均余额} = \frac{\text{1月至12月各月月初、月末流动资产余额之和}}{24}$$

5. 固定资产原价

固定资产原价指工业企业在建造、购置、安装、改建、扩建、技术改造某项固定资产时所支出的全部货币总额。

6. 固定资产净值

固定资产净值指报告期期末固定资产原价减去历年所提折旧后的净额。其计算公式为：

$$\text{固定资产净值} = \text{固定资产原价} - \text{累计折旧}$$

7. 固定资产净值年平均余额

固定资产净值年平均余额指固定资产净值在报告期内余额的平均数。其计算公式为：

$$\text{固定资产净值年平均余额} = \frac{\text{1月至12月各月月初、月末固定资产净值之和}}{24}$$

8. 负债合计

负债合计指企业资产总额中属于债权人的那部分权益，是企业所能承担的能以货币计量需以资产或劳务偿付的债务。一般按偿还期限长短分为流动负债和长期负债。

9. 流动负债合计

流动负债合计指将在一年或超过一年的一个营业周期内偿还的债务。包括短期借款、应付票据、应付账款、预收账款、应付工资、应缴税金、应付利润、其他应付款、预提费用等。

10. 长期负债合计

长期负债合计指偿还期在一年或超过一年的一个营业周期以上的债务。它是除投资人投入企业的资本以外，企业向债权人筹集、可供企业长期使用的资金。其中包括长期借款、应付债款、长期应付款项等。

11. 所有者权益

所有者权益指工业企业投资人对企业净资产的所有权。企业净资产是企业全部资产减去全部负债后的余额。从其形成看，所有者权益主要来源于投资者的原始投资和企业生产经营活动中形成的积累。

12. 产品销售收入

产品销售收入指工业企业销售产品和对外提供劳务等经营业务所取得的货币收入总额。共包括四个部分：产品销售成本、产品销售费用、产品销售税金及附加、产品销售利润。

13. 产品销售成本

产品销售成本指企业在报告期内销售本企业生产的成品、自制半成品和工业性劳务等的实际成本。

14. 产品销售费用

产品销售费用指企业在报告期内在产品销售和提供劳务等主要经营业务过程中所发生的各项费用。

15. 产品销售税金及附加

产品销售税金及附加指企业在报告期内销售产品、提供劳务等主要经营业务应负担的城市维护建设税、消费税、资源税和教育费附加。

16. 产品销售利润

产品销售利润指企业销售产品和提供劳务等主要经营业务收入扣除其成本、费用、税金的利润。

17. 管理费用

管理费用指工业企业行政管理部门为组织和管理生产经营活动而发生的各项费用，具体包括公司经费、工会经费、职工教育经费、劳动保险费、待业保险费、董事会费、咨询费、审计费、诉讼费、排污费、税金、土地使用费、土地损失费、技术开发费、技术转让费、无形资产、开办推销费、业务招待费、坏账损失、存货盘亏等。

18. 财务费用

财务费用指工业企业为筹集生产经营所需资金而发生的费用。具体包括：利息净支出、汇总净损失、金融机构手续费以及筹集生产经营资金发生的其他费用等。

19. 营业利润

营业利润指工业企业从事生产经营活动所取得的利润。具体包括主营业务利润和其他业务利润两部分。其计算公式为：

营业利润 = 产品销售利润 + 其他业务利润 − 管理费用 − 财务费用

20. 利润总额

利润总额指工业企业在一定时期的最终经营成果，是企业的收入减去有关的成本与费用后的差额，收入大于相关的成本费用，企业就盈利，反之则亏损。

三、工业经济效益统计指标

1. 总资产贡献率

总资产贡献率反映企业全部资产的获利能力，是企业经营业绩和管理水平的集中体现，是评价和考核企业盈利能力的核心指标。其计算公式为：

$$\genfrac{}{}{0pt}{}{总资产}{贡献率} = \left(\genfrac{}{}{0pt}{}{利润}{总额} + \genfrac{}{}{0pt}{}{税金}{总额} + \genfrac{}{}{0pt}{}{利息}{支出} \right) \div \genfrac{}{}{0pt}{}{平均资}{产总额}$$

式中的税金总额为产品销售税金及附加与应缴增值税之和；平均资产总额为期初期末资产之和的算术平均值。

2. 资本保值增值率

资本保值增值率反映企业净资产的变动状况，是企业发展能力的集中体现。其计算公式为：

$$\genfrac{}{}{0pt}{}{资本保值}{增值率} = \genfrac{}{}{0pt}{}{报告期期末}{所有者权益} \div \genfrac{}{}{0pt}{}{上年同期期末}{所有者权益}$$

$$所有者权益 = 资产总计 - 负债总计$$

3. 资产负债率

资产负债率既反映企业经营风险的大小，也反映企业利用债权人提供的资金从事经营活动的能力。其计算公式为：

$$资产负债率 = 负债总额 \div 资产总额$$

资产与负债均为报告期期末数。

4. 流动资产周转率

流动资产周转率指一定时期内流动资产完成的周转次数，反映投入工业企业流动资金的周转速度。其计算公式为：

$$流动资产周转率 = 产品销售收入 \div 全部流动资产平均余额$$

式中全部流动资产平均余额为期初期末的流动资产之和的算术平均值。

5. 成本费用利润率

成本费用利润率反映企业投入的生产成本及费用的经济效益，同时也反映企业降低成本所取得的经济效益。其计算公式为：

$$成本费用利润率 = 利润总额 \div 成本费用总额$$

式中成本费用总额是指产品销售成本、销售费用、管理费用、财务费用之和。

6. 全员劳动生产率

全员劳动生产率该指标反映企业的生产效率和劳动投入的经

济效益。其计算公式为：

全员劳动生产率（元/人）＝工业增加值÷全部职工平均人数

7. 产品销售率

产品销售率该指标反映工业产品已实现销售的程度，是分析工业产销衔接情况、研究工业产品满足社会需求的指标。其计算公式为：

产品销售率＝工业销售产值÷现价工业总产值

8. 工业经济效益综合指数

工业经济效益综合指数是衡量工业经济效益各个方面总体水平的一种特殊相对数，是反映工业经济运行质量的综合指标。它是以每项指标的实际值分别除以该项指标的全国标准值，并乘以其权数，加总后再除以总权数而求得。其计算公式为：

$$工业经济效益综合指数 = \sum \left(\frac{某项指标报告期数值}{该项指标的全国标准值} \times 该项指标权数 \right) \div 总权数$$

目前计算工业经济效益综合指数有总资产贡献率、资产负债率、流动资产周转率、成本费用利润率、全员劳动生产率、产品销售率和资本保值增值率等7项指标。

第三节

建筑业主要统计指标

一、建筑业产品实物量指标

1. 单位工程施工个数：指在报告期内施过工的全部单位工程个数。它包括本期内新开工的单位工程、上期施工跨入本期继续施工的单位工程、上期停缓建本期复工的单位工程，还包括本期开工又停缓建和本期竣工的单位工程个数。

2. 单位工程竣工个数：指报告期内按设计所规定的工程内容全部完成，达到了使用条件，经有关部门检查验收鉴定合格的全部单位工程个数。其数量多少可以反映在一定时期内为国民经济各部门提供可使用工程的规模，也是反映建筑施工企业生产成果，检查竣工计划的重要指标和依据。

3. 优良单位工程个数：指按照现行国家质量等级标准，经政府质量监督部门验收鉴定，评为优良工程的单位工程个数。

4. 房屋施工面积：指在报告期内施过工的全部房屋建筑面积。它包括本期新开工的面积、上期施工跨入本期继续施工的房屋面积、上期停缓建本期恢复施工的房屋面积，本期竣工的房屋面积以及本期施工后又停缓建的房屋面积。

5. 房屋竣工面积：指在报告期内房屋建筑按照设计要求已全部完工，达到了使用条件，经检查验收鉴定合格的房屋建筑面积。

6. 房屋建筑优良工程面积：指按照现行国家质量等级标准，经政府质量监督部门验收、鉴定，被评为优良工程的房屋建筑竣工面积。

7. 工程质量优良品率：指以竣工的单位工程个数或房屋建筑面积作为观察对象，用以衡量经过验收的已竣工工程或面积达到优良标准的比率。比率越大，企业竣工工程质量状况愈好。

二、建筑业产品价值量指标

1. 建筑业总产值（自行完成施工产值）：是以货币表现的建筑安装企业在一定时期内生产的建筑业产品的总和。它包括建筑工程产值、设备安装工程产值、房屋和建筑物修理价值、非标准设备制造产值等。

2. 建筑工程产值：指列入建筑工程预算内的各种工程价值。

3. 设备安装工程产值：指设备安装工程价值。

4. 房屋构筑物修理产值：指房屋或构筑物的修理所完成的价值，但不包括被修理房屋、构筑物本身的价值和生产设备的修理价值。

5. 非标准设备制造产值：指加工制造没有定型的非标准生产设备的加工费和原材料价值（如化工厂、炼油厂用的各种罐、槽，矿井生产系统使用的各种漏斗、三角槽、阀门等）以及附属加工厂为本企业承建工程制作的非标准设备的价值。

6. 建筑业增加值：指建筑业企业在报告期内以货币表现的建筑业生产经营活动的最终成果。建筑业增加值有两种计算方法：一是生产法，即用建筑业总产出减去建筑业中间消耗后的余额；二是分配法，即从收入的角度出发，根据生产要素在生产过程中应得到的收入份额计算。具体构成项目有：固定资产折旧、劳动者报酬、生产税净额、营业盈余。

7. 竣工产值：指以货币表现的建筑业生产所形成的成品的价值。竣工产值一般是以单位工程为对象，当该工程按照设计所规定工程内容全部完成，达到了设计规定的交工条件，经有关部门检查验收、鉴定合格的单位工程价值。

三、建筑机械设备指标

1. 自有机械设备年末总台数：指归本企业或本单位所有，属于本企业、本单位固定资产的生产机械设备年末总台数。具体包括施工机械、生产设备、运输设备以及其他设备。

2. 自有机械设备年末总功率：指按设计能力或查定能力计算的本企业或本单位自有施工机械、生产设备、运输设备以及其他设备等列为在册固定资产的生产性机械设备年末总功率。包括机械自身的动力和为该机械服务的单独动力设备的动力。其计量单位为：千瓦。动力换算可按 1 马力 = 0.735 千瓦折合成千瓦数。电焊机、变压器、锅炉不计算动力。

3. 自有施工机械设备年末总功率：指年末本企业或本单位自有直接用于工程施工的各种机械设备的千瓦数。但不包括附属辅助生产机械设备、运输机械设备、生产试验机械设备的千瓦数。

4. 自有机械设备净值：指本企业或本单位自有机械设备的原价减去累计折旧后的净额，即自有机械设备经过使用、磨损后实际存有的价值。

第四节

交通运输和邮电通信业主要统计指标

一、铁路运输主要统计指标

1. 铁路旅客运量：指一定时期内使用铁路客车运送的旅客人数。其计算方法为：不论票价多少或行程长短，均按单程计算为一人次；不足购票年龄免购客票的儿童，不计算客运量；月、季票按每月往返各 25 人次计算。

2. 旅客发送人数：指报告期内在铁道部管辖的铁路营业线和临时营业线上的车站启程而购买客票乘车的旅客人数。

3. 旅客到达人数：指在一定时期内到达铁路各车站的旅客人数。

4. 旅客运送人数：指在一定时期内铁路各车站运送的旅客人数。

5. 铁路旅客周转量：指一定时期内使用铁路客车运送的旅客人数与运输距离的乘积之和。其计算公式为：

$$\frac{旅客周转量}{（人公里）} = \sum \left(\frac{实际运送的}{每一旅客} \times \frac{该旅客出发站与}{到达站间距离} \right)$$

$$= \frac{\text{实际运送的}}{\text{旅客人数}} \times \frac{\text{旅客平}}{\text{均程}}$$

6. **铁路货物运量**：指使用铁路货车实际运送的货物数量。

7. **铁路货物周转量**：指一定时期内使用铁路货车完成的货物运量与运送距离的乘积之和。其计算公式为：

$$\frac{\text{货物周转量}}{\text{（吨公里）}} = \sum \left(\frac{\text{每批货}}{\text{物重量}} \times \frac{\text{该批货物的}}{\text{运送距离}} \right)$$

$$= \frac{\text{实际运送}}{\text{货物吨数}} \times \frac{\text{货物平}}{\text{均运程}}$$

8. **旅客（货物）列车出发（运行）正点率**：指正点出发（运行）的旅客（货物）列车占出发（运行）总列数的比率。其计算公式为：

$$\frac{\text{铁路旅客（货物）列车}}{\text{出发（运行）正点率（％）}} = \frac{\text{正点出发（运行）的旅客（货物）列车数}}{\text{旅客（货物）列车出发（运行）总列数}} \times 100\%$$

9. **旅客（货物）运输密度**：指报告期内营业线路平均每公里线路上所通过的旅客（货物）周转量。其计算公式为：

旅客运输密度（人公里/公里）＝旅客周转量/线路营业里程

货物运输密度（吨公里/公里）＝货物周转量/线路营业里程

10. **铁路运输总收入**：指铁路运输企业在完成客货运输工作中，按照国家批准的运费标准收取的货币收入。包括货运收入，客运收入，行李、包裹收入，邮运收入，车站和列车补收的旅客客票收入等。

二、公路运输主要统计指标

1. **公路货运量**：指在一定时期内由各种公路运输工具实际运送到目的地并卸完的货物数量。反映公路货运量的指标有发送货物吨数，到达货物吨数和运送货物吨数。

2. **公路货物周转量**：指一定时期内由各种公路运输工具实

际完成运送过程的货物总运输量。其计算公式为：

$$公路货物周转量（吨公里） = \sum \left(\begin{matrix} 每批货 \\ 物重量 \end{matrix} \times \begin{matrix} 该批货物的 \\ 运送距离 \end{matrix} \right)$$

3. 公路客运量：指公路运输企业及由其组织的其他单位在一定时期内实际运送的旅客人数。公路客运量的计算方法：不论乘车路程远近和票价的多少，以客票为依据，"人"为计量单位；不足购票年龄的免票儿童不计算客运量。

4. 公路旅客周转量：指在报告期内实际运送的旅客人数与其相应的旅客运送距离的乘积。其计算公式为：

$$旅客周转量 = \sum \left(\begin{matrix} 实际运送的 \\ 每一乘客 \end{matrix} \times \begin{matrix} 该旅客出发站与 \\ 到达站间距离 \end{matrix} \right)$$

三、水路运输主要统计指标

1. 水路货运量：指在一定时期内由各种水运工具实际运送的货物数量，包括内河、江海、远洋货运量。

2. 水路货物周转量：指一定时期内由各种水路运输工具实际完成运送过程的货物总运输量。

3. 水路客运量：指水运企业及由其组织的其他单位在一定时期内实际运送的旅客人数。

4. 水路旅客周转量：指水运企业和由其组织的其他单位在一定时期内实际运送的每位旅客乘航行里程的旅客总运输量。

四、港口主要统计指标

1. 港口货物吞吐量：又称港口吞吐量，指经由水运进、出港区范围，并经过装卸的货物数量。

2. 港口旅客吞吐量：指由水上乘船进、出港区范围的旅客人数。

五、民用航空运输主要统计指标

1. 民用航空客运量：指由空运企业从各航空港运送的购票乘机人数及由国外班机接运的人数。

2. 民用航空旅客周转量：指一定时期内，航空运输单位实际运送的旅客人数与其相应的旅客运送距离乘积之和。其计算公式为：

$$民用航空旅客周转量（人公里）= \sum \left(\begin{array}{c} 实际运送的 \\ 每一旅客 \end{array} \times \begin{array}{c} 该旅客启程与 \\ 到达港间距离 \end{array} \right)$$
$$= 实际运送的旅客人数 \times 旅客平均运距$$

3. 民用航空货邮运量：指飞机在运输飞行中实际载运的货物、行李、邮件吨数。

4. 民用航空货邮周转量：指在一定时期内，航空运输单位实际运送的货物、行李、邮件的重量与其相应的货邮运输距离乘积之和。其计算公式为：

$$货邮周转量（吨公里）= \sum （每批货邮重量 \times 该批货邮运送距离）$$

5. 民用航空总周转量：指反映运输量和运输距离，即反映旅客、货邮在空中运载工具的作用下发生位移的综合性指标，体现航空运输过程的生产效果。其计算公式为：

$$民用航空总周转量 = 旅客周转量 + 行李周转量 + 邮件周转量 + 货物周转量$$
$$旅客周转量（吨公里）= 旅客运输量（人）\times 旅客重量 \times 航距（公里）$$
$$行李周转量（吨公里）= 行李重量 \times 航距（公里）$$
$$邮件周转量（吨公里）= 邮件重量 \times 航距（公里）$$
$$货物周转量（吨公里）= 货物重量 \times 航距（公里）$$

六、管道运输主要统计指标

1. 输油（气）能力：指在油气产量及设备正常的条件下，

在年度有效工作时间内，最大可能的输油（气）量。

2. 输油（气）量：指输油气管道实际输送的油气数量。计算一条管线的管输量指首站和各进油（气）点的输出量之和。

3. 输油（气）周转量：指在一定时期内输油气管道输送油气数量与输送距离的乘积。其计算公式为：

$$输油气周转量 = 输油气量 \times 输油气里程 - \frac{自用量 \times 输油气里程}{2}$$

七、邮电通信主要统计指标

1. 邮电局所：指对外营业、直接为用户办理邮电业务的服务机构。一个邮电局所必须同时具备以下三个条件：一是有固定的局所地址，二是领有上级发给的日戳或戳记，三是至少办理出售邮票和收寄挂号信两种邮政业务或办理一种电信业务。

2. 邮电服务点：指为用户进行邮电服务的地点，包括邮电局所、邮票代售处、报刊服务处（亭）、信筒信箱、受理长途电话业务的宾馆（招待所、旅馆等）服务台、公用电话等。

3. 邮路：指各邮电局、所、代办处之间，邮电局、所与代办所、车站、码头、机场、转运站、报刊亭之间，由自编或委办人员按固定班期规定路线交换邮件（包括机要文件）、报刊的路线。

4. 电路：指利用金属导线或无线电收发电讯设备，通过电流、电波传递信息的通路。

5. 邮电业务总量：指以价值量形式表现的邮电通信企业为社会提供各类邮电通信服务的总数量。邮电业务量按专业分类包括函件、包件、汇票、报刊发行、邮政快件、特快专递、邮政储蓄、集邮、公众电报、用户电报、传真、长途电话、出租电路、市话无线寻呼、移动电话、分组交换数据通信、出租代维等。其计算公式为：

$$邮电业务总量 = \sum（各类邮电业务量 \times 不变价格）+ 其他业务收入$$

6. 电话用户：指接入国家公众固定电话网，并按固定电话业务进行经营管理的电话用户。

7. 城市电话用户：指直辖市、省辖市、地级市、县级市的市区、市郊区及县城（包括县人民政府所在地的县城关区或行政建制相当于县人民政府所在地的镇）范围内接入局用交换机的电话用户数，包括分布在农村地区的独立工矿区、林区、驻军等接入局用交换机的电话用户数。

8. 乡村电话用户：指县城关区以下的集镇和农村接入局用交换机的电话用户数。

9. 总包邮件损失率：指总包邮件损失个数占本企业总包邮件总量的比例。其计算公式为：

$$总包邮件损失率 = \frac{总包邮件损失个数}{本企业总包邮件总量}$$

10. 机要文件失密丢损率：指机要文件在处理、传递过程中发生丢失、泄密、被窃、损毁的件数占本企业处理的机要文件总量的比例。其计算公式为：

$$机要文件失密丢损率 = \frac{机要文件失密丢损件数}{本企业处理的机要文件总量}$$

第五节

批发零售商业等主要统计指标

一、商品流转统计指标

1. 商品购进总额：指从本企业以外的单位和个人购进（包括从国外直接进口）作为转卖或加工后转卖的商品，包括从生产者购进、从批发零售贸易业购进、进口等，反映批发零售贸易业从国内、国外市场上购进商品的总量。

2. 从生产者购进额：指直接从工农业生产者购进的各种工矿产品、农副产品，包括从工农业生产单位购进的其生产的产品和从出版社、报社的出版发行部门购进的图书、杂志及报纸。

3. 进口：指直接从国外进口的商品和委托外贸部门代理进口的商品，不包括从国内有关单位（包括对外贸易部门和其他单位）购进的进口商品。对外贸易企业只统计自主经营进口的商品，不包括受托代理进口的商品。

4. 商品销售总额：指对本企业以外的单位和个人出售的商品，包括对生产经营单位批发、对批发零售贸易业批发、出口及对居民和社会集团商品零售额，反映批发零售贸易业在国内市场上销售商品以及出口商品的总量。

5. 对生产经营单位批发：指售给国民经济各行各业作为生产或经营使用的商品，不包括售给社会集团的各种消费品，以及售给批发零售贸易业作为转卖用的商品和出口商品。

6. 出口：指直接向国（境）外出口商品和委托外贸部门代理出口的商品，不包括售给外贸部门出口或加工后出口的商品以及在国内市场以外币销售的商品。对外贸易企业只统计自主经营出口的商品，不包括受托代理出口的商品。

7. 商品库存总额：指批发零售贸易业已经购进、尚未售出的已取得所有权的全部商品。反映批发零售贸易业的商品库存对市场商品供应的保证程度。具体包括：（1）存放在本单位的仓库、货场、货柜和货架中的商品；（2）挑选、整理、包装中的商品；（3）已记入本单位购进而尚未运到的商品，即发货单或银行承兑凭证已到而货未到的商品；（4）寄放在他处的商品；（5）委托其他单位代销而尚未售出的商品；（6）代其他单位购进尚未交付的商品。

8. 餐饮业营业收入：指对本企业以外的单位和个人的营业收入（包括餐费收入、冷热饮收入、服务收入和其他收入）。

二、机构、人员统计指标

1. 法人机构：批发零售贸易业、餐饮业法人企业，必须具备以下三个条件：（1）依法成立，有自己的名称、组织机构和场所，能够独立承担民事责任；（2）独立拥有和使用（或授权使用）资产，承担负债，有权与其他单位签订合同；（3）会计上独立核算，能够编制包括资产负债表在内的全部会计账户。

2. 从业人员：指在批发零售贸易企业、餐饮企业工作，取得工资或其他劳动报酬的全部人员。包括在岗职工和其他从业人员，不包括离岗后仍保留劳动关系的职工。

3. 营业面积：指零售企业对外营业的门店建筑面积，不包括办公用房面积和仓库面积。

4. 仓储面积：指批发企业存放商品的仓库建设面积，不包括办公用房面积和对外营业的门市部面积。

思考与练习

1. 反映农业生产条件的统计指标主要有哪些？

2. 反映农业产品产量的统计指标主要有哪些？

3. 反映工业产出实物量和价值量的统计指标主要有哪些？

4. 反映工业财务状况的统计指标主要有哪些？

5. 反映工业经济效益的统计指标主要有哪些？

6. 反映建筑业产品实物量的统计指标主要有哪些？

7. 反映铁路、公路、水路、民用航空运输量和周转量的主要统计指标有哪些？

8. 反映批发零售商业商品购、销、存的统计指标主要有哪些？

附录

表1 　　　　　　　　　　　正态分布面积表

$$F(x) = \int_{-\infty}^{x} \frac{1}{\sqrt{2\pi}} e^{-\frac{t^2}{2}} dt$$

x	.00	.01	.02	.03	.04	.05	.06	.07	.08	.09
.0	.5000	.5040	.5080	.5120	.5160	.5190	.5239	.5279	.5319	.5359
.1	.5398	.5438	.5478	.5517	.5557	.5596	.5636	.5675	.5714	.5753
.2	.5793	.5832	.5871	.5910	.5948	.5987	.6026	.6064	.6103	.6141
.3	.6179	.6217	.6255	.6293	.6331	.6368	.6406	.6443	.6480	.6517
.4	.6554	.6591	.6628	.6664	.6700	.6736	.6772	.6808	.6844	.6879
.5	.6915	.6950	.6935	.7019	.7054	.7088	.7123	.7157	.7190	.7224
.6	.7257	.7291	.7324	.7357	.7389	.7422	.7454	.7486	.7517	.7549
.7	.7580	.7611	.7642	.7673	.7704	.7734	.7764	.7794	.7823	.7852
.8	.7881	.7910	.7939	.7967	.7995	.8023	.8051	.8078	.8106	.8133
.9	.8159	.8186	.8212	.8238	.8264	.8289	.8315	.8340	.8365	.8389
1.0	.8413	.8438	.8461	.8485	.8508	.8531	.8554	.8577	.8599	.8621
1.1	.8643	.8665	.8686	.8708	.8729	.8749	.8770	.8790	.8810	.8830
1.2	.8849	.8869	.8888	.8907	.8925	.8944	.8962	.8980	.8997	.9015
1.3	.9032	.9049	.9066	.9082	.9099	.9115	.9131	.9147	.9162	.9177
1.4	.9192	.9207	.9222	.9236	.9251	.9265	.9279	.9292	.9306	.9319
1.5	.9332	.9345	.9357	.9370	.9382	.9394	.9406	.9418	.9429	.9441
1.6	.9452	.9463	.9474	.9484	.9495	.9505	.9515	.9525	.9535	.9545
1.7	.9554	.9564	.9573	.9582	.9591	.9599	.9608	.9616	.9625	.9633

续表

x	.00	.01	.02	.03	.04	.05	.06	.07	.08	.09
1.8	.9641	.9649	.9656	.9664	.9671	.9678	.9686	.9693	.9699	.9706
1.9	.9713	.9719	.9726	.9732	.9738	.9744	.9750	.9756	.9761	.9767
2.0	.9772	.9778	.9783	.9788	.9793	.9798	.9803	.9808	.9812	.9817
2.1	.9821	.9826	.9830	.9834	.9838	.9842	.9846	.9850	.9854	.9857
2.2	.9861	.9864	.9868	.9871	.9875	.9878	.9881	.9884	.9887	.9890
2.3	.9893	.9896	.9898	.9901	.9904	.9906	.9909	.9911	.9913	.9916
2.4	.9918	.9920	.9922	.9925	.9927	.9929	.9931	.9932	.9934	.9936
2.5	.9938	.9940	.9941	.9943	.9945	.9946	.9948	.9949	.9951	.9952
2.6	.9953	.9955	.9956	.9957	.9959	.9960	.9961	.9962	.9963	.9964
2.7	.9965	.9966	.9967	.9968	.9969	.9970	.9971	.9972	.9973	.9974
2.8	.9974	.9975	.9976	.9977	.9977	.9978	.9979	.9979	.9980	.9981
2.9	.9981	.9982	.9982	.9983	.9984	.9984	.9985	.9985	.9986	.9986
3.0	.9987	.9987	.9987	.9988	.9988	.9989	.9989	.9989	.9990	.9990
3.1	.9990	.9991	.9991	.9991	.9992	.9992	.9992	.9992	.9993	.9993
3.2	.9993	.9993	.9994	.9994	.9994	.9994	.9994	.9995	.9995	.9995
3.3	.9995	.9995	.9995	.9996	.9996	.9996	.9996	.9996	.9996	.9997
3.4	.9997	.9997	.9997	.9997	.9997	.9997	.9997	.9997	.9997	.9998

x	1.282	1.645	1.960	2.326	2.576	3.090	3.291	3.891	4.417
$F(x)$	.90	.95	.975	.99	.995	.999	.9995	.99995	.999995
$2[1-F(x)]$	.20	.10	.05	.02	.01	.002	.001	.0001	.00001

表2   **t 分布表**

df	单尾检验的显著水准					
	.10	.05	.025	.01	.005	.0005
	双尾检验的显著水准					
	.20	.10	.05	.02	.01	.001
1	3.078	6.314	12.706	31.821	63.657	636.619
2	1.886	2.920	4.303	6.965	9.925	31.598
3	1.638	2.353	3.182	4.541	5.841	12.941
4	1.533	2.132	2.776	3.747	4.604	8.610
5	1.476	2.015	2.571	3.365	4.032	6.859
6	1.440	1.943	2.447	3.143	3.707	5.959
7	1.415	1.895	2.365	2.998	3.499	5.405
8	1.397	1.860	2.306	2.896	3.355	5.041
9	1.383	1.833	2.262	2.821	3.250	4.781
10	1.372	1.812	2.228	2.764	3.169	4.587
11	1.363	1.796	2.201	2.718	3.106	4.437
12	1.356	1.782	2.179	2.681	3.055	4.318
13	1.350	1.771	2.160	2.650	3.012	4.221
14	1.345	1.761	2.145	2.624	2.977	4.140
15	1.341	1.753	2.131	2.602	2.947	4.073
16	1.337	1.746	2.120	2.583	2.921	4.015
17	1.333	1.740	2.110	2.567	2.898	3.965
18	1.330	1.734	2.101	2.552	2.878	3.922
19	1.328	1.729	2.093	2.539	2.861	3.883
20	1.325	1.725	2.086	2.528	2.845	3.850

df	单尾检验的显著水准					
	.10	.05	.025	.01	.005	.0005
	双尾检验的显著水准					
	.20	.10	.05	.02	.01	.001
21	1.323	1.721	2.080	2.518	2.831	3.819
22	1.321	1.717	2.074	2.508	2.819	3.792
23	1.319	1.714	2.069	2.500	2.807	3.767
24	1.318	1.711	2.064	2.492	2.797	3.745
25	1.316	1.708	2.060	2.485	2.787	3.725
26	1.315	1.706	2.056	2.479	2.779	3.707
27	1.314	1.703	2.052	2.473	2.771	3.690
28	1.313	1.701	2.048	2.467	2.763	3.674
29	1.311	1.699	2.045	2.462	2.756	3.659
30	1.310	1.697	2.042	2.457	2.750	3.646
40	1.303	1.684	2.021	2.423	2.704	3.551
60	1.296	1.671	2.000	2.390	2.660	3.460
120	1.289	1.658	1.980	2.358	2.617	3.373
∞	1.282	1.645	1.960	2.326	2.576	3.291

主要参考书目

1. 钱伯海等：《统计学》，四川人民出版社 1992 年 6 月版。

2. 袁卫、庞皓、曾五一：《统计学》，高等教育出版社 2000 年 3 月版。

3. 林洪、漆莉莉：《统计学》，经济管理出版社 1998 年 8 月版。

4. 吴可杰：《统计学原理》，南京大学出版社 1999 年 2 月版。

5. 王健、付红妍：《统计学教程》，经济科学出版社 1998 年 5 月版。

6. 袁卫、何晓群等：《新编统计学教程》，经济科学出版社 1999 年 2 月版。

7. 李朝鲜主编：《社会经济统计学》，经济科学出版社 2002.8。

8. 陈允明主编：《国民经济统计概论》，中国人民大学出版社 2000 年 3 月版。

9. 许宪春：《中国国民经济核算理论方法与实践》，中国统计出版社 1999 年 6 月版。

10. 李洁明、祁新娥：《统计学原理》，复旦大学出版社 2005 年版。

11. 游士兵、余艳琴：《统计学》，武汉大学出版社 2001 年版。

12. 李朝鲜主编：《社会经济统计学》，经济科学出版社 2002 年 8 月版。

13. 《国家统计局 国民经济核算司 中国国民经济核算》，中国统计出版社 2004 年 2 月版。